KB249728

한국의 이야기 문화와 텔레비전 드라마

-구술매체와 구술문화의 근대적 결합-

한국의 이야기 문화와 텔레비전 드라마

─ 구술매체와 구술문화의 근대적 결합 ─

이윤진 著

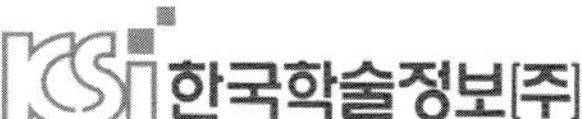

책머리에

우리나라 사람들은 유독 텔레비전 드라마를 좋아한다. 그 점에 있어서는 연구자 자신도 예외가 아니다. 어린 시절에는 늘 텔레비전을 끼고 살면서 특히 드라마라면 사족을 못 쓰는 아이였고, 성인이 된 지금은 좋아하는 드라마를 보기 위해 집으로 달려가는 아줌마가 되었다. 그러면서 항상 궁금했던 것이 도대체 왜 우리나라 사람들은 드라마를 그리도 좋아하는 것인지, 또 그러면서도 도대체 왜 드라마를 그리도 비판하고 비난하는 것인지 하는 것이었다.

이 연구는 그러한 개인적인 관심에서 비롯되었다. 텔레비전 드라마는 여자들이 좋아하는 것이라거나 텔레비전 드라마가 지배적인 것은 한국이 전근대적이기 때문이라거나 하는 시선을 걷어내고, 텔레비전 드라마가 가지는 힘과 매력, 그리고 거기에 들어앉아 있는 우리의 독특한 경험과 이야기를 접하고 싶었다. 또 그래야만 '한류'를 일궈낸 대표적인 문화상품이라는 급격한 지위상승도 이해할 수 있을 것 같았다.

한국전쟁 후, 여전히 생존이 다급했던 1961년 한국 땅에 텔레비전이 들어온 이래 텔레비전 드라마는 한국 대중문화의 선두자리를 내어준 적이 없다. 척박했던 당시의 상황에서 텔레비전에 스며들 수 있었던 한국의 문화자원은 '이야기'를 좋아하는 한국인 자신이었다. 깜깜한 밤이 무서운 아이들에게 할머니가 들려주던 옛날이야기, 시집살이에 눈물 날 때 모여 앉아 주고받던 이야기, 사는 게 팍팍해도 씩 웃게 다독여주던 이야기들 말이다. 한국은 여전히 이야기를 좋아하는 구술사회였고, 더욱이 텔레비전은 이야기를 잘 할 수 있는 매체였다.

그러나 동시에 1960년대와 70년대는 한국이 구술성을 넘어 근대사회로 치닫기 시작했던 시기이기도 했다. 근대화는 산업화라는 전면적인 사회구조의 재편과 함께 이전의 구술사회가 지녔던 성격들을 상당 부분 (혹은 완전히) 없애고 고쳐야 하는 문화적 전환을 의미한다. 매체와 사회와의 관계라는 측면에서 볼 때, 한국의 독특한 경험은 바로 이러한 전면적인 근대화의 시점에 텔레비전이라는 탈근대적 (혹은 구술적) 매체가 도입되었다는 점이다.

텔레비전이라는 것이 무엇인지 거의 아무도 모르는 상태에서, 아무런 준비와 성찰 없이 도입되었던 텔레비전은 열악했던 방송산업구조 속에서 치열한 생존을 모색해야 했다. 한국 사람들이 즐기는 이야기는 그런 가운데서 가장 성공할 수 있는 장르였고, 이러한 구술문화와 구술매체간의 결합은 매우 효과적이었다. 그러나 당시 정부가 주도했던 한국 사회의 진행 방향은 근대화였고, 텔레비전은, 그것의 대중적 영향력 때문에 더욱 더, 끊임없이 근대화의 목표에 봉사할 것을 요청받았다. 한국의 지배적 담론 속에서 텔레비전은 근대적 매체로 규정되었고, 1970년대에는 정부의 국가적 목표와 텔레비전 자본의 산업적 목표 사이에 지속적인 갈등과 줄다리기가 이어졌다.

1970년대는 일일연속극의 시대였고 따라서 정부와 산업 간의 갈등의 중심에는 연속극, 즉 드라마가 있었다. 정부는 텔레비전을 근대화의 달성에 활용하고자 했던 방식대로 텔레비전 드라마를 활용하고자 했고, 그 결과 한국 텔레비전은 '목적극'이라는 독특한 장르를 갖게 되기도 했다. 결국 정부와 방송산업이 공히 이용하고자 하고 추구했던 대상은 한국의 풍부했던 이야기 문화와 이야기를 좋아하는 한국 사람들 자신이었던 것이다.

종합해 보면, 이야기를 좋아하는 '구술문화'와 구술매체인 '텔레비전', 그리고 구술성을 지양하는 '근대화'라는 세 가지의 문화적 힘들이 얽히어서 현재의 한국적인 텔레비전 문화를 만들었다는 것이 이 연구의 내용이다. 여기서 제기되는 의문은 구술성을 지양해야 하는 근대화의 맥락에서 왜 텔레비전이라는 혹은 텔레비전 드라마라는 구술적인 매체와 장르를 적극적으로 활용하고자 했나 하는 점이다. 이것은 다시 한국 근대화 과정의 독특한 성격과 관련된다. 한국 근대화의 목표는 산업화였고 빠른 시간에 압축적으로 그것을 성취했다는 특징을 갖는다. 빠른 시간에 가시적인 목표를 성취해야 하는 것이었던 한국의 근대화 과정에서 구술성 (혹은 전통)은, 서구사회에서와는 달리, 제거 대상인 동시에 적극적인 동원의 대상이기도 했던 것이다.

이야기를 좋아하는 혹은 세상을 '이야기화(化)' 해서 이해하는 한국의 구술적 전통은 이런 상이한 힘들의 각축을 통해서 한국 텔레비전의 중심에 들어앉게 되었다. 세상을 '이야기화' 해서 이해하는 태도는 사실을 명확히 인식하는 데는 방해가 되지만, 사람들 사이의 관계의 혹은 사람살이의 여러 국면들의 섬세한 결들에 대한 감수성을 개발하고 유지하는 힘을 지닌다. 오래도록 수많은 이야기를 하고 또 들어온 한국의 텔레비전 드라마가 '한류'라는 이름으로 다른 나라 사람들의 마음을 파고들 수 있었던 것은, 그러고 보면, 그리 놀라운 일은 아니다. 그것은 연애과정이나 가족관계의 미묘한 정서들을 섬세하게 묘사하는 것이 (우리에게는 진부한 공식처럼 여겨지지만) 한국의 특수한 문화적 코드를 넘어 보편적인 인간 감정의 코드로 수용되는 현상으로 보이기 때문이다.

또 한 가지 아이러니한 사실은 텔레비전이라는 매체 자체는 구술적이지만 텔레비전 산업은 가장 근대적이고 도구적인 목표에 지배된다는 것이다. 이것은 현재 한국의 텔레비전 드라마가 한국의 구술적 전통을 유지하고 풍부하게 하는 것이냐는 의문과 관계된 것이다. 연구자의 대답은 '근대적으로 변형된 구술성'이라는 것이다.

한국이 자본주의 산업화를 성취하고 민주화가 진전되면서 근대화의 달성에 봉사하라는 1970년대식의 정부의 직접적인 요구와 강제는 사라졌다. 그러나 이미 끊임없이 성장해야 하는 자본주의 시스템에 올라 선 방송자본은 사람들이 좋아할만한 이야기를 가지고 사람들에게 구애하던 초보적 단계를 벗어나 스스로 구축한 이야기와 감정 공식으로 드라마를

재생산하는 거대한 이야기 산업을 이루었다. 구술성이 '근대적으로 변형'
되었다는 말은 이러한 산업적 공정 과정을 통해 드라마가 구술성 즉 '이
야기성(性')을 상실하게 되었다는 의미이다.

> 도시건 시골이건 일의 와중에서 오랜 세월동안 번창해온 이야기
> 는 그 자체가 말하자면 의사소통의 장인 형태이다. 그것은 정보나
> 보고처럼 사물의 순수한 본질을 전달하고자 하지 않는다. 이야기는
> 이야기꾼의 삶 속으로 사물을 가라앉히는데 그것은 다시 그로부터
> 사물을 끄집어내기 위해서이다. 이와 같이 해서 도공의 손자국이
> 옹기그릇에 옮겨지듯이 이야기꾼의 삶의 흔적은 이야기에 옮겨지
> 는 것이다.(W. Benjamin, 1987, p.110)

이야기가 구술적이라는 말의 의미는 그것이 이야기꾼의 삶 속에 깊이
들어갔다 나옴으로써 이야기꾼의 삶의 흔적이 거기에 담겨져 있다는 것
에 있다. '삶의 흔적'은 추상화된 개념 언어나 형식화된 양식, 혹은 매개
된 보편성으로는 감지할 수 없는 삶과 사물의 구체적 질감이다. 사람들
이 이야기를 좋아하고 이야기를 찾는 이유는 사람살이의 질감을 느끼고
공유하고 싶어 하기 때문이다. 이제 텔레비전은 그러한 '이야기성'이 탈
색된 이야기들을 끊임없이 제공한다. 이로써 이야기는 공식화되고 이야
기가 제공하는 감정도 공식화되었다. 그럼에도 우리는 여전히 그 이야기
들을 소비한다. 이야기를 소비하면서도 계속 이야기를 찾는 것, 이야기
자체를 기다리고 욕망하는 것, 그것이 현재 우리와 텔레비전 드라마와의
관계인 것 같다.

이 연구는 한국에 텔레비전이 도입되었을 때의 문화적 상황과 텔레비
전이 근대적으로 제도화되면서 빚어졌던 (연속극을 중심으로 한) 갈등
들, 그리고 그러한 갈등이 정리되면서 형성된 독특한 한국의 텔레비전
문화를 연구자의 시각에서 재구성한 또 하나의 이야기라 할 수 있다. 한

국의 텔레비전 문화 형성 과정을 바라보는 연구자의 시각은 맥루한의 매체 이론에 기대어 있다.

맥루한은 근대 이전의 구술문화가 근대적 문자문화로 전환되는 과정과 근대적 문자문화가 다시 탈근대적 구술문화로 전환되는 과정을 매체의 성격을 중심으로 성찰한 사람이다. 그에 따르면 근대 이전의 구술문화는 '촉각적'인 문화이고 근대적 문자문화는 인쇄매체와 상호작용하면서 형성된 '시각적'인 문화이다. 그는 텔레비전을 인류문명을 다시 촉각적 구술문화로 되돌리는 '촉각적 매체'로 보았다.[1]

이 연구에서는 맥루한의 이야기를 다시 재해석하여 근대화의 달성이라는 단일한 목표에 텔레비전이라는 매체의 활용범위를 제한하고 프로그램화하고자 했던 정부의 시도를 '핫'한 것이라 보았고, 그러한 정부의 시도대로 될 수 없었던 요인가운데 하나로 텔레비전의 '쿨'한 매체적 특성을 들어 이야기를 구성하고자 했다[2]. 앞에서 이야기했듯이, 서구에서와는 달리 한국에서는 근대화와 텔레비전 문화의 형성이 동시에 진행되었기 때문이다.

연구 과정에서 아쉬웠던 점은, 당시의 텔레비전 방송자료를 거의 구할 수 없었다는 것이다. 1960년대와 1970년대의 신문기사들과 여러 잡지에 실렸던 텔레비전 관련 논의들, 각종 방송 사료와 회고록들을 찾아 당시의 상황과 분위기를 더듬어갈 수밖에 없었다. 아쉬운 대로 한국의 텔레

---

[1] '촉각적'이라던가 '시각적'이라는 성질은 모두 은유적인 것으로 이해하는 편이 혼란스럽지 않을 것 같다. 맥루한에게 있어 '촉각적'인 것은 피부의 접촉이라기보다는 여러 감각들이 모두 활용되고 감각정보가 서로 교환되는 일종의 공감각적 통각적 상태를 의미한다. 이와 반대로 '시각적'이라는 말은 다른 감각이 배제되고 시각(혹은 활자)이 지배하는 근대적 문자문화에 대한 다른 이름이다. 또한 여러 감각이 소통될 수 있는 촉각적 미디어를 '쿨'한 미디어라 보았고, 단일한 감각자료만이 들어차 있는 미디어를 '핫'한 미디어라 보았다. 맥루한에게 있어 대표적인 핫미디어는 인쇄매체였고 인쇄매체가 초래한 감각의 불균형이라는 이야기를 통해 근대문화를 재해석하고 비판하고자 했다.

[2] 핫(hot)과 쿨(cool)의 개념은 〈주 1〉 참조

비전사(史)에 대한 문화적 해석을 시도했다는 것을 이 연구의 의의로 삼고 싶다. 앞으로 한국의 텔레비전과 문화에 대한 다양한 이야기들이 나오기를 기대한다.

　이 연구는 지도교수님이셨던 고려대학교 임상원 교수님께 맥루한 강의를 듣고 가르침을 받으면서 주제와 틀을 잡을 수 있었다. 공부하는 데 있어서나 살아가는 데 있어 한결같은 스승이신 선생님께 논문 쓸 때 제대로 하지 못했던 마음 깊은 감사를 드린다. 연구하는 동안 많은 위로와 격려로 연구를 마칠 수 있도록 도와주신 여러 선생님들과 선후배님들께도 이 자리를 빌려 진심으로 감사를 드린다. 또한 그저 묻히고 말았을 연구에 출판을 제의해 주신 한국학술정보에도 감사드린다.
　그리고 언제나 삶 앞에 흔들리는 미성숙한 엄마에게 중심이 어디인지를 알려주는 사랑하는 딸 지민에게 　변함없이 깊은 애정과 감사를 전한다.

2006년 5월

이 윤 진

표 목차

제1장 서 론

1. 왜 한국 텔레비전에는 드라마가 많을까?

한국 텔레비전의 대표적인 장르는 드라마이다. 한국 텔레비전에는 드라마가 많다. 또 한국 사람들은 유독 드라마를 좋아한다. 왜 그럴까라는 질문을 던졌을 때 나올 수 있는 대답은 둘 중 하나이다. 하나는 "드라마가 재미있어서"이고 다른 하나는 "한국 사람들이 전근대적이어서"이다. 그렇다면 한국 사람들은 전근대적이어서 드라마를 재미있다고 생각하고 좋아하는 것일까? 드라마가 지배하는 한국의 텔레비전 문화는 전근대적인 문화일까?

최근 아시아권에서 소위 "한류" 열풍이 일고 있다. 한류의 주역인 몇몇 연예인들은 국민적인 연예인 대우를 받는다. 한류를 이끌어낸 것은 한국의 드라마이다. 이러한 분위기에는 문화가 경쟁력이라는 새로운 국가적 비전이 한 몫을 하고 있다. 문화가 경쟁력의 주역으로 떠오른 것은 탈근대적 현상이다. 그렇다면 전근대적인 한국의 텔레비전 드라마가 탈근대적 문화경쟁력을 가지고 온 것일까?

지금 20대, 30대를 살고 있는 젊은 사람들은 텔레비전과 함께 자라온 텔레비전 세대라 할 수 있다. 이들이 유년기를 보낸 1960년대와 1970년대는 한국이 한창 근대화로 치닫던 시기였다. 근대화 시기에 성장한 사람들이 왜 영상세대일까? 근대화 시기에 근대적 매체로 도입되었던 텔레비전이 왜 탈근대적인 영향력을 끌어냈을까? 그런데 왜 한국의 텔레비전 문화는 전근대적이라 평가받을까?

본 연구는 이와 같은 문제의식에서 출발하였다. 한국에서 근대화의 문제는 중층적인 이해를 요한다. 앞서 살펴본 것처럼 한국의 근대문화는 전근대, 근대, 탈근대가 명확하게 갈리어지지 않은 채 혼재되어 있고, 또 이것이 한국의 근대문화의 모습을 이루고 있기 때문이다. 텔레비전 또한 이러한 한국적 근대문화의 모습을 담고 있는 것으로 보인다.

인터넷이 문명의 전환을 주도하는 매체로 이미 자리를 잡은 것 같다. 문명의 전환을 전반적인 인식의 틀과 사회제도 및 규범 등의 전면적인 변화로 볼 때, 인터넷이 주도하는 변화의 상대 축은 그 이전의 매체였던 텔레비전의 문화가 아니라 인쇄 문화이다. 새로운 문화의 시기에 텔레비전이 쇠퇴하지 않고 오히려 새로운 매체들을 연결하거나 통합하는 방식으로 자신의 성격을 강화해 가는 것은 이를 잘 설명해준다.

이미지, 영상, 정보화, 글로벌라이제이션 등이 논의되는 지평은 바로 이 지점, 즉 탈근대의 맥락에서이다. 이들이 탈피하고자 하는 맥락은 문자, 논리, 지식, 근대국가로 표현되는 근대성이다. 근대라는 꽉 짜여진 틀과 결국 비정함과 숨 막히는 억압을 결과한 냉혹한 합리성으로부터의 해방이 이러한 논의들의 대체적인 내용이다.

우리의 경우 근대가 꽉 짜여진 틀과 냉혹한 합리성을 의미하는지는 의심스럽다. 근대는 풍요와 진보의 상징이었고 무작정 따라야 할 '우리의 살 길'이었다. 그런데 전 세계적인 문명의 전환이라는 상황에 직면하여 우리는 또 이러한 탈근대적 변화를, 근대를 그렇게 받아들였듯이, 받아들이고자 하는 것 같다. 봇물이 터지듯 흘러나오는 사회적·학문적 담론들과 함께 이러한 변화를 적극적으로 받아들이는 것만이 우리의 살 길이라는 주장이 힘을 얻고 있는 것으로 보인다. "산업화에는 늦었지만 정보화에는 앞서자"는 식의 정부의 슬로건이 그것이다.

사실 무수한 탈근대적 논의들이 우리의 역사적·사회적 현실에 토대한 것인가라는 의문과 함께 얼마만큼의 공허함과 우려를 갖게 되는 것을 부인할 수 없다. 김우창(1999)은 우리나라에 근대적 시각체계가 존재하는가라는 근본적인 문제제기를 한다. 언어의 논리선조성으로부터 해방된다고 얘기하는데, 과연 해방될 필요가 있는 근대적 시각체계가 우리에게 있었느냐, 단편적인 근대 시각 체험은 있었지만 체계가 있었는지 의심스럽고 우리가 해방될 필요가 있는 언어논리라는 것도 우리한테 해당되는 것인지 의심스럽다는 것이다(45-46쪽).

이는 우리의 경우 탈근대 논의가 필연적으로 우리 사회의 근대성 논의로 회귀하게 됨을 의미한다. 우리의 근대성 논의는 또한 아직 남아있는 전근대성에 대한 논의로 이어진다. 전근대와 근대, 탈근대가 우리의 경우 한 묶음으로 딸려 나오는 것이다. 우리가 근대를 이루었느냐로부터 시작해서 탈근대에서 해방시켜야 할 억압의 정체는 무엇이냐, 우리의 근대는 어떤 근대이냐 등의 문제가 그것이다.

그간의 한국의 근대성에 관한 논의 성과로 전근대와 근대라는 이분법 속에서 우리 사회를 보려는 경향은 사라진 것 같다. 근대의 모습은 다양하고 우리의 근대도, 그것이 안고 있는 많은 문제와 함께, 그 자체로 근대의 한 모습으로 인정해야 한다는 것이다. 이러한 시각과 접근이 의미 있으려면 결국 우리의 근대를 문화적으로 고찰하는 노력이 뒤따라야 한다고 보여진다. 이는 동시에 전근대와 근대라는 이분법 속에서는 발전론적 전망 속에 도구적으로 인식되었고, 탈근대론에서는 사회를 변화시키는 전위적인 힘으로 인식되는 매체를 전체 문화와의 상호작용이라는 보다 넓은 네트워크로 풀어주게 됨을 의미한다.

본 연구의 이러한 시각은 맥루한의 매체론에 기대어 있다. 그의 이론이 근대와 매체를 도식화된 시각에서 벗어나 문화적인 관점에서 볼 수 있게 해주기 때문이다. 새로운 문화적 전환으로서의 영상 이미지나 피할 수 없는 현실이 되어버린 글로벌라이제이션에 대한 관심이 높아지면서 맥루한이 다시 관심을 받기 시작하고 있다. 앞으로의 사회적·문화적 현실이 어떻게 전개될지에 대한 불확실한 전망 속에서 맥루한이 제기한 문제와 통찰력은 분명히 새롭게 평가받고 자리매김 되어야 한다. 그러나 아쉽게도 맥루한에 대한 관심 또한 아직은 '글로벌 빌리지'라는 새로운 시대를 예견한 사람이라거나 전기미디어를 예찬한 기술결정론자라는 지금까지의 평가 범위를 크게 벗어나지 못하고 있다.

본 연구에서는 맥루한이 매체를 통해 인간의 문화를 이야기했다고 받아들인다. 인간 문화의 핵심은 커뮤니케이션이고, 미디어는 그 환경을 조성함으로써 인간의 커뮤니케이션 양식과 문화에 영향을 주고 변화시키는 역할을 한다. 다시 말해서 본 연구는 맥루한의 이론을 실용적으로 받아들이기보다는 인문학적 문제틀로 받아들였다. 이러한 문제의식을 통해 본 연구는 맥루한의 매체철학, 특히 그의 텔레비전론이 제시하는 통찰력을 통해 한국의 근대화 과정에서[3] 도입된 텔레비전이 가지는 문화적 의미를 살펴보고자 한다.

맥루한에게 있어 텔레비전은 시각적 문자문화, 즉 근대성으로부터 촉각적 구술문화, 즉 지구촌으로의 전환을 이루게 하는 대표적인 전자미디어이다. 이는 서구에서의 경험을 기초로 한 것으로, 수백 년에 걸친 인쇄의 내면화, 즉 근대화를 통해 이룬 서구 문명을 맥루한은 '시각적 근대성'이라는 개념으로 비판한다. 서구에서의 텔레비전의 경험은 이러한 시각적 근대성 위에서 이루어진다. 한국의 경우 텔레비전은 본격적인 근대화 과정에서 도입되었다. 시각화의 정도가 서구와는 다른 토대 위에서 텔레비전이 도입되었기 때문에 그것이 갖는 문화적 의미 또한 다를 수밖에 없다. 본 연구에서는 이러한 차이에 중심을 두고 한국의 특징적인 근대문화와 텔레비전과의 관계를 탐구하고자 하였다. 맥루한의 이론을 매체의 보편적 잠재력에 대한 것으로 보고, 한국이라는 지역에서의 매체와 문화의 상호작용 혹은 매체의 구체적 실현과정을 살펴보고자 한 것

---

3) '한국의 근대화'라 하면 조선후기부터 시작되어 심화되어 온 과정이다. 그러나 본 연구에서는 산업화와 도시화가 본격적으로 진행된 1960년대와 1970년대에 초점을 둔다. 이는 본 연구가 획일성, 반복성, 연속성을 중심으로 한 맥루한의 시각적 근대성의 비판에 이론적으로 근거한다는 점과 바로 이 시기에 텔레비전이 도입되었다는 점, 그리고 이러한 시각적 근대성의 경향과 텔레비전의 정착과정과의 관계를 보고자 하는 것이 본 연구의 연구대상이라는 점에 의해 한정된 것이다.

이다.

맥루한에게 있어 근대화는 구술문화를 문자문화가 대체하는 과정이었다. 구술문화는 '통감각적'이고 '쿨'한 문화이고, 문자문화는 '시각적'이고 '핫'한 문화이다. 시각적이라는 말은 구술문화의 감각적이고 정서적이고 상상력에 가득 찬 풍부함이 기계적인 분절과 절차를 의미하는 냉혹한 합리성에 의해 제거된 상태를 의미한다. 근대화된 서구의 문자문화는 이러한 시각적 합리성의 문화이다. 다른 것들이 들어갈 여지가 없이 시각적 합리성으로 꽉 차 있기 때문에 또한 서구의 문자문화는 핫한 문화이다. 그런데 이러한 서구의 근대문화는 인쇄라는 미디어가 오랜 기간 인간과 상호작용한 결과이다. 핫한 문화가 인쇄에 담겨진 것이 아니라, 인쇄 자체가 핫한 미디어인 것이다. 미디어는 중립적인 용기가 아니라 자신의 특징적인 성격을 갖고 인간과 문화에 작용한다. 미디어가 메시지를 만들고 메시지는 미디어화한다.

이에 비해 텔레비전은 쿨한 미디어이다. 모든 감각을 동원해 인간이 참여할 여지가 있다는 점에서 그러하다. 따라서 단일한 감각의 일관된 메시지로 텔레비전을 채우기는 어렵다. 그렇게 하더라도 텔레비전에 담긴 핫한 메시지는 애초의 의도와는 달리 어색하거나 우스꽝스럽고 보기에 재미없어진다. 텔레비전이 핫한 매체가 아니기 때문이다. 쿨한 구술문화를 복원함으로써 근대의 시각화된 합리성을 뛰어넘을 수 있다는 것이 텔레비전에 대한 맥루한의 기대였다. 매체로서 자신의 특징을 갖는 텔레비전이 인간과 문화에 그렇게 작용할 것이라 생각했기 때문이다.

한국의 근대화 과정은 한편으로는 구술문화를 제거하는 과정인 동시에, 다른 한편으로는 구술문화를 적극적으로 동원하고 변형시키는 과정이었다. 여기에 동원된 텔레비전은 한편으로는 한국의 근대화 과정과 조화를 이루기도 하고, 다른 한편으로는 갈등을 일으키기도 하면서 한국의 근대적 텔레비전 문화를 형성해온 것으로 보인다. 이러한 과정을 면밀히 살펴보는 것이 본 연구가 하고자 하는 바이다.

2. 한국의 근대화와 텔레비전

한국에 텔레비전이 도입되어 지금과 같은 모습으로 자리 잡게 된 기간은 1960년대에서 1970년대에 이르는 기간이다. 지금과 같은 텔레비전이라 함은 우리가 텔레비전이라 할 때 떠올리게 되는 한국적인 텔레비전 문화현상을 의미한다.[4] 한국현대사에서 1960년대와 1970년대는 그 어느 시기보다도 사회변동의 폭과 깊이가 두드러졌던 시대이다. 한국의 근대성은 외부적으로 강제되었을 뿐 아니라 단기간 내에 압축적으로 이루어져 왔다는 특징을 지니고 있고(김호기, 1999, 186-187쪽), 그중에서도 박정희 시대는 근대 자본주의의 제도적 틀이 안착하는 중요한 사회사적 시간이었다. 1960년대와 1970년대의 자본주의적 산업화는 우리 사회를 오랜 농업사회에서 공업사회로 단숨에 변화시켰고, 전통에서 근대로의 이러한 급격한 변동의 시기에 텔레비전이 도입되어 정착되었다. 이는 한국에서 근대화의 과정과 텔레비전 문화의 형성이 동시간대에 이루어졌음을 의미한다.

텔레비전이 도입되었던 1961년은[5] 5.16혁명 직후로, 라디오 문화도 채 펼쳐지지 않았던 상태[6]에서의 급작스러운 텔레비전 개국 자체는 우선

---

[4] 가령 드라마가 각 방송사의 시청률 경쟁의 전위부대로서의 역할을 하고 밤 9시에 뉴스를 하고, 방송3사가 동일한 시간대에 유사한 포맷의 프로그램으로 경쟁을 하는 것 등이 그것이다.

[5] 1961년 12월 31일의 KBS-TV 개국을 말한다. 이보다 앞서 1956년 5월 HLKZ-TV가 민영으로 개국해 1959년 화재로 인해 시설이 모두 불타서 방송이 불가해질 때까지 약 3년간 방송을 했었고 1957년 AFKN-TV가 텔레비전 방송을 시작했기 때문에 KBS를 최초의 텔레비전 방송이라 할 수는 없으나, KBS-TV 개국 이래 텔레비전 방송이 계속 이어져 오고 있기 때문에 이를 연구의 기점으로 삼는다는 말이다.

[6] 1960년대는 문화방송, 동양방송, 라디오 서울 등 민간상업 라디오가 개국하여 치열한 청취율 경쟁을 전개하고 라디오 수신기의 확산으로 국민들이 라디오의 재미에 급속히 몰려 라디오 문화가 펼쳐지기 시작했던 시기이다.

정치적인 의미로 해석할 수 있다. 1961년 8월 14일 국영 텔레비전 설립 계획을 발표한 오재경 공보부장관은 ①여론을 만드는 서울 시민의 병든 마음을 성하게 고치기 위해, ②새로워지는 나라와 겨레의 모습을 구체적인 것으로 만들어서 이것을 눈으로 보고 그들의 생활로 삼게 하기 위해서, ③혁명정부의 크리스마스 선물로 삼고 싶어서라고 설립목적을 밝혔으며, "50일 낮 밤 동안에 만들어낸 하나의 혁명"이었다고 술회한다(오재경, 1973, 163쪽). 이러한 정치적인 의미는 그러나 당시 박 정권이 그들의 정당성과 운명을 한국의 경제발전에 걸었기 때문에 텔레비전이라는 매체가 근대화라는 국가적 지향 내에 자리 잡히게 됨을 의미한다.

이후 1960년대와 1970년대에 이르는 동안 텔레비전은 산업화라는 당시의 국가적 목표에 기여해야 한다는 역할을 부여받았다. 이는 1970년대까지도 KBS의 사표가 "산업근대화에 이바지할 것을 목적으로 한다"였던 점이나 각 텔레비전 방송프로그램에 새마을운동의 홍보내용이 의무적으로 편성되어야 했던 점을 통해서도 알 수 있다(정순일/장한성, 2000). 텔레비전에 대한 학문적 평가의 기준도 그것이 근대화의 촉진기관으로서의 기능을 제대로 수행했는지의 여부였다(임희섭, 1979).

당시 경제수준이나 여러 여건상 한국에서의 텔레비전 도입은 무리한 것이었다. 그럼에도 불구하고 텔레비전의 개국을 감행한 것은, 그저 정치적인 의도 이상의 것으로, 이는 한국 근대화 과정의 특성을 감안하고 해석할 때 보다 잘 이해될 수 있다. 1960년대 초 한국은 농업사회였고 대다수 국민들은 반 문맹상태였다. 이를 가능한 한 빠른 시간 내에 공업사회로 전환하는 것이 당시 정부의 목표였고, 이를 통한 경제발전은 국민들의 열망이기도 했다. 근대적 사회구조로의 급격한 변동은 강력한 매체에 대한 필요성을 낳는다. 신문은 서울을 포함한 도시의 일부 식자층의 것이었고, 라디오가 근대화의 매체로 인식되고 있었으나 이보다 훨씬 강력한 텔레비전을 통해 훨씬 빠르고 효과적으로 근대사회로의 전환이 가능하다고 인식되었다. 결과적으로 한국에서는 탈근대적인 성격을 지닌 텔레비전이 근대적인 목표 하에 도입되었고 그러한 방식으로 제도화되었다.

그러나 급격한 근대화의 과정에서 나타난 가치관의 혼란에서도 알 수 있듯이(김호기, 1999; 임희섭, 1994), 한국의 근대화 과정은 전통에서 근대로의 점진적이고 단선적인 진행을 보이지 않았다. 오히려 근대적 사회 경제구조만을 목표로 설정하고 이 목표 하에 전통과 근대를 취합하여 도구적으로 활용하는 가운데, 전통적인 것과 근대적인 것이 맞물려 현재 비판받고 있는 한국적인 근대문화를 만들어냈다고 보는 편이 옳다. 다시 말해서, 전통적인 성격을 근대적인 것으로 점진적으로 대체하는 과정이 아니라, 전통적인 성격을 동원하여 한국의 근대적인 목표에 부합하게 변형하는 쪽이 선택되었다는 것이다. 이것이 압축적이고 급격한 한국 근대화의 성격이었고 여기에 동원된 것이 텔레비전이다. 이것이 함의하는 바는 텔레비전이 전통적인 혹은 구술적인 상태에 있는 국민을 동원하는 데 가장 적절하고 강력한 매체로 인식되었다는 점이다.

종합해 보면, 한국에서 텔레비전은 전근대적인 사회에서 근대적인 사회로의 급격한 변동의 시기에 이에 가장 적절하고 강력한 근대적인 매체라고 인식되어 도입되었다. 한국의 방송에 대한 논의는 대체로 방송을 정치변동의 종속변수로 보는 관점에서 이루어졌다. 이에 대한 대안적인 혹은 보완적인 논의는 정치경제학적 시각을 가지고 한국의 방송을 바라보는 것이었다. 즉 한국의 텔레비전 구조를 국가와 자본의 갈등 및 자본의 선차성에 의해 규정되는 것으로 보는 시각이 그것이다.[7] 그러한 논의는 매우 타당하지만 여기서 국가와 자본이라는 스펙트럼을 보다 넓히고, 텔레비전이라는 매체의 특성을 감안할 때 한국의 근대문화와 텔레비전과의 관계에 대한 문화적인 해석이 가능해지리라 생각한다.

여기서 제기될 수 있는 문제는 이런 것들이다. 즉 근대화라는 목표는

---

[7] 대표적으로 조항제(1994).

사회의 시각화, 혹은 합리화를 추구하는 것인데 이러한 문화적 성격과 텔레비전의 구술적 성격이 부합될 수 있는가? 부합되지 않는다면 한국의 텔레비전 문화의 특성 혹은 문제는 이러한 구조화에서 설명될 수 있지 않을까? 국가와 자본과의 갈등이 표출되는 국면은 이러한 점에서 어떻게 해석될 수 있는가? 즉 텔레비전 자본의 자기실현 방식인 시청률 경쟁에서 나타난 특징은 자연적으로 텔레비전이라는 매체의 자기 성격의 표출과 연결될 수 있지 않은가? 드라마라는 한국적인 텔레비전 현상은 근대적인 힘과 갈등하는 텔레비전의 자기실현이 구술적인 한국의 일반 대중에게 강력하게 어필한 결과는 아닌가? 등의 문제이다.

결국, 본 연구는 한국의 근대화 과정의 성격과 이러한 맥락 속에 도입되어 그 의미가 규정된 텔레비전이 상호작용 하여 독특한 한국적 텔레비전 문화를 형성했으며, 그 바탕에는 비록 변형되고 왜곡되기는 했으나 광범위하게 동원되었던 일반 국민의 구술적 정서가 이러한 문화로 표출되었다고 보면서 한국 텔레비전 문화의 형성과정을 연구과제로 설정하였다.

3. 한국 텔레비전 문화의 형성요인

본 연구는 아주 단순하게 한국에서 텔레비전이 어떤 매체로 인식되어 도입되고 제도화되었으며 지금의 텔레비전 문화를 낳았는가라는 문제의식에서 출발하였다. 그러나 이 연구과제는 불가피하게 근대성과 매체라는 보다 크고 추상적인 영역을 다루게 하였다. 근대성은 전근대, 근대, 탈근대 등의 상이한 인식양식 및 문화와 얽혀있는 것이고, 매체는 매체 자체의 특징 및 매체와 문화와의 상호관계를 염두에 두어야 함을 의미했다.

　본 연구에서는 다만 한국의 근대성의 특징과 텔레비전이라는 매체에 국한하고자 한다. 한국에서의 텔레비전 도입과 제도화는 1960년대와 1970년대라는 특수한 국면에 맥락화되어 있다. 1960년대와 1970년대, 즉 박정희 시대는 한국을 가시적인 근대국가로 변모시킨 시기인 동시에 한국적인 근대문화를 특징지운 시기이기도 하다. 한국에서의 근대화는 '근대화＝서구화＝경제발전'으로 치환됨으로써 근대성의 범위 자체가 축소되는 특징을 갖는다. 따라서 한국에서는 '근대성＝합리성(rationality)'라는 등식이 성립되는 대신에 '그것이 경제발전에 도움이 되는 한 비합리적인 것도 수용될 수 있다'는 인식을 성립시킨다. 이는 근대성의 범위가 축소된 만큼 전근대성 혹은 구술문화적 성격이 그 나머지를 광범위하게 채우면서 한국의 근대문화를 이루게 됨을 의미한다. 따라서 한국의 근대문화는 도구적 합리성의 극대화와 구술적 전통의 전유라는 이중적 성격을 갖는다. 여기에 비어있는 것은 탈근대 논의에서 겨냥하는 서구의 근대적 정신, 즉 하나의 에토스로서의 전반적인 합리성이다. 그렇다고 한국이 전근대적이라 할 수 없는 것은 한국의 근대문화에 광범위하게 남아있는 전근대적 전통들은 근대 이전의 사회에서 갖던 토대와 사회적 효과성을 상실한 채, 한국의 근대적 목표에 혹은 근대화 과정 속에 포획되어 일정하게 변형된 것이기 때문이다.

　맥루한을 포함한 근대성 비판가들이 겨냥하는 합리성(rationality), 혹은 시각성의 폐해는 오랜 기간에 걸쳐 형성된 서구의 문화양식이자 내면화된 개인들의 의식이다. 매체와 관련지어 설명하자면 그것은 문자 즉 인쇄문화의 양식이다. 객관화, 추상화, 합리화, 개인화, 치밀한 계산, 개인과 공동체의 분리, 사실과 의견의 분리, 공과 사의 분별, 이성과 감성의 분리 등이 그것이다. 이러한 논의들은 결국 근대문화를 통해 이룬 것만큼이나 잃은 것도 많다는 비판과 함께 그 잃은 것을 복원하고자 하는 향수를 나타내는 것이다. 맥루한의 언어로 표현하자면 근대문화는 핫한 문화이고 이는 핫한 매체인 인쇄와 관련된다. 이에 비해 텔레비전은 쿨한 매체로 핫하게 형성되어 있는 서구 근대사회에서는 탈근대적인 매체로, 또 맥루한식으로는 근대가 잃은 것을 복원해줄 수 있는 촉각적인 매체로 여겨졌다. 언어와 논리의 시대로부터 이미지와 감성 혹은 직감의 시대로의 전환이라는 화두가 제시되기 시작한 것은 텔레비전의 등장과 함께였다.

한국의 근대문화는 형식적·제도적 근대화가 불가피하게 가져오는 근대적 삶 및 문화양식과 이러한 발 빠른 근대적 전환이 추스리지 못한 채 남겨놓은 구술적 삶 및 문화양식이 병존한 것이라 할 수 있다. 다시 말해서 한국의 근대화 과정은 차분한 성찰적 합리화 과정은 아니었다는 것이고, 소위 서구의 시각적인 인쇄문화가 내면화될 여유가 없었다는 것이다. 실제로 1960년대까지도 인쇄문화의 영향력이 도시 지식층의 범위를 크게 넘어서지는 못했다. 대중적인 지배력을 가져보지 못한 상태에서 텔레비전에 전 국민적 대중매체의 자리를 내어주게 되었던 것이다. 결국, 텔레비전이 전복해야 할 시각화된 합리성으로 꽉 찬 사회는 경험하지 않았던 것이 된다.

때문에 1960년대 한국이라는 시공간 속에서 텔레비전은 근대적인 매체로 위치지워질 수 있었다. 한국적 근대화의 맥락에서 텔레비전은 근대화의 달성에 기여할 수 있는 매체로 여겨졌고, 동시에 그러한 역할을 부여받았던 것이다. 한국적 근대화라 함은 경제개발을 최우선의 목표로 설정하고 그 목표 하에 다른 가치들이 재배열되는 양상을 이른다. 따라서 한국의 근대화 과정은 '근대화=산업화'라 해도 과언이 아닐 만큼 그 시야가 경제성장에 좁혀져 있는 것이었다. 텔레비전은 한국의 압축적이고 급격한 경제성장이라는 목표에 가장 효과적인 매체로 여겨졌고, 또 그러한 역할 자체로 인해서 근대적인 매체로 인식되었다. 그것이 '한국에서 텔레비전이 근대적인 매체로 위치지워졌다'는 말의 의미이다.

본 연구의 연구과제인 한국의 텔레비전 문화의 형성은 따라서 ①1960-1970년대의 지배적인 힘이었던 근대화 및 근대적 성격과 ②그 과정 속에서 남겨지거나 동원되었던 국민 일반의 구술적 전통, 그리고 ③텔레비전이라는 매체가 갖는 구술적 혹은 촉각적 성격이라는 세 가지 힘의 중첩적인 상호관계 속에서 만들어졌다는 것이 본 연구의 틀이라 할 수 있다. 다시 말해서, 근대화라는 지배적 힘은 텔레비전을 근대적 매체로 제도화하고 그 역할을 한정하고자 하지만 텔레비전의 현실은 한정된 역할을 벗어나 자신의 매체적 성격을 실현하고자 하는 데서 일정한 갈등을 빚고, 이러한 갈등의 출구는 국민 일반의 구술적 전통과 맞닿게 되어 한국적인 텔레비전 문화를 만들어냈다는 것이 그것이다.

한국에서 텔레비전을 근대적 목표에 부응하는 근대적 매체로 제도화하고자 했던 시도는 텔레비전이라는 매체가 가지고 올 효과와 영향력은 인정하되 그 영향력을 낳는 텔레비전 매체 자체의 성격은 인정하지 않는 것이었다. 다시 말해서, 강력한 영향력을 발휘하는 것은 중립적인 매체의 능력이기 때문에 한국의 근대적인 목표에 부합하는 메시지를 그 안에 잘 짜 넣을 경우 소기의 목적을 달성할 수 있다는 소박한 인식과 그러하고자 하는 의욕의 과잉이 텔레비전을 근대적인 매체로 한정지우려는 지속적인 노력을 낳았다는 것이다. 그러나 그러한 시도는 의도한 결과를 낳지 못했다. 텔레비전이란 매체는 어떤 메시지든 넣기만 하면 강력한 영향력을 만들어내는 중립적인 용기가 아니기 때문이다. 그것이 맥루한의 "미디어는 메시지"라는 말의 의미이다(임상원, 2001, 573-574쪽). 한국의 경우 '텔레비전적이지 않은 목표(근대화, 산업화)'를 위해 '텔레비전적이지 않은 메시지(계몽과 정부홍보)'로 텔레비전을 채우고자 했던 시도가 이후의 전개과정에서 갈등을 낳았고, 또 그러할 수밖에 없었다는 것이 본 연구의 시각이다. 이는 한국적 근대화라는 특수한 맥락에서 텔레비전을 근대적인 매체로 한정지우고자 했던 시도가 애초부터 갈등적일 수밖에 없었던 이유이기도 하다.

제2장 텔레비전과 구술문화

1. 텔레비전 매체론

1) 매체와 감각이론

맥루한의 관심은 인간이 어떻게 세계에 대한 지식을 얻는가라는 인식론에서 출발한다. 그리고 그의 인식론은 감각이론에 기반 해 있다. 감각이론은 인간의 모든 감각이 조화롭게 활용되는 감각의 균형이 이루어져야 세계를 제대로 이해할 수 있다는 것을 강조한다. 알파벳과 인쇄로부터 비롯된 근대의 시각적 서구문명이 갖는 정신적 편향과 그로 인한 폐해가 이러한 감각이론을 통해 비판되는 것이다.

맥루한의 감각적 커뮤니케이션 이론은 두 가지 지적 전통의 결합이라 할 수 있는데, 그 하나는 토마스 아퀴나스의 철학 특히 그의 지각이론이고, 다른 하나는 게스탈트 심리학 및 이로부터 영향 받은 언어이론이다. 맥루한의 정적이고 공시적인 특징이 토마스주의에서 비롯된 것이라면 역사적이고 통시적인 측면은 게스탈트 이론에 연원을 둔다(J. Stamps, 1995, p.97).

토마스 아퀴나스의 이론은 성어거스틴에 대한 비판으로 시작된다. 어거스틴은 신플라톤주의자였고, 플라톤처럼 육체와 정신은 분리되어 양립할 수 없는 영역을 표상한다고 주장했다. 인간의 육체는 다른 모든 물질적 대상과 마찬가지로 끊임없는 유동적 상태에 있고, 이러한 육체의 조건은 감각에도 적용되어 항상 변화하는 감각정보는 불확실하고 불안정한 것이 된다. 이 때문에 진정한 지각이 감각에서는 절대로 나올 수 없다는 것이 어거스틴의 논리였다.

이에 대해 아퀴나스는 육체–정신 이원론은 그것이 아무리 논리적이라 하더라도 지식의 기초가 될 수 없다고 비판한다. 즉 구원은 육체와 정신과의 조화이고 그 이전에 인간은 신에 대한 지식을 가져야 한다. 이 지식을 얻기 위해 인간은 자신의 물질적 존재와 신의 비물질적 존재 간의 간극을 메워야 한다. 인식론적 조화를 얻어야 하는 것이다. 이 조화를 가능하게 하는 매체는 언어와 지각이다. 지각은 육체와 정신이 만나는 지점이고, 언어는 그러한 만남이 표현되고 이해되는 매체이다. 지식의 문제는 여기서 지각적 · 언어적 문제로 전환된다. 이러한 문제를 공유했던 맥루한은 지각과 언어상의 전환이었던 중세에서 근대로의 전환에 초점을 두었다.

아퀴나스는 지각이, 플라톤주의에서 말하는 것처럼, 수동적인 것이 아니라 하나의 추론형식이라는 입장을 취한다. 지식을 얻기 위해서는 세계에 정확히 부합하는 개념을 형성해야 하고 감각대상을 감지할 수 있는 유일한 통로인 지각을 활용해야 한다. 감각 가능한 세계, 즉 'sensible world'는 일련의 복잡한 비율/배합으로 이루어져 있다. 그것은 크기, 색깔, 재질과 같은 특질들의 혼융(configuration)이다. 개념을 형성하기 위해 감각들은 이러한 혼융을 인식하고 재생산할 수 있는 능력을 지녀야 하는데, 이를 위해서는 감각들이 균형을 이루고 있어야 한다. 균형을 이루고 있는 감각들을 통해 형성하는 개념을 지식의 기본으로 생각한 것은 이성을 통해서만 신의 질서 즉 세계의 로고스를 인식할 수 있다는 플라톤적인 생각에 대한 비판이다.[8] 이는 그의 예술관에서도 나타나는

---

8) 플라톤이 예술을 열등한 것으로 보았던 이유도 여기에 있다. 모든 형상은 이데아의 그림자인데 예술은 그것을 또 모방한 것이라는 점이다. 지식에서 감각이 배제된 과정은 로고스가 이성으로 변형된 과정과 같다. 로고스중심주의가 곧 논리중심주의인 것은 아니다. 데리다가 비판한 로고스중심주의는 그리스의 로고스가 이성으로 즉 육체에서 분리된 이성으로 변형된, 계몽주의 사상에서 절정을 이루었던 서구의 논리중심주의를 말한다(정화열, 1999, 32쪽). 이에 비해 아퀴나스는 감각들의 상호작용을 통해 형성된 개념을 통해 세계를 올바르게 인식할 수 있음을 주장하는 것이고, 이러한 주장을 공유하는 맥루한은 감각들의 상호작용을 통한 추론을

데, 아퀴나스는 미를 인지적 능력과 연관시킨다. 아름다운 것들은 "볼 때 즐거움을 주는 것들"이다. 그러므로 미는 적절한 비례에 있다. 감각들은 자신의 고유한 종류에 부합하도록 적절한 비례를 가진 사물들에게서 즐거움을 얻는데, 왜냐하면 "모든 인지적 능력들이 그러하듯이, 감각도 일종의 이성이기 때문"이라는 것이다(김혜숙/김혜련, 1995, 149-153쪽).

아퀴나스의 지각이론은 감각과 세계 간에 일정한 구조적 연속성이 있다는 것을 함축한다. 즉 세계에 대한 감각적 상은, 그것이 균형을 이루고 있다면, 그것을 일련의 '팬터즘(phantasms)' 혹은 '정신적 유사물(mental analogue)'로 재현해내는 것으로 이어진다. 이 아날로그 형식이 우리가 갖는 개념의 기초가 된다. 이에 대해 맥루한은 "존재의 양식들이 우리의 지적 양식들에 어떻게 비례하는지에 대한 아퀴나스의 훌륭한 설명"이라고 평가한다(M. McLuhan, 1962, p.184). 감각들은 이러한 '유사 판타지(analogic phantasy)'를 통해 '지각 주체(knower)'와 '지각 대상(known)'을 연결하는 것이다.

오감을 통한 감각자극들은 분산된 데이터 단위들로 지각되는 것이 아니라 하나의 전체로서 혹은 지각적 게스탈트로서 지각된다. 많은 감각작용들로부터 통일된 하나의 지각을 끌어내는 것은(many-to-one translation) 아퀴나스가 통감각(common sense, sensus communis)이라 부른 기관이다. 통감각은 감각 간의 통역을 행하는 통일된 지각의 장소로서 보편적 감각인 촉각을 통해 만들어진다(J. Stamps, 1995, p.102). 맥루한이 텔레비전을 촉각적 매체라 한 것은 이를 강조한 것이고, 텔레비전이 인간의 감각균형을 회복시켜줄 것을 기대한 것이기도 하다. "통감은 수세기 동안 인간의 독특한 능력이었는데, 이는 하나의 감각경험을 모든 감각들로 번역해주고 그 결과를 정신에 제시하는 역할을 한다. 감

가능하게 해주는 것이 기본적인 감각으로서의 촉각으로 본 것이다.

각 간의 통일된 비율이라는 이러한 이미지가 '비율 – 성(ratio-nality)' 곧 합리성이다"(M. McLuhan, 1964, p.67, 105). 촉각은 감각들의 교환을 낳는 바탕인 동시에 그것이 균형된 비율로 통일되어 있는 상태를 지칭한다. 즉 "흰색이 기본 색들의 일정한 비율의 결과인 것처럼 촉각은 모든 감각들이 일정한 비율로 모여 있는 것"이다.

합리성을 촉각적으로 재규정함으로써 맥루한은 우리가 알고 있는 합리성, 즉 선형적이고 연속적인 논증이라는 합리성은 진정으로 합리적인 것이 아니라 시각적인 것일 뿐이라고 비판한다. 촉각이론은 맥루한의 새로운 지식이론의 핵심으로 그의 청각에 기초한 패러다임의 토대를 이룬다. 육체와 정신, 감각과 이성 간의 오랜 분리와 후자에 의한 전자의 지배를 맥루한은 "시각화"의 결과로 보고 이들을 재해석하면서 "촉각성"의 복원을 통한 이들의 유기적 통합을 기대했다.

촉각적 합리성 혹은 감각의 균형은 정태적으로 주어지는 것이 아니라 문화적·역사적 경험에 의해 형성된다. 여기에 게스탈트 이론이 개입하게 된다. 어떤 사물은 하나이면서 동시에 여럿일 수 있다. 하나의 의미는 다른 여러 의미와 공존할 수 있다. 이는 어떤 '성좌적 이미지(constellational image)' 내 요소들 사이의 긴장이 촉발할 수 있는 비판적 통찰력을 강조한다. 여기서 강조되는 것 역시 감각들의 형성력인바, 게스탈트 심리학은 현대이론과는 갈등적이지만 감각의 형성력을 강조한 중세이론과는 조화를 이룬다.

맥루한에게 영향을 준 곰브리치의 〈예술과 환영〉은 게스탈트 이론에서 영감을 받은 예술론이다. 그의 의문은 "왜 눈에 보이는 세계는 서로 다른 시대, 다른 민족들에 의해서 그처럼 서로 다른 방식으로 표현되어 왔을까?"였다(E. H. Gombrich, 1972, pp.21-49). 그에 의하면 지각은 수동적인 과정이 아니라, 복잡한 감각적 선택들을 통해 잠재의식 차원에서 작용하는 가설형성 과정이다. '저기 있는 것을 그냥 본다'는 것은 있을 수 없고 우리는 우리가 선택한 특정한 감각 자료에 초점을 맞춘다. 러스킨이 말한 것 같은 '순진한 눈(innocent eye)'은 불가능하기 때문에[9] 보이는 세계를 그대로 그려낸다는 것이 일종의 환상이라는 것이다. 그런데 이 선택이 문화적으로 조건 지워진 것이기 때문에 지각은 역사적인 현상이다. 그렇다면 그러한 조건은 무엇에 의해서 만들어지고 변화되는가? 곰브리치에 의하면 그것은 문화 표현 매체에서의 기술적 변화를 통해 만들어진다. 그는 예술적 재현이 과학적 재현으로 변화한 것을 '도식적인 것(schematic)'으로부터 '재현적인 것(representational)'으로의 변화, 즉 '창출(making)'에서 '상응(matching)'으로의 변화로 본다. 이러한 변화에 따라 사물에 대한 예술의(혹은 인간의) 모사적 관계(mimetic relation)가 파괴되고 관계들의 질적인 차원이 배제되었음을 비판하는 것이다. 이는 구술사회에서 문자사회로의 변화라는 맥루한의 연구와 유사한 것이었다.[10]

'인간의 확장으로서의 미디어'라든가 '미디어는 메시지'라는 맥루한의 유명한 경구들은 지금까지 살펴본 그의 인식론적 기반 위에서 보다 쉽게 이해할 수 있다. 인간은 감각자료들을 통해 세상을 인식한다. 모든 종류의 미디어는 인간과 세계를 연결해주는 감각의 확장이다. 따라서 역

---

9) 순진한 눈이란 하나의 신화로 선입견 없는 눈을 가정하기 어렵다는 말이다. 현실을 가장 그럴듯하게 재현한 것 같은 원근법의 일루전도 순수한 'matching'이 아니라 하나의 'making'이다. 이는 해석이 가해지지 않은 사실들의 선입견 없는 관찰을 믿었던 19세기 귀납법에 대한 믿음도 하나의 보는 방식이었음을 함의하는 말이다.

10) 원근법에 의해 삼차원적 공간을 표현하게 된 것은 미술사에서 획기적인 사건으로 이것이 근대적 재현 예술의 극치를 이룬다. 원근법적 표현 이래 미술의 탁월함은 재현의 정확도와 일치한다는 신념이 생겼고, 조잡한 초기단계(원시미술)를 거쳐 완벽한 일루전으로 그 양식이 진보해 왔다는 믿음을 갖게 되었다. 그러나 이 또한 하나의 일루전이라는 말은 원근법적 표현이 현실과 실제로 비교해 보았을 때는 전혀 같지 않은데도, 그것을 현실적이라고 지각하는 하나의 보는 방식이라는 점이다. 그 일루전은 고대 예술에서 나타난 촉각적 객관성을 '시각'만으로 대체한 것이고, 그 시각도 자연적인 눈의 시각이 아니라 고정된 하나의 시점에 근거한 추상화된 시각의 세계라는 것이다. 맥루한은 이를 쓰기 및 인쇄의 내면화와 연결시켜 촉각에 기초한 구술사회를 시각에 기초한 문자사회가 대체한 것이 서구의 근대사회라 특징짓는다.

사적으로 문화적으로 특정한 사회의 지배적인 미디어는 인간의 감각균형에 영향을 주는 조건이 된다.[11] 지배적인 미디어를 통해 인간이 사물과 세계를 보는 방식이 변화한다는 이야기이다. 미디어마다 서로 다른 감각배합의 비율을 유도하는 감각적 편향성이 있고 이 감각적 편향성은 인간의 감각배합의 비율에 영향을 주기 때문이다.

2) 인쇄와 근대: 구술성의 제거

(1) 구술문화의 특징

인쇄 이전의 구술문화는 다원적이고 복합 감각적인 청각의 공간이라 할 수 있다. 우리가 어떤 것을 보기 위한 시점이라는 말을 하는 것과 같이 어떤 특정한 소리를 듣기 위한 귀는 있을 수 없다. 전후좌우에서 소리는 동시에 들리는 것이고, 시각에서와 같이 어떤 것을 중심으로 보기 위해 다른 것을 배제시키는 것이 가능하지 않다. 근대의 원근법적 공간은 시각의 지배에 의해 가능한 공간이다. 다른 감각은 배제된 시각만에 의한 세계의 재현, 하나의 시점을 중심으로 사물들을 배열시키고 왜곡시킴으로써 삼차원적 현실감에 대한 환상을 만들어내고, 그러한 시점에 의해 현실을 지각하도록 하는 것이 시각적 공간이다.

---

11) 인간의 지각 자체가 하나의 매개 과정이다. 맥루한은 어떤 경험을 다른 어떤 것으로 변환시키는 (모든) 것을 미디어로 보았다. 하나의 경험을 다른 것으로 변환시키는 것은 은유이기 때문에 미디어는 곧 은유의 방식이기도 하다. 무엇을 어떻게 경험하고 그것을 어떻게 표현할지에 개입되어 있는 것은 은유의 방식 즉 미디어의 지각방식이라는 것이다. 곰브리치는 모호한 그림에서 익숙한 상(image)을 찾아내는 인간의 이미지 해독능력을 'mental set' 즉 바로 그것을 보거나 듣도록 예비시키는 마음의 자세 혹은 기대로 설명한다(Gombrich, 1972). 맥루한이 미디어는 마사지라고 했을 때의 의미는 이런 것이다. 쉽게 의식할 수 없으나 하나의 배경(ground) 혹은 환경으로 작용하는 것이 미디어의 영향력이다. "기술의 영향은 의견 또는 개념의 단계에서 나타나는 것이 아니라 착실하게, 아무런 저항없이 감각의 비율 또는 지각의 기준을 바꾸어가는 것이다"(M. McLuhan, 1962, 1964).

옹(W. Ong)에 따르면 소리는 발음되는 순간으로 나타났다 사라지는 해프닝으로서 비록 순간적이지만 다른 감각의 대상보다 좀 더 실존적인 방법으로 인간경험과 인지행위를 특별한 방식으로 형성한다. 소리로 전달된 메시지는 분위기와 합쳐져 여기, 현재의 경험으로 전달되고 인간이 지금 일어나는 일의 중심에 있다는 느낌을 준다(이동후, 1999, 13쪽). 구술문화의 특징은 따라서 나와 공동체의 분리, 사고와 행동의 분리, 행위와 텍스트의 분리, 주체와 객체의 분리 등이 이루어지지 않았다는 점이다. 이들의 분리는 인쇄의 등장 이후 문자성이 내재화되면서 발생했다.

중세 필사문화의 경우 이미 상업적 ·교육적 제도 속에 편입되어 있었지만 근대의 시각적 편향과는 거리가 멀었다. 그 사회에서는 쓰여진 단어가 순전히 시각적이기만 한 매체는 아니었다. 읽는다는 것이 오늘날처럼 침묵 속에 행해지는 활동이 아니었기 때문이다. 또한 구술사회에서는 다양한 지역 방언이 있었다. 한 지역의 사람들이 접하는 책은 종종 다른 지역에서 온 것이었고, 필사본은 그러한 차이를 반영하는 것이었다. 낯선 방언으로 쓰여 있거나 언어는 같아도 다른 방식으로 철자된 것이어서, 이를 이해하기 위해서는 소리를 내어 읽어 음성적 유사성을 통해 의미를 이해해야 했다. 이러한 읽기는 듣기를 강조하게 되고 그 문화의 소리에 대한 민감성을 고양시킨다. 또 항상 유동적인 언어적 역동성을 갖게 된다. 중세 언어는 이를 반영한 것이다. 또 텍스트의 수가 적었기 때문에 수업은 받아쓰기 방식으로 이루어졌고, 학생들이 받아 쓴 필사본은 학생 자신의 텍스트가 되었다. 텍스트의 저자가 누구인지 원본이 무엇인지가 문제되지 않았다. 텍스트는 그저 거대한 (전통적인) 지식체계의 한 부분이고 그것을 전수하는 것이 의무였기 때문이다.

인쇄 이전의 구술사회는 말이 살아있던 청각적·촉각적 사회로서, '세분화된 인간이 만들어낸 것이 균질적인 서구세계인 데 반해, 전문기술 또는 눈에 보이는 특징에 의해서가 아니라 각각의 독자적인 복잡한 정서에 의하여 다른 사람으로 구성'되어 있는 사회이다(M. McLuhan,

1964). 즉 구술적인 인간의 내부세계는 복잡한 정서와 감정이 갖가지로 얽힌 세계인데, 그것은 서구의 현실적 인간이 효율과 실용성을 존중하여 먼 옛날, 자기 속에서 썩게 하거나 또는 억눌러버린 세계인 것이다.

구술사회의 인간은 사회집단 및 가족과의 상호관련을 통해 정서적·공동체적인 가족감정의 네트워크 속에서 산다(M. McLuhan, 1964). 이러한 부족의 정서에서 자유롭게 이탈되어 개인으로 존재할 수 있는 것이 문자사회의 인간이다. 청각에 기초한 구술사회에서 인간은 행동과 반응을 동시에 행하지만, 문자 사회에서 인간이 어떤 행위를 할 경우 그는 감정과 정서를 억압해 버린다. 반응 없이 행위하고 관여 없이 행동하는 것이 서구인의 특질인 것이다.

구술사회에서의 생활의 특징이 문화적 다원성, 특이성, 비연속성이라면, 표음문자에 의하여 선형으로 구성된 합리적 생활은 인간을 일련의 논리적 일관성 속에 가둔다. 그 논리적 일관성이라는 것은 선형적 연속성을 의미하는 것으로 어떤 것이 다른 어떤 것에 이어진다는 인과관계를 말한다. 이러한 선형연속성, 즉 모든 종류의 경험을 각각 획일적 단위로 나누어서 보다 빨리 변화할 수 있는 형태를 낳은 것이 서구 문화가 갖는 힘의 원천이다.

옹 또한 맥루한과 마찬가지로 구술사회와 쓰기 및 인쇄에 기초한 문자사회가 세상을 경험하는 방식과 사고하는 방식에 있어서 근본적으로 차이가 있음을 주장한다. 원초적인(즉 구술문화 속에서 사는) 사람들 사이에서 언어란 일반적으로 행동의 양식이지 사고를 표현하는 단순한 기호는 아니다(Malinowski, 1923; W. J. Ong, 1982, p.54에서 재인용). 모든 음성 특히 구두로 하는 발화는 유기체의 내부에서 발하는 것이기 때문에 역동적인 것이다. 이에 반해, 문자문화의 사람들은 말이란 우선 목소리이며 사건이며, 그러므로 필연적으로 힘에 의해 생기는 것이라는 사실을 잊고 말을 어떤 평면상에 내던져진 사물과 같이 생각한다.

구술문화의 이러한 특징은 그것이 목소리에 의지한 문화라는 점에서 나온다. 이는 구술로 발화된 말은 씌어진 말과는 달리 단순히 말로만 이루어진 상황에서는 성립되기 어렵다는 점에 기인한다. 즉 소리로 발화되는 말은 언제나 전체적인 생존상황의 어느 양상이며, 그렇기 때문에 언제나 신체를 사용하게 된다. 또한 구술문화는 말을 주고받는 인간들의 상호작용에 훨씬 크게 의존하고 있는 문화로, 이에 따라 일차적인 구술문화의 성격구조는 쓰기문화에 비해 보다 공유적이고 외면적이며 덜 내성적이다. 구술적인 커뮤니케이션은 사람들을 집단으로 연결시킨다.

옹도 쓰기에 의해 말하기가 '구술-청각의 세계'에서 새로운 감각의 세계, 즉 '시각의 세계'로 이동하게 되었고, 이를 통해 말하기와 사고가 함께 변화하였다는 점에 주목한다. 알파벳의 쓰기는 말을 음소단위의 공간적 등가물로 분해하는 것으로 특히 인쇄는, 쓰기가 그랬던 것보다도 훨씬 강력하게, 말이 사물이라는 것을 말해준다는 것이다. 침묵 속에 홀로 책을 읽을 수 있게 만든 인쇄는 근대사회를 특징짓는 개인 프라이버시 감각을 발달시킨 요인이기도 한데, 이는 인쇄가 말의 사적인 소유라는 새로운 감각을 만들어냈기 때문이라는 것이다. 인쇄가 사람들의 마음속에 내면화되고 그것이 사회의 지배적인 문화가 되면서 이러한 구술성의 세계는 사라지기 시작한다.

(2) 구술성이 사라진 근대문화

중세의 필사문화에서 근대의 인쇄문화로 넘어오면서 서구의 지각적 폐쇄와 감수성의 지배적 형식이 근본적인 변화를 겪게 된다.[12] 〈구텐베르크 은하계〉는 이러한 변화의 심층구조에 관한 연구로 맥루한은 이 변화가 시각 중심적인 것이었음을 주장한다. '청각적-촉각적(audile-tactile) 구술

---

[12] 지배적인 미디어 혹은 하나의 감각의 지배는 그 감각을 중심으로 한 지각적 폐쇄 및 다른 감각의 마비와 맞물린다. 수레바퀴든 알파벳이든 혹은 라디오이든 인간의 확장인 모든 미디어들은 그것을 중심으로 한 지각적 폐쇄를 대가로 요구한다. 그 것이 감각의 분리를 낳는다(M. McLuhan, 1962, pp.1-9).

문화'에서 '시각적인 문자문화'로 변화했다는 것이다.

근대 서구문화의 과정은 '시각화'의 과정으로, 이는 인간의 감각균형이 깨져 시각이 지배적 감각으로 자리 잡고 동시에 다른 감각들은 억압되어 왔음을 의미한다. 시각화 과정은 알파벳에서 시작되어 인쇄술의 발명 후 급속히 진행되었다.

우선 표음 알파벳은 음소라고 하는 몇 개의 균질적인 단편으로 구성되어 있으며 이들의 조합에 의해 사고와 세계가 표현된다. 상형문자가 표현 대상과의 사이에 갖던 묘사적 관계를 전혀 갖지 않게 된 것이다. 다시 말해서, 세계는 어떤 신화적이고 시적인 질적 차원을 상실하고 그 내용이 무엇이든 알파벳 음소로 분절되어 환원된다.

분절 및 단편화와 함께 선형성 또한 시각화 과정의 특징이 된다. 인쇄된 페이지 안에 단편들의 조합으로 표현된 세계는 그것을 순서대로 읽어나갈 것을 요구한다. 이는 사물들의 동시적 공존성(simultaneity)이 해체되어 모든 것에 우선순위가 정해짐을 의미한다. 서구에서 합리적이라는 말은 '획일적이고 계속적이며 원인과 결과가 연속하는 것'을 뜻한다 (M. McLuhan, 1964). 맥루한은 이것이 '합리적'인 것이 아니라 '시각적'인 것이라고 주장한다. 기계적인 분절에 의한 획일성, 연속성, 반복가능성 등이 '시각적'이라는 말에 담겨있는 의미이고, 이에 기초한 인간관계 및 사회과정의 진행이 '시각화'의 과정이다. 맥루한은 근대화를 이러한 시각화의 과정으로 보았다.

인쇄기 도입으로 발생된 비용을 충당하기 위해서는 인쇄물이 많이 팔려야 했고, 인쇄물을 많이 팔기 위해서는 언어를 표준화할 필요가 있었다. 언어가 표준화되면서 '읽기'는 보다 쉬워졌고, 청각적인 의미의 실마리(aural cues)를 찾기 위해 그것을 소리 내어 읽어야 할 필요가 없어졌다. 즉, 듣기의 역할이 사라진 것이다. 이처럼 '읽기'가 '묵독'을 의미하게 되면서 보는 것과 듣는 것은 완전히 분리되었다. 옹에 의하면 이것은 새로운 종류의 '내적 발화(inner speech)'와 새로운 '고립(solitude)'의 수단을 초래했다. 이것의 심리학적 짝은 초기의 근대적 개인주의였다(M. McLuhan, 1962, p.158). 지식의 통로에서 '말하기'와 '듣기'가 배제되고 '보기'만이 침묵 속에 남게 되었다. 침묵 속에 홀로 마주하는 인쇄된 책에서 접하는 세계는, 이전의 화술(oral eloquence)에 관련된 감각과 그 음악적이고 모사적인 차원이 배제된, 추상적이고 논리적인, 산문이 지배하는 세계가 되었다.

인쇄가 인간의 감각구조에 끼친 영향은 시각화된 인쇄물을 통해 얻을 수 있는 지식의 성격으로도 나타난다. 그것은 지식의 내용에 영향을 주었다기 보다는, 어떤 사고과정을 정당한 것으로 여기고 또 어떤 지식의 형태를 합당한 지식으로 받아들이느냐 등의 지식 규정 자체에 영향을 주었다. 이 새로운 지식은 근대 과학의 지식이라고 우리가 받아들이고 있는 것으로, 맥루한에 의하면 이는 합리적인 지식이 아니라 시각화된 혹은 시각적인 지식이다. 고유한 특질을 지닌 개개의 사물들을 유한의 음소, 원소, 혹은 변인으로 환원시키고, 순차적이고 인과적인 형태로 조합시켜, 선형적으로 제시하는 것이 근대적 지식의 성격이다. 또 근대적 지식은 구체적이고 정확한 것을 요구하는바 경험 가능한 것, 볼 수 있는 것, 즉 측정 가능한 것만이 지식의 대상으로 여겨지게 되었다. 이에 반해, 눈으로 볼 수 있도록 제시될 수 없는 것, 즉 특정한 변인으로 환원될 수 없는 것, 따라서 측정할 수 없지만 중요한 현실적 부분 혹은 관계들은 지식의 대상에서 제외되거나 환원될 수 있는 형태로 왜곡된다.

사물을 혹은 세계를 일관된 선형적인 방식으로 보기 위해서는 또한 일정한 시점을 유지할 것을 필요로 한다. 실제로 시점은 인쇄 이후 발전된 글쓰기의 방식으로 인쇄 이전, 즉 중세시대까지는 (인쇄 이후에도 인쇄가 완전히 내면화되기 전까지는) 한 작품 속에 일관된 시점이 있어야 한다는 생각은 없었다. 사물과 인간의 여러 측면과 국면들이 동시적으로 존재하며, 이러한 국면들이 일정한 시점 하에 순차적으로 정리되는 것이 아니라 그 국면들을 자유롭게 옮겨 다니는 것이 이 시대 작품의 성격이

38

었다. 서로 다른 성격들의 동시 공존, 하나의 균질적인 단위로 환원되지 않는 이질적인 것들의 '혼융(configuration /mosaic /galaxy)'이 인쇄 이전의 삶과 지식의 형태였고, 이것은 맥루한이 추구하는 지식의 형태이기도 하다. 순차적인 절차에 따라 얻어지는 하나의 전망으로서의 지식이 아니라 있는 그대로의 복잡한 전체를, 전 감각을 통한 하나의 이미지로 포착해내는 지식을 맥루한은 시각적이 아닌 합리적인 지식으로 보았고, 이는 그가 '메타포'와 '레토릭', '전자미디어의 동시성', '청각-촉각적 공간' 등을 강조한 이유이기도 하다.

서구 근대성에 대한 맥루한의 분석의 초점은 미디어, 즉 인쇄기술에 놓여져 있지만, 그 기술과 함께 다양한 근대적 현상들을 연결시킴으로써 서구의 근대적 인간, 인간관계 및 사회를 비판적으로 고찰하고 있다는 점에서 근대성에 대한 다른 비판들과 맥을 같이 한다고 볼 수 있다. 인간의 확장으로서의 미디어라는 개념과 그것에 기저하고 있는 감각이론의 이면에는 확장된 감각으로 인한 인간의 자기소외가 존재한다. 이 때문에 지각적 폐쇄와 감각의 마비가 논의되는 것이다.13)

특히 시각의 지배로 인한 청각과 촉각의 마비 혹은 배제가 몸으로부터의 사고의 분리를 낳고, 그런 상태에서 자신 및 타인과 사회에 대한 참여 및 관여라는 인간적인 차원이 배제된 결과, 무감각하고 기계적이며 분절된 개인이 만들어진다. 말의 다양한 질적 차원이 배제된 쓰기와 인쇄가 언어의 사물화를 낳았다면, 이의 내재화는 개인 또한 사물로 환원시키는 결과를 초래한바 이것이 근대 개인주의가 갖는 모순적인 성격이라는 것이다. 맥루한은 원자론적 개인주의 위에서 근대인이 세상을 경험하는 방식으로서의 합리주의, 자유주의, 국가 등이 인쇄라는 특정한 미

---

13) 그로스윌러(Paul Grosswiler)는 이런 점에서 맥루한을 기술결정론자로서가 아니라 비판적 커뮤니케이션 이론가로 다시 볼 것을 주장한다. 맑스가 생산양식에 기초해 인간의 노동으로부터의 소외를 비판했다면 맥루한은 미디어에 기초해 인간의 자신의 감각으로부터의 소외를 비판했다는 것이다.(P. Grosswiler, p.8)

디어를 중심으로 얽혀져 있음을 시각화라는 개념으로 통찰하고 있다고 하겠다(J. Stamps, 1995, p.123).

근대성(modernity)에서 맥루한이 감지한 흐름은 비인간화이다. 근대의 비인간화는 자연적인 인간의 상태가 억압되고 변형된 상태를 말한다. 이런 점에서 맥루한은 인쇄(와 그것이 낳은 근대) 이전의 조화로운 구술성에 대한 향수를 가지고 있다고 보여진다. 이 때문에 커뮤니케이션 기술이 맥루한에게 있어서는 중립적이고 똑같은 기술로 여겨지지 않는다. 인간을 비인간화하는 기술이 있고, 텔레비전과 같이 다시 인간성과 구술성을 회복시켜줄 수 있는 기술이 있다는 것이다. 인쇄는 근대를 낳은 기술이자 비인간적인 근대문화를 낳은 기술이다.

이러한 논의들은 결국, 근대가 가져온 커뮤니케이션 기술의 발전에도 불구하고 왜 커뮤니케이션이 부재하게 되었는지에 대한 논의로 귀결된다. 시각이 인간의 감각 가운데 가장 비인간적인 감각이듯이, 말에서 문자로 또 인쇄로 넘어가는 커뮤니케이션 기술의 발전은 점점 더 자연적인 인간의 상태에서 멀어지는 것이었다. 말이 인간 감각의 최초의 외화라면 문자는 말의 외화, 또 인쇄는 문자의 외화이다. 그 과정에서 인간이 원래 가지고 있었던 풍부함과 생명력은 여러 차례로 걸러져서 이제는 그 생명력을 상실한 화석화된 커뮤니케이션과 문화만이 남게 되었다는 것이 그 요지이다.

시각화된 것은 원래 그것이 자리 잡고 있던 곳에서의 의미를 상실하고 '표면'만이 떠오르게 된다. 혹은 원래 가지고 있던 입체적인 성격을 상실하고 평평한 2차원의 것으로 변형된다. 그 과정에서 상실되는 것은 (사물의) '깊이'이다. 그래서 맥루한이 보기에 근대사회는 표면만 비추는 '조사광(light on)'의 사회이다. '투과광(light through)'이 지나갈 깊이를 상실했기 때문이다.[14] 따라서 투과광이 비춰주는 존재 전체의 '공명'도

---

14) 맥루한은 문자를 "겉으로 비추는 빛" 즉 조사광으로, 그리고 구어를 "안으로 투과하는 빛" 즉 투과광으로 비유한다. 맥루한은 성서의 주석을 예로 들면서 "……보

사라졌다. 혹은 그것은 사회의 무의식으로 숨어 들어가 그 어둠속에 가라앉아 있다. 맥루한이 되살리고 싶어 했던 것은 이러한 깊이였다. 이것은 또한 죠이스가 '밤의 무의식속에 있던 것을 한낮의 깨어있는 의식으로'(〈피네간의 경야〉) 바꾸고자 했던 바로 그것이기도 하다.

3) 텔레비전과 근대성의 극복: 구술성의 회복

맥루한이 선형적인 시각적 공간에 대한 인식론적 대안으로 제시하는 것이 '청각적 공간(acoustic space)'이다. 청각적 공간 또한 하나의 메타포로서의 인식론적 공간으로 맥루한은 이를 '다차원적(multi-levelled)'(M. McLuhan, 1962, p.63), 또 보다 경험적으로는 '다문화적(multi-cultural)'(앞의 책, p.31)이라 표현한다. 청각적 공간은 맥루한이 강조하는 '모자이크', '성좌(constellation)', '혼융(configuration)' 등을 통해 표현되는 공간이기도 하다.

이 개념들의 공통된 특징은 명확성은 떨어지지만 '선형적 인과관계' 대신 '병치'를 사용한다는 것이고, 사회적·역사적 과정을 단순한 인과관계로 환원시킬 수 없다는 것이다. "구텐베르크 은하계는 모자이크한 접근을 한다. 수많은 데이터에 대한 모자이크한 이미지는 역사의 인과적 작용을 밝히는 유일한 실질적인 수단이다. 현재 연구하고 있는 사건들의 은하계 자체가 모자이크하다."(M. McLuhan, 1962, p.1)

단일시점에 근거한 선형적 시각공간에 대비되는 청각적 공간은 이질적인 것들이 동시에 공존하며 관계를 맺고 있는 공간이다. 이것은 새로

는 것은 이해하는 것이 아니었다. 모두가 육(肉)만을 보았다.……육 즉 살로서 문자는 나타났다. 그러나 그 내부의 영적인 감각은 신성성으로 알려진다"는 스멀리(Smalley)의 말을 인용한다. 그래서 맥루한은 주석을 "빛을 어떤 무엇 위에 비추는 조사가 아니라 무엇에 침투시키는 즉 투과광적 묘사 기법으로 이것이 중세 고딕 건축양식이 계승한 바로 그 기법이었다"고 말한다. 구어란 이런 주석과 같은 것이다(M. McLuhan, 1962, pp.105-107).

운 문화적 진전을 의미하는 것이 아니라 인쇄 이전의 유기적 공간으로 되돌아가는 것을 의미한다.

> 귀는 특정한 견해(시점)을 편애하지 않는다. 우리는 소리에 둘러싸여 있다. 소리는 우리들 주위에 빈틈없는 거미줄을 친다. 우리는, "음악이 허공을 채울 것"이라고 말한다. "음악이 허공의 특정한 부분을 채운다"고는 하지 않는다.
> 우리는 굳이 귀를 기울이지 않아도 어디에서 들려오는 소리든지 다 듣는다. 소리는 '위'에서도, '아래'에서도, '앞'에서도, '뒤'에서도, '오른쪽'에서도, '왼쪽'에서도 들려온다. 우리는 소리를 자동적으로 차단할 수는 없다. 우리에게는 귀꺼풀이라는게 없다. 시각적 공간이 획일적이고 서로 관련된 종류의 조직화된 연속체라면 청각의 세계는 동시적인 관계의 세계이다(M. McLuhan, 1962, p.111).

가령, 중세회화에서는 모든 가능한 상호관계를 표현하도록 사물들이 배치되어 있다. 또 텍스트에 대한 무시점적 해석은 '모든 가능한 의미', 따라서 '모든 가능한 시점'을 탐구하는 것이다. 따라서 청각적 공간은 중심과 주변의 분리가 아니라 그들의 공존을 의미하는 개념이다.

청각적 공간의 특징인 '성좌(constellations)' 혹은 '혼용(configurations)'은 토마스주의적 지각이론, 즉 통감각(common sense) 이론을 확장한 것이다(J. Stamps, 1995, pp.136-141). 즉 세계를 인식하는 데 있어서 각 감각은 독특한 역할을 수행하고, 적절한 지각은 촉각을 통해 일정한 게스탈트를 형성함으로써 이루어진다는 것이다. 따라서 적절한 지각은 균형된 감각의 이용을 요구하고. 이러한 종류의 균형이 비시각적·비지배적 형태의 이성의 토대가 된다. '통감각(common sense)'을 손상시키는 핫미디어는 개인적·사회적 수동성을 고양시킨다. 이에 비해 쿨미디어는 감각들의 통합적 활용과 참여를 요구한다.[15] 이러한 '성좌(constellations)'적 관계

---

15) 흔히 핫미디어와 쿨미디어를 미디어가 담고 있는 정보의 밀도라는 차원에서만 설

를 통해 인식되는 청각적 공간에는 특정한 시점이 없다.[16]

맥루한이 청각적 공간이라는 은유를 통해 기대하는 이상적인 인간과 사회의 상은 감각 간의 유기적 상호작용이 살아 있고, 정서적이고 감정이입적인 인간관계가 회복되며, 하나의 중심에 의해 다른 모든 대안들이 억압되지 않는, 모든 사람이 참여하는 공동체이다. 이러한 청각적 공간으로의 회귀는 인간의 촉각성을 부활시키는 텔레비전에 의해 가능하다는 것이 맥루한의 미디어론의 요체를 이룬다. 이는 맥루한의 이론 가운데 가장 논쟁적인 부분이자, 그에게 많은 찬사와 비난을 동시에 가져다 준 것이기도 하다.[17]

맥루한은 텔레비전이 인간의 잃어버린 감각균형을 회복시켜 줄 것이라고 생각했다. 우선 전기는 순차적인 것이 아니라 동시적인 현상이다. 또 시각적 정보와 청각적 정보를 함께 갖는 텔레비전은 쿨미디어로서 수용자의 적극적인 참여를 유도한다. 선형적이고 균질화된 인쇄문화 공간을 살던 사람들에게 텔레비전은 비연속적이고 다양하며 탈중심화된 내파(implosion)를 통해 이전의 부족적 공간을 회복시켜줄 것이라는 것이다. 이것이 맥루한의 '재부족화'와 '글로벌 빌리지'의 개념이다.[18]

명하는데 이는 충분한 이해가 아닐 수 있다. 정보의 밀도는 항상 수용자의 참여 혹은 관여의 정도와 짝을 이루는 개념이다. 쿨미디어의 'coolness'를 참여와 연결시키는 것 또한 토마스주의적 사고의 일환이다. 아퀴나스는 'cooling'과정을 설명하기 위해 '참여(participation)'라는 개념을 자주 사용한다. 공기는 태양 빛을 확산시킨다는 의미에서 태양 빛에 참여한다. 그러나 태양에 존재하는 것만큼 명확하게 햇빛을 커뮤니케이트하지는 않는다. 맥루한에게 있어 이러한 확산, 즉 'coolness'는 자연스러운 땅의 조건이다. 이를 확장하면 참여는 공동체의 자연스런 조건이다. 따라서 'cool'이라는 개념은 청각적 공간의 핵심적인 특성이 된다(J. Stamps, 1995, p.137).

16) 지배적인 한 시점이 없다는 의미에서는 'no point of view'이지만 동시에 'all points of view'이기도 하다.

17) 포스트모던한 전자시대의 예언가라던가 현재의 미디어 상황을 옹호하는 기술결정론자라는 등의 평가가 그것이다.

18) 인쇄로 인한 외파(explosion)와 그로 인한 탈부족화로 인해 이미 이전의 부족단위는 깨졌다. 이제 전기미디어의 동시성과 내파로 인한 부족의 단위는 'global'이다.

　　모자이크의 그물눈인 텔레비전은 예술의 원근법을 육성시키지 않는 것처럼, 생활에 있어서도 선형적인 것을 육성하지 않는다. 정치적인 견해와 정책 대신 전체 포괄적인 정치 자세, 또는 태세가 필요하다. 만들어진 것이 아니라, 만드는 과정이 중요하게 되었다. 새롭고 급속한 성장 시기에는 윤곽이 희미하다. 텔레비전 영상속에서 우리는 희미한 윤곽의 뛰어난 점을 인정한다(M. McLuhan, 1964, p.580).

　　텔레비전은 구술성을 복원시킨다. 근대문화 속에서 그 구술성은 하나의 무의식적인 집단성으로 의식 저 아래편에 억눌려 있던 것이었다. 의식과 무의식, 개인과 집단이라는 서구 근대문화의 딜레마는 새로운 전자은하계속에서 텔레비전에 의해 '이것이 아닌 저것'이 아니라 '이것 저것 모두'라는 차원으로 떠오르게 된다. 즉, 서구 근대문화의 딜레마가 "심오한 유기적 특성을 지닌 새로운 발명인 전기 기술"에 의해 해소 가능하게 되었다는 것이다(M. McLuhan 1962, p.269). 왜냐하면 전기는 신화적 또는 집단적인 차원의 인간경험을 완전히 '한낮에 깨어있는 의식의 세계(the conscious wake-a-day world)'로 끄집어내기 때문이다. 무의식 속에 혹은 집단적 의식 속에 침잠되어 있던 것이 깨어있는 의식의 세계로 끄집어내 진다는 것은 의식의 세계를 무의식의 세계가 대체하는 것이라기보다는 더 이상 의식과 무의식 간의 구별이 필요하지 않아서 무의식 속으로 침잠되어야 할 어떤 것이 생기지 않는 상태를 의미한다.

따라서 재부족화와 'global village'는 전기미디어가 가져오는 청각적 공간에 대한 동일한 은유이다.

2. 한국의 근대화와 텔레비전: 구술성의 근대적 변형

많은 사람들이 맥루한의 통찰력을 인정하면서도 그를 진지하게 받아들이지 못한 이유 중의 하나는 그가 자신의 사상을 다양한 은유와 아포리즘으로 표현했다는 데 기인한다. 은유와 아포리즘은 구술사회의 표현방법이다. 그런데 이것이 그의 이론과 표현을 역전시켜 그의 철학은 간과되고 아포리즘만이 떠돌게 되는 결과를 초래했다.

맥루한의 여러 가지 아포리즘 가운데 본 연구에서는 맥루한의 대표적인 언명이자 개념인 "미디어는 메시지다"와 "핫미디어, 쿨미디어"를 살펴본다. 한국에서 텔레비전이 제도화된 방식과 그로 인한 텔레비전 문화현상들은 텔레비전이라는 미디어 자체의 성격을 무시한 채, 그것에 담는 메시지를 통해 근대적 목표를 달성할 수 있다는 인식에서 나온 것이었다. 따라서 "미디어는 메시지다"라는 언명은 미디어와 메시지를 분리해 생각할 수 없으며, 미디어 자체의 성격을 무시한 시도는 애초의 의도를 결과할 수 없다는 것을 함의한다.

인간의 지각과 소통양식을 시각과 촉각으로 설명할 수 있다면 '핫미디어'와 '쿨미디어'는 인간감각의 확장으로서의 미디어의 성격을 설명하는 유사한 내용의 개념이라 할 수 있다. 핫미디어는 물론 단일한 감각정보로 채워져 있는 상태를 의미하므로 청각적 핫미디어를 생각할 수 있겠으나, 근대문명을 중심으로 생각할 때 핫미디어는 대체로 시각정보로 가득 찬 인쇄문화를 의미한다. 인쇄문화는 근대를 의미하고 근대는 따라서 문자문화를 의미한다. 반대로 근대 이전의 문화는 구술문화이고 이는 촉각성이 살아있는 소리의 문화이며 따라서 쿨한 문화이다. 결국 '시각-핫미디어-인쇄-근대-문자문화'로 연결되고 '촉각-쿨미디어-텔레비전-전/탈근대-구술문화'로 연결되는 기본적인 개념 쌍이 구성되는데, 본 연구에서는 텔레비전의 제도화 과정과 그 과정 속에서의 갈등을 설명하기 위해 이러한 개념들을 사용하고 있다.

1) 미디어는 메시지다

"미디어는 메시지다"라는 말은 미디어에 메시지가 겹쳐있는 상태를 언어로 표현한 것이라 할 수 있다. 즉 맥루한의 미디어 개념은 기존의 미디어라는 개념과 메시지라는 개념을 통합하는 개념이라 볼 수 있는 것이다. 순수하게 중립적인 용기로서의 미디어와 그 안에 담기는 내용이라는 이분법적인 개념은 아니라는 것이다. 이는 두 가지 측면에서 그러하다. 우선 하나는, 맥루한의 지각이론에서 살펴보았듯이, 감각의 확장으로서의 미디어는 무엇을 경험하고 그것을 어떻게 처리할지를 이미 담고 있다는 점이다. 그것을 배제하고 그 안에 담긴 내용에 대해 왈가왈부하는 것은 마치 이미 원근법적인 관습 속에서 그림을 인식하도록 되어 있는 틀 안에서 이집트 미술의 재현의 정확도를 논하는 것과 마찬가지이다. 우리가 메시지라고 생각하는 내용물은 그릇에서 깨끗하게 꺼낼 수 있는 어떤 것이 아니라 미디어의 지각방식이 이미 새겨져 있는 어떤 것이다. 반대로 아무런 내용물 즉 메시지가 없는 텅 빈 미디어는 존재하지 않는다.

이를, 같은 이야기이지만, 다른 측면에서 살펴보면 이렇다. 편의상 미디어를 하나의 형식(form)으로 또 메시지를 하나의 내용(content)으로 구별하는 일반적인 분리법을 가지고 생각할 때, 형식 없는 내용이 존재할 수 없다는 점에서 미디어는 메시지이다. 메시지 혹은 내용을 어떤 표현에서 추출할 수 있는 의미 혹은 사상이라 가정할 때 이는 흔히 그 형식으로 표현된다는 뜻이다. 그 표현에서 추출된 내용은 결국 그 표현으로 돌아간다. 이는 미술의 경우 보다 이해하기 쉬운데, 특정한 미술 사조를 대표하는 것은 그 재료와 형식 혹은 기법이고, 그것이 아닌 다른 것을 표현하고자 하는 경우에는 다른 재료와 형식 혹은 기법을 찾는 것과 마찬가지이다.

그것은 이런 의미이다. 어떠한 형식 속에 갖다 넣어도 불변하는 고정

46

된 내용 즉 메시지는 없다. 그렇다고 (형식이 내용을 규제한다 혹은 미디어가 메시지를 규정한다는 일반적인 의미에서) 동일한 내용이 상이한 형식 속에 넣어졌을 때 서로 다른 의미를 낳는다는 것은 아니다. 형식과 내용은 분리할 수 없기 때문에 새로운 내용은 그것을 가장 잘 표현하는 새로운 형식과 결합되고 그것이 새로운 사조를 낳는다는 말이다.

현대 과학이 만들어낸 기술이나 도구 자체는 선도 악도 아니며, 그 가치를 결정하는 것은 그것을 어떻게 사용하느냐에 달려있다는 전통적인 사고방식을 맥루한은 몽유병자의 소리라고 신랄하게 비난한다. 인간과 상호작용 하는 것은 언제나 미디어 자체이기 때문에, 미디어의 내용에 앞이 가려져 미디어 자체의 특성이나 중요성을 간과해서는 안 된다는 말이다.

한국에서 텔레비전이 도입되고 제도화되는 과정에 있어서 텔레비전이라는 미디어와 그에 담길 메시지는 철저하게 분리되어 인식되었다. 즉, 대중에게 강력하게 소구할 수 있는 텔레비전이라는 매체 자체는 한국의 근대화에 박차를 가할 수 있는 훌륭한 도구로 여겨졌던 반면, 텔레비전이 필연적으로 담게 되는 메시지의 형식은 철저하게 비판받고 거부되었다. 특히 1970년대에 일었던 텔레비전 비판론에서는 이러한 분리가 보다 분명해졌다. 매체는 좋은데 내용이 저질이기 때문에 바꾸어야 한다는 논리가 그것이다. 텔레비전을 근대적 매스미디어로 만들려는 노력은 거개가 근대적인 목표에 준하는 메시지를 어떻게 담을 것인가에 집중되어 있었다. 텔레비전화된 형식들과 메시지들은 상업성 – 오락성 – 저질성의 등식 하에 비판받고 억압되었다. 이것이 한국의 텔레비전 문화형성 과정에서 드러난 갈등의 기본적인 배경을 이루게 된다.

2) 핫미디어(hot media)와 쿨미디어(cool media)

맥루한의 미디어론에는 몇 가지 이분법적 개념들이 순환적으로 등장한다. 구술성과 문자성, 촉각과 시각, 청각적 공간과 회화적 공간, 원시와 문명, 부족과 탈부족화 등이 그것이다. 이들은 물론 서로 조금씩 상이하기는 하지만 동일한 어떤 것을 표현한다. '구술성 - 촉각 - 청각적 공간 - 원시 - 부족' 등이 한 짝을 이루고 '문자성 - 시각 - 회화적 공간 - 문명 - 탈부족화' 등이 다른 한 짝을 이룬다. 이들을 대표하는 은유적 개념은 촉각과 시각으로 이 은유들이 시사하는 것은 분리와 통합, 소외와 참여, 연속성과 동시성, 획일성과 다양성, 부분과 전체, 기계적인 것과 인간적인 것 등이다.

먼저 '촉각적'이라는 말은 피부의 접촉을 의미하는 것이 아니라 여러 감각이 동원되어 대상에 접촉하고 이들 감각의 경험이 교환되어 하나의 전체적인 이미지로 인식되는 것을 의미한다. 〈미디어의 이해〉에서 맥루한은 이를 비교적 명확한 언어로 표현하고 있다.

> 파악 또는 이해라는 말 자체는 다른 것을 통하여 하나의 것에 도달하는 과정, 동시에 하나 이상의 감각을 통하여, 동시에 많은 면을 다루고 느끼는 과정을 의미한다. 접촉은 피부의 문제가 아니라 여러 감각의 상호작용이며 접촉을 유지한다 또는 접촉한다는 것은 여러 감각의 결실 많은 마주침이다. 여러 감각이라는 것은 소리로 바뀌어진 시각, 동작으로 바뀌어진 소리, 그리고 미각과 후각이다. 상식은 몇 세기 전부터 어느 감각의 경험을 모든 감각으로 바꾸어 마음속에 언제나 결과가 동일하다는 인상을 주는 인간 특유의 힘이라고 생각되어 왔다(M. McLuhan, 1964, p.60).

이와 마찬가지로 '시각'은, 이는 주로 '시각화' 혹은 '시각의 지배'라는 의미로 사용되는데, 눈으로 본다는 그 자체보다 다른 감각들로부터 시각이 분리되고 그것이 패권적인 위치를 차지하는 것에 무게중심이 있다. 시각은 또한, 자연적인 눈의 움직임과는 달리, 고정된 하나의 시점을 가지고 그 위치에서만 대상을 파악하는 것을 의미한다.[19) 이러한 시각은

원근법적으로 배열된 하나의 회화적 공간을 낳고, 다른 감각들과의 상호
작용이 배제된 폐쇄적인 체계를 이룬다.

촉각성과 시각성의 의미를 미디어로 표현한 것이 '핫미디어(hot
media)'와 '쿨미디어(cool media)'이다. 맥루한은 미디어의 성격에 따라
핫미디어와 쿨미디어로 구별한다.

핫미디어는 단일감각이 높은 정세도로 채워져 있는 미디어다. 따라서
사람의 관여가 적다. 사람의 관여는 미디어의 내용을 채워야 할 때 발생
하는 것으로, 이는 모든 감각의 사용(모든 감각 간의 교통)과 상상력,
그리고 감정의 이입을 필요로 한다. 대표적인 핫미디어는 인쇄이다. 인
쇄는 시각정보만이 높은 정세도로 채워져 있는 미디어다. 인쇄매체와 상
호작용 하는 데 있어 시각 이외의 다른 감각은 불필요하고, 따라서 사람
의 관여나 상상력, 감정의 이입 등도 불필요해진다. 맥루한은 서구인이
문자문화의 기술에 의해 반응을 일으키지 않고 행위를 성립시키는 힘을
획득했다고 자주 언급한다.[20] 타인의 반응에 무관심한 채 정해진 순서대
로 행위할 수 있는 냉정함이 핫미디어가 지배하는 문자문화의 특징이자
인간상이고, 그 원인은 하나의 감각 즉 시각이 분리되어 감각 간의 교통
과 통합이 깨어진 데 있다.

이와 반대로 쿨미디어는 많은 감각의 참가를 요구하고 보는 사람의
상상력의 동원을 요구한다. 쿨하다는 것은 사람의 전(全)능력에 관여하
는 상황에 있어서의 참여나 연루를 의미한다. 따라서 일정한 순서대로
따라 읽어나가 그 결과를 받아들이기만 하면 되는 책읽기와 달리, 불교
에서의 화두와 같이 이리 저리 생각하며 상상력을 동원하는 과정이 중
요하다는 개념이다. 이러한 과정에 있어서는 모든 감각의 동원이 필요하

---

19) 따라서 이것은 자연적인 눈의 시각이라기보다는 카메라적인 시각을 의미한다. 눈
으로 대상을 바라보는 경우에도 눈은 한곳에 머물지 않고 끊임없는 움직임 속에서
대상을 파악한다.
20) 이는 자기 자신을 단편화시키는 것으로 외과의사의 경우에 볼 수 있다.(M.
McLuhan, 1964)

다. 맥루한은 텔레비전을 대표적인 쿨미디어로 본다. 모든 감각을 동원하는 텔레비전은 따라서 촉각적인 성격을 갖는다. 시각적인 핫미디어와 달리 촉각적인 쿨미디어는 타인의 반응 및 결과에의 관여, 행위에 대한 책임을 수반한다. 전체 및 타자에 대한 감정이입은 냉정한 문자적 인간에서 정서적 인간으로의 변화를 의미한다.

한국에서 텔레비전의 제도화는 텔레비전이라는 미디어와 그에 담을 메시지를 분리하는 가운데 이루어졌다고 했다. 이러한 분리는 필연적으로 일정한 갈등을 낳게 된다. 그 갈등은 텔레비전이라는 '쿨한 미디어'에 '핫한 메시지'를 인위적으로 채우려 한 데서 발생한다. 여기서 '핫한 메시지'는 '특정한 메시지 혹은 내용을 핫한 방식으로 채워 넣는 것'을 의미한다. 즉 핫한 메시지라는 것이 따로 있고, 쿨한 메시지라는 것이 따로 있는 것이 아니라는 뜻이다. 본 연구에서 '핫한 메시지'는 근대화, 경제개발 등의 국가목표에 부합하는 내용'만'을 넣으려 했던 시도를 의미한다. '핫한 방식'이란 그 특정한 종류 외의 다른 내용이나 차원이 배제되는 것을 우선 의미한다. 또한 느슨한 가이드라인이 아니라 마치 일정한 틀로 프로그램되어 있는 기계에서 소기의 '생산물(output)'을 뽑아내는 것 같이 아주 구체적인 과정을 규정하고 다른 이질적인 것들을 완전히 배제하는 방식을 의미하기도 한다.[21]

---

[21] 여기서 '핫한 방식'에 대해 더 논의하면 이렇다. 위에서 말한 것처럼 핫한 방식이란 어느 하나만을 허용하고 다른 차원의 내용들을 허용하지 않는 것을 의미한다. 이에 더하여 핫한 방식이란 다만 다른 내용을 허용하지 않는다는 것을 넘어서 '다른 것이 들어갈 여지가 없이 하나로 꽉 채워 넣으려는' 태도를 의미한다. 상대적으로 쿨한 방식은 다른 것들을 허용한다는 일차적인 의미 위에 그보다 앞서 다른 것들이 들어갈 수 있는 여백을 남겨둔다는 것을 의미한다. 어떤 의미에서 핫한 것을 차고 넘치는 탐욕에 비유한다면 쿨한 것은 여백과 모자람 그 자체로 편안한 것에 비유할 수 있겠다. 맥루한이 서구의 근대성을 핫한 시각문화라 비판했을 때 바로 이 탐욕성, 즉 아흔 아홉으로는 만족하지 못하고 꼭 백을 채워 넣어야 하는 편집증적인 탐욕성에 대한 비판도 포함되어 있다고 본다. 이는 끝없는 욕망, 즉 탐욕을 가동시켜야 유지되는 것이 자본주의라는 점에서도 이해할 수 있겠다.

본 연구에서는 1970년대 정부의 텔레비전에 대한 규제가 매우 핫하다고 보았는데, 그것은 '들어가야 할 것(Do)'과 '들어가지 말아야 할 것(Don't)'이 매우 구체적인 차원에까지 규정되어 있었음을 의미한다. 이후에 등장하는 '핫한 메시지'는 모두 이러한 의미에서 사용된다. 텔레비전 도입 초기부터 텔레비전이라는 매체가 한국 대중에게 강력한 영향력을 행사할 것이라는 점은 인정되었다. 사실 그것은 구술문화와 구술매체 간의 친화력 때문이겠는데, 이러한 사실은 그다지 주목받지 못했고, 다만 텔레비전이 강력해서 근대화에 큰 도움이 될 것이라는 방향으로 인식이 형성되었다. 근대화에 큰 도움이 되기 위해서는 따라서 그 메시지가 근대화라는 목표에 준하는 것이어야 했다. 이를 본 연구에서는 텔레비전이라는 쿨한 매체를 핫한 메시지로 채우고자 했던 시도로 보았다.

3) 한국의 근대문화와 텔레비전

맥루한의 이야기는 사실적인 논증의 대상이라기보다는 숨겨진 배경 혹은 방향성을 드러내주는 메타포로 받아들일 때 오히려 의미가 분명해진다. 텔레비전이라는 매체의 구조적·형식적 성격이 촉각적인 감각균형을 회복시킬 수 있는 잠재적 가능성을 갖는다고 본 것은 사실이지만, 맥루한이 이러한 잠재력이 일괄적으로 실현될 것이라고 본 것은 아니다.

새로운 매체가 도입되었을 때의 효과는 그것을 수용하는 문화가 시각 편향적 문화였는가 구어 중심적 문화였는가에 따라 차이가 있다(M. McLuhan, 1964). 또 〈미디어의 법칙〉에서 맥루한이 강조하고 있는 것처럼 새로운 미디어의 출현은 기존의 미디어의 지배력을 약화시키는 한편 기존의 미디어가 쇠퇴시켰던 구조적인 특성이나 문화적 현상을 부활시킬 수 있다. 그러나 기존의 미디어가 일시에 완전히 대치되는 것은 아니다. 새로운 미디어는 이전의 미디어(들) 및 문화들과의 관계 속에서 자신의 잠재력을 발현시킬 수 있는 것이다. 결국 텔레비전이라는 매체를 따로 떼어내어 그것을 분석하고 논증하는 것이 아니라, 그것이 가져올 다른 미디어들과 문화들의 혼융(configuration)상의 변화를 감지하고 포착해야 한다는 것이 보다 맥루한적인 접근방식일 것이다.

1960년대와 1970년대에 이르는 한국이라는 시공간 속에 도입되어 제도화된 텔레비전은, 그렇다면, 맥루한의 이론을 통해 볼 때, 어떤 문화적인 의미를 갖는 것일까?

맥루한의 〈구텐베르크 은하계〉는 중세에서 근대로의, 즉 구술문화에서 문자문화로의 변화에 관한 것이었다. 맥루한이 말하는 새로운 은하계는 오랜 시간동안 뿌리를 내린 문자문화가 다시 구술문화로 변화한다는 내용을 담고 있다. 결국 서구문화는 두 차례에 걸친 은하계의 변동을 경험하게 되었다는 것이다. 구텐베르크 은하계로의 변동을 경험했던 엘리자베스 시대의 사람들이 중세적인 '공동체주의'적 경험과 근대의 '개인주의'적 경험 사이의 갈등과 충격을 겪었다면, 현대 서구인들은 전기시대에 직면하여 '개인주의'가 소멸하면서 '공동체적 상호의존'을 강제하는, 엘리자베스 시대와는 정반대의 삶의 양식이 지배하게 되는 경험을 하게 된다. 각각의 변동의 경우 사람들은 상호 대조적인 두 가지 문화가 병존하는 시대를 경험하게 된다.

두 가지 문화의 병존기에는 일종의 문명의 긴장을 겪게 된다. 즉 은하계들의 병존은 모든 사람들의 마음에 상처와 긴장을 안겨주게 되는 것이다. "그리하여 오늘날 우리의 가장 평범한 태도가 갑자기 고딕 건축의 이무기돌(gargoyles)과 같이 그로테스크하게 뒤틀려진 것 같다. 그동안 우리와 친숙했던 제도들이 때로는 위협적이고 적의를 나타내고 있다. 이들 다층적인 전환은 어떤 사회이든 그 속에 새로운 매체들이 진입할 때 나타나는 결과"(M. McLuhan, 1962, p.279)라고 할 수 있다(임상원, 2001, 22쪽).

한국 사람들이 경험한 은하계의 변동은 어떤 것이었을까? 서구의 경우 두 번의 은하계의 변동 사이에는 수백 년이라는 시간이 존재한다. 한국 사람들은 두 번의 은하계의 변동을 동시적으로 경험하게 된 것은 아닐까? 그 때문에 상처와 긴장은 더욱 크고 더욱 혼란스럽고 더욱 중층적인 것은 아니었을까?

1960년대 초반 한국은 구술문화 속에 있었다. 국민들 대부분은 반 문맹상태였고 일반 대중들에게 인쇄가 내면화되기 이전의 시기였다. 또한 이 시기는 한국 사회가 근대화된 문자사회로 줄달음치기 시작했던 시기이기도 했다. 이러한 시기에 새로운 은하계의 주역인 텔레비전이 도입되어 정착되었다. 따라서 텔레비전의 문화적 영향은 이미 수립되어 있는 (established) 문자문화를 잠식시키는 데 있지 않았다. 텔레비전이 진지한 인쇄정신을 파괴한다는 포스트만의 비판은 따라서 문자가 모든 사람들의 정신에 내재화되어 있고 독서가 하등의 엘리트적 행위가 아니었던 미국 사회의 경우에 국한된다.

한국에서 텔레비전과 문자문화와의 관계는 이와는 사뭇 다른 양상을 띠는 것 같다. 그것은 '동시적인 두 갈래의 힘'이라고 표현할 수 있을 것 같다. 다시 말해서, 한국의 경우 기성의 내면화된 문자문화는 없었지만 문자문화로의 지향과 노력은 지금까지도 계속되고 있다. 합리성, 객관성, 진지함, 성찰, 이 모든 것들은 현재까지도 한국 지식사회의 지향점이다. 이러한 문화적 지향과 텔레비전이 가져오는 문화적 현상은 갈등적일 수밖에 없다. 구술문화의 상태에서 이러한 상반되는 두 가지 문화적 힘의 갈등을 겪은 것이 한국의 근대화 과정은 아니었을까? 문자문화적 지향은 텔레비전을 한정지으려 하고 텔레비전은 이러한 틀을 벗어나려 하는 과정 속에서 양 쪽 모두가 일정한 모습으로 '현대'의 '한국'이라는 시공간 속에 자리 잡게 된 것 같다는 의미이다.

이러한 은하계 변동의 경험은, 서구와는 다르게, 하나의 은하계에서는 벗어났으나 다른 하나의 은하계가 확실히 뿌리내리지 않는 기간이 연장되는 경험이라 할 수 있다. 다시 말해서, 서구의 경우 은하계의 변동이

기성의 은하계가 파괴되는 긴장과 상처를 경험하게 했다면, 우리의 경우 새로운 은하계의 모습이 불투명함에서 오는 불안함과 혼란이 여기에 더 가중된 것일 수 있다는 것이다.

제3장 한국의 근대문화, 구술성의 전유

1. 한국의 독특한 근대성

1) 도구적 합리성: 경제성장주의

한국의 근대화 과정에서 특징적인 역사적 경험은 식민지와 분단, 그리고 압축적이고 급격한 산업화라 할 수 있다.

개화기 근대는 우수한 서구문물의 충격으로 다가왔다. 그에 대한 수용과 거부가 일관되게 이루어지지 않는 과정을 통해 결국 일제의 식민지가 되었고, 그들이 겪은 근대화를 중역적으로 받아들이게 되었으며, 이것이 해방 이후 한국의 근대화가 타율적인 기반 위에서 기형적으로 만들어진 기본 배경을 이룬다(임현진 1996, 191쪽).

여기서 기형적이라 함은 순차적으로 혹은 일관되게 파악하기 어려움을 의미한다. 식민지적 근대화라는 우리의 경험은 전통도 근대도 기타 근대의 여러 상징들도 하나의 자기동일성을 지니지 못한 채 양면적인 성격을 띠게 하였고, 전체적으로는 하나의 잣대로는 파악하기 힘든 불연속성과 비체계성이라는 특징을 우리의 근대화 과정에 부여하였다. 가령, 학교, 공장, 금융기관 등 근대적 의미의 각종 사회제도의 도입과 자본주의적 임노동관계의 형성을 기준으로 삼는다면 일제시기를 근대의 분기점으로 볼 수도 있으나, 민족을 단위로 한 민족국가의 수립을 근대의 필요조건으로 생각한다면 우리의 근대는 일제로부터의 해방 이후로 볼 수밖에 없게 된다.

한국에서 근대적 경험은 동시에 식민지적 경험이었기 때문에 근대는 이루어야 할 것인 동시에 극복해야 하는 것이었고, 전통은 근대를 위해

버려야 하는 동시에 민족적 정체성을 위해 유지되어야 하는 것이었다. 서구제국의 직접적인 식민지가 아니라 일본의 식민지였다는 한국의 역사적 경험을 한국은 일본에 대한 저항 및 서구에 대한 우호적 태도로 해결한 것으로 보인다. 즉, 근대를 전해준 일본은 극복해야 할 대상이지만 그 근대문물의 종주인 서구 즉 미국은 따라야 할 모델이었던 것이다. 이러한 태도는 해방 이후에도 이어져 우리에게 있어 근대화는 서구 문명의 수입 및 모방이었고, 동시에 서구세계의 경제력을 따라잡겠다는 의지의 표현이 되어 왔다.

해방 후 남북한의 분단과 미소의 분할점령은 한국을 자본주의 대 사회주의라는 세계체제 속에 편입시켰고, 이러한 조건은 한국의 근대화 과정을 상당부분 제한하고 규정하였다. 남한에서의 미군정의 실시는 정치적 측면에서 근대 국가기구의 기반을 형성하는 역사적 계기가 되었고, 경제적 측면에서는 서구 자본주의 시장경제를 적극적으로 수용하는 결과를 가져왔다(김호기, 1999). 미군정이 한국의 근대화에 끼친 이중적 영향은, 간단히 말해서, 미국이 미국을 운영했던 논리와 미군정이 한국을 운영했던 논리가 다르다는 데서 기인한다. 바꾸어 말하면 근대적인 가치나 제도들이 한국이라는 공간에 들어와서는 다른 색깔 혹은 함의를 지니게 되는바, 명목적이고 형식적인 가치나 제도들의 존재여부를 통해 한국의 근대의 정도나 성격을 파악하는 데는 한계가 있다는 말이다.

본격적인 자본주의의 제도적 틀이 안착하고 사회의 전반적인 생산구조가 급속하게 바뀐 시기가 1960년대에서 1970년대에 이르는 박정희 시대이다. 개발독재, 발전지향적 권위주의 체제, 고도의 경제성장, 한강의 기적 등 이 시기에 대한 수식어들이 표현하고 있듯이, 박정희 시대의 자본주의적 산업화는 한국을 오랜 농업사회에서 공업사회로 단숨에 변화한, 제3세계에서 성공적인 후후발 자본주의 산업화의 가능성을 보여준 대표적인 사례로 꼽히게 했다. 그러나 이는 대내적 불균형과 불평등 및 대외종속의 심화를 내포한 것이었고, 무엇보다도 모든 것을 '경제 성장'

에의 적합성 여부로 판가름하고 환원시키는 한국의 근대 문화적 현상을 낳았다.

이 시기의 가장 특징적인 성격은 '빠르고 압축적이며 급격한' 변화로 요약될 수 있다. 우선 '따라잡기 산업화'를 통해 빠른 시기에 산업화를 이룩해야 한다는 강박관념이 지배했기 때문에 민족주의적 동원이 가능했다(박명림 1996). 또한 저임금, 장시간 노동, 정치체제의 비민주성 등 산업화 초기단계에 발생할 수밖에 없는 문제들이 한국이 추구했던 독특한 압축형 산업 발전 전략(strategies of compressed industrial development)으로 인해 가중되었고, 그 와중에서 자원의 왜곡배분이나 1인 장기집권과 같은 현상도 낳았다(김일영 1995). 더욱이 부르주아는 물론 노동계급이 계급으로서 형성될 조건과 시간을 제공할 여유도 없이 빠른 시간에 이루어진 압축적 산업화는 권위주의 국가와 시민사회의 부재라는 근대 한국의 특징적인 성격을 공고히 하기도 했다.

빠르고 압축적이며 급격한 변화의 과정에서는 그 과정에 대한 성찰이 거의 불가능하다. 그러한 변화방식을 선택한 배경에는 물론 국제관계적 힘의 논리라는 세계체제내적 한계나 경제성장을 통해 쿠데타 정권의 정당성을 확보하고자 하는 정치적인 고려, 절대적인 빈곤에서 벗어나고자 하는 국민적인 열망 등 복합적인 조건이 있을 수 있다. 그러나 그 결과, GNP로 상징되는 고도의 경제성장이 국가 최대의 과제이자 자부심으로 자리잡게 됨으로써 한국의 근대는 이제 '근대＝서구화'에 이어 '근대＝서구화＝경제개발'이라는 등식으로 화하게 되었다. 서구 즉 미국적인 형식, 제도, 삶의 방식 등이 성취해야 할 목표가 되고 그것을 가능하게 하는 경제성장만이 유일한 근대적 지표가 된 것이다. 근대의 다른 여러 차원들이나 가치들은 유보, 배제, 혹은 변형되었고 전근대적인 전통의 요소들도 경제개발을 위해서는 선택되고 활용되는 양상을 보여 왔다.

2) 공동체의 지속: 시민사회의 저발전

문화적으로 보았을 때 근대성의 가장 큰 징표는 무엇보다 전근대적 관계, 맥락, 정신세계의 속박에서 벗어난 개인의 부상이다. 그럼으로써 권리에 기반한 개인들 간의 합리성에 기초한 관계가 형성될 수 있고, 합리성에 기반한 시민사회 또한 나타날 수 있는 것이다. 그 개인이 집단 내의 관계 속에 묻혀 있을 때, 즉 개인에 대한 집단 혹은 공동체의 우위가 유지될 때 이는 개인을 중심으로 한 근대와는 매우 다른 문화적 양상을 보이게 된다.

공동체적 관계 혹은 맥락에서 벗어난 개인은, 맥루한에 의하면, 쓰기 즉 인쇄문화의 소산이다. 말로써 소통하는 구술문화에서는 그 말의 대상인 청자나 청중으로부터 벗어나 자신의 내적 세계에 침잠함으로써 형성되는 개인의 의식 즉 에고가 형성되기 어렵다는 것이다. "영웅은 점차 개인적인 자아(ego) 의식을 소유하게 되면서 분열된 인간이 된다. 이러한 분열은 부족적 및 청각적 인간은 시각화하려 하지 않았던 복합적인 상황을 회화 모형이나 혹은 기계장치와 같은 것으로 보이게 만든다. 말하자면 탈부족화, 개인화, 그리고 회화화는 모두 같은 성질의 것이다. 그 신비한 주술적인 형상은 내적인 것들이 시각적으로 현재화되는 것과 비례해서 사라진다."(M. McLuhan, 1962, p.107)

역으로 공동체적 관계가 개인보다 현실적으로 강력한 문화적 양상을 보인다면, 여기서는 '공동체적 관계'가 담고 있는 (혹은 요구하는) 구체적이고 맥락화된, 정의적이고 암시적인 문화적 소통양식이 현실적인 힘을 갖고 있는 것이다. 이러한 문화적 소통양식은 목소리에 의존하는 구술문화의 소통양식에 다름 아니다. 목소리에 의지하는 문화란 우선 행동의 과정과 문제에 대한 태도가 말의 효과적인 사용에, 그리고 인간들의 상호작용에 훨씬 크게 의존하고 있는 문화이며, 반면에 객관적인 사물세계로부터의 시각적인 입력에, 즉 목소리와는 상관없는 입력에 훨씬 의존하지 않는 문화이다(W. Ong, 1982, pp.107-108).

문화의 구술성은 그 문화가 실제적으로 말을 중심으로 해서 커뮤니케이트한다는 점보다는 그 문화의 사고와 표현의 특징들이 '시각'을 중심으로 한 세계보다는 '청각'을 중심으로 한 세계에 가깝다는 것을 의미한다. 소리 지배적인(sound-dominated) 목소리의 체계는 분석적이거나 분리적인 경향과 어울리기보다는, 하모니를 이루려는 부가적인 경향과 어울린다. 분석적이거나 분리적인 경향은 시각화된 언어와 어울린다. 시각은 토막내는 감각이기 때문이다. 또한 구술적 사고는 추상적인 사고와 어울리기보다는 보수적인 전체주의(손상되지 않고 그대로 유지되어야만 한다는 항상성 유지적인 현재, 또 손상되지 않고 그대로 유지되어야 한다는 정형구적인 표현) 및 상황의존적 사고(인간의 행동을 중심에 놓는다는 점에서)와 어울린다. 무엇보다 "내면화된 인격의 행동을 핵으로 해서 지식을 조직하는 것과 조화를 이루는 것이지, 비인간적인 사물을 핵으로 해서 지식을 조직하는 것과 조화를 이루지는 않는다."(앞의 글, p.116)

한국사회의 근대화를 특징짓는 현상 중의 하나로 국가의 과잉발전에 따른 시민사회의 저발전을 꼽을 수 있다(김호기 1995, 274-275쪽). 시민사회가 발전하지 못했다는 것은 한국의 근대화 과정의 핵심에 개인이 자리잡지 못했다는 말이다. 이는 한국 근대화의 조건과 그 과정의 특수성에 기인하는 바가 크지만, 어찌 되었든, 그로 인해 근대화의 동력으로 개인과 그의 합리적 권리가 자리하지 못하고 공동체가 지속되는 결과를 가져왔다. 한국의 근대화 과정 속에서 공동체는 국가와 민족이라는 추상적인 공동체로 대체되며, 개인의 사적인 이익추구 대신에 국가와 민족의 중흥과 발전이 근대적 정당성을 확보하게 되었다는 말이다.

시민사회의 형성은 중세도시 시민계층의 정치적 해방과 기독교적 세계관을 대신하는 근대 개인주의의 정착에 그 기원을 두고 있다. 다시 말해서, 전통적인 토지와 신분과 종교적 굴레에서 벗어나 엄연한 자율성과 권리와 책임을 지닌 자유로운 개인들의 합리적인 관계가 시민사회의 요체이고, 이는 근대화 과정의 중요한 차원이기도 하다. 일제하의 근대화 경험은 봉건적인 구체제로부터는 이탈했으나 새로운 체제로의 자연적인 진행이 저해되고 왜곡되었음을 의미한다. 일제의 강압적 식민지 지배는 근대 시민사회의 형성에서 개인적·집합적 주체의 정치·문화 경험 및 제도화에 커다란 부정적인 영향을 끼쳤다. 식민지 국가의 고도의 감시체제는 현실정치로부터 의도적으로 거리를 둘 수밖에 없는 반정치주의를 확산시켰으며, 이는 근대적 개인의 정치적 자율성을 억압하여 시민사회의 성장을 지체시키는 결과를 낳았다(김호기, 1999).

서구 자본주의의 태동과 성장과정이 부르주아 계급의 부상과 이들의 경제적 이해관계에 상응하는 가치체계 및 사회체제를 형성해가는 과정이라 할 때, 한국의 경우는 시민사회를 떠맡을 부르주아 개인들이 미처 성장하기 이전에 외부적 요인들에 의해 근대화가 진행되었고 그 빈 자리를 국가의 권위가 채우는 양상을 띠게 되었다. 강한 국가의 권위가 자리하게 되는 접합점은 전통적인 유교 윤리였으며, 이렇게 관계지워진 국가와 사회, 또 국가와 국민의 관계는 이후의 근대화 드라이브를 통해 계속 유지되어 왔다고 볼 수 있다.

3) 구술적 공동체의 추상화: 민족주의

한국의 근대사에서 민족은, 적어도 관념 속에서는, 가장 강력한 실체였다. 근대적 민족국가 수립의 좌절로부터 시작된 한국의 근대화는 민족과 국가의 분리 속에서 민족주의가 하나의 저항적 이념으로 또 도구적 이데올로기로 동원되는 길을 걸어왔다. 즉, 식민지 국가(일본)는 적으로 존재했고 우리는 민족으로 존재했던 근대의 개막이래, 독립 후의 내전과 분단은 민족이라는 관념을 강화시켜 왔고, 현재에 이르기까지 '도덕적 정언 명령'이자 '사회적 규범'으로, 또 '집단적 삶에 대한 역사적 규정력'을 넘어서 '개개인의 삶 속에 체화된 이데올로기이자 종교'의 자리를 점해온 것이 사실이다(임지현, 1999, 6쪽).

근대적 이념으로서의 민족주의를 정치적 단위와 민족적 단위가 합치해야 한다는 정치적 원칙이라 할 때(E. Gellner, 1983, p.1), 이는 정치적 권력과 지배의 단위, 즉 국가의 단위를 민족으로 삼는 것을 의미한다. 한국은 중국, 일본 등과 함께 "종족적으로 거의 동질적인 또는 완전히 동질적인 주민으로 구성된 예외적인 역사적 국가"(E. Hobsbawm, 1990, p.66)라 할 수 있는데, 이 때문에 한국의 경우 정치적 단위와 민족적 단위가 다르지 않아 일민족일국가라는 명제가 자연스럽게 받아들여진다.

한국에서의 민족주의는 비서구형이었고 저항민족주의로 출발했다. 이는 최초의 민족주의의 발흥이 한말 19세기 외세와의 접촉에 의해서였으며 이후 일제 식민통치의 경험, 분단과 남북대립의 역사적 경험을 통해 지속적으로 강화되어 왔다는 점에서 쉽게 이해할 수 있다. 동시에 이는 민족주의와 함께 근대적 이념이라 할 수 있는 자유주의나 사회주의가 한국에서 왜곡되거나 거세될 수밖에 없었던 조건이기도 했다.

이러한 사실들은 한국에서 '민족'이 근대 국가의 개념으로 전환되기보다는 공고한 혈연적 일치감에 기반한 근대 이전의 공동체적 유대를 강조하는 개념으로 유지되어 왔음을 시사한다. 서구의 근대가 이러한 혈연 공동체적 유대를 깨고 자유로운 개인들의 합리적인 이익추구를 보장하는 진행이었던 데 반해, 한국에서는 국가의 근대화, 국가의 경제발전이 곧 개인의 이익추구를 실현하게 해주는 것으로 여겨졌다. 국가는 민족이고 민족은 나와 피를 나눈 따라서 나와 다르지 않은 공동체이기 때문이다. 나와 사회, 나와 국가를 분리해 생각할 수 있는 것이 근대적 태도이자 문자적 태도라면, 그 공동체에 나를 해산시켜 개인이 부각되지 않는 것은 전근대적 태도이자 구술적 태도이다.

한국 근대화 과정의 특징 중의 하나가 민족주의적 동원이라 할 때 이것이 함의하는 바는 바로 이러한 '구술적 공동체의 정서를 통해서 그 구술적 공동체를 넘어선 근대국가를 이루고자 했다'는 것이다. 식민통치, 분단, 내전, 빈곤 등의 연속적인 과제 자체가 개인보다는 민족 혹은 국가 전체를 우선시 하도록 하는 혹은 그 우위를 인정하지 않을 수 없게 하는 조건이기도 했다. 조건이 그러하다 하더라도, 그 결과 '개인-합리화-근대'의 연결고리가 아니라 '집단(공동체)-동원-근대'라는 연결고리를 성립시켰고, 그것이 한국의 근대문화의 바탕이 되었다고 볼 수 있다.

구술 공동체적 연대감이라는 한국의 민족주의와 이를 동원한 근대화라는 아이러니한 결합은 근대화가 필연적으로 결과하는 구체적 지역공동체의 해체와 함께 막연한 혈연공동체로서의 민족으로 '공동체'의 개념 자체를 추상화시킨다. 구체성을 상실한 추상화된 정서는 결합되기에 따라 국가적 차원에서는 민족주의적 동원으로 개인적 차원에서는 혈연적 관계의 도구화로 변용된다. 민족주의적 동원이 한국의 근대화에서 빼놓을 수 없는 차원인바, 그것이 함의하는 바는 이처럼 구술적 공동체의 정서를 동원해 근대를 이루고자 하는 과정에서, 그 구술성을 해체하는 동시에 변용하여 유지하는 것이기도 하였다는 것이다.

2. 공동체적 윤리의 근대적 변형

1) 가족주의와 권위주의

한국의 근대문화를 논하는 데 있어서 가장 많은 비중을 차지하고 있는 것이 근대적 가치의 수립과 성숙을 가로막는 전통적, 전근대적, 유교적 가치의 지속에 관한 것이다. 이러한 특징들은 한국사회의 전근대성의 사례로 제시되기도 하는바, 이러한 논의들은 갈등의 지점과 양상에 대한 설명보다는 전통적 요소들을 한국 근대화의 완성에 걸림돌이 되는 요인들로 지적하는 데 그치는 경우가 많다는 점에서 논의 자체가 근대화론에 서있다는 생각을 하게 한다. 또 논의가 순환논리의 악순환에 빠질 우려가 있다. 다시 말해서 근대적 성숙이 지연되고 있는 것은 전통적 가치의 지속 때문인데 전통적 가치를 근대적 가치로 대치하기 위해서는 근대화가 더욱 진전되어야 하는 것이다.

가령, 한국 근대문화의 특징 가운데 하나를 빈약한 시민사회라 할 때 시민문화의 성장을 가로막은 문화적 요인으로 전통문화 및 윤리가 꼽힌다(김호기, 1999). 시민문화는 근대적 개인주의를 핵심적 기반으로 삼기 때문에 공동체주의적인 윤리에 기반한 전통문화가 지속되는 한 시민문화가 성숙되기 어렵다는 논리이다. 제3세계의 국가들에서 민주주의적인 형식과 절차가 도입되었음에도 불구하고 민주주의 제도가 정착되지 못하고 권위주의로 후퇴한 주 요인이 시민문화의 부재에 있기 때문에 이를 가로막는 전통문화의 잔존은 근대화의 걸림돌이 되기 마련이라는 것이다.

이러한 비판과 논의가 일정한 타당성을 지니고 있는 것은 사실이지만 어떤 한 요소, 한 차원에 시선을 고정시킨 채 그 프리즘으로 전통과 근대를 이분법적 대체관계로 보는 것이 아닌가라는 의문을 갖게 한다. 그보다는 특수한 조건과 맥락에서 진행되어 온 한국의 근대화 과정에서 전통적인 성격들이 어떠한 모습으로 근대적 형식 속에 자리 잡게 되었는가에서 논의를 진행해야 할 것으로 보인다. 정도의 차이는 있겠지만, 어느 사회에서건 전통과 근대가 단절적인 것은 아니며 그 결합양상은 그 사회의 근대화 과정을 반영하는 결과인 동시에 근대화 방향을 한정짓는 하나의 조건이기도 한 것이다.

한국에서의 전통과 근대가 갖는 관계의 특수성은, 다시, 그 변화의 전면적인 급속함에 연유하는 것으로 보인다. 전통적인 사회에서 근대적인 사회로의 변화가 장기간에 걸쳐 이루어질 경우 어떤 측면이 지속적으로 약화되고 어떤 측면이 지속적으로 강화되는 스펙트럼을 볼 수 있는 데 반해, 짧은 시간에 사회의 전 영역에 걸쳐 새로운 형식과 제도가 도입될 경우 그 새로운 형식과 제도가 강요하는 가치 및 생활양식과 현재까지 삶의 양식으로 삼아온 가치가 공존하는 혼란을 겪을 수밖에 없게 된다. 시간적으로 비동시적인 것이 동시적으로 존재하게 되는 것이다. 특히 제3세계의 경우 한 사회의 구성원 간에서도 문화의 이중성이 존재하게 된다. 즉, 소수의 엘리트들은 전문적, 보편적, 실용적 지향을 갖는 반면에 다수의 국민은 전통문화 속에 그대로 머물러 있게 되는 것이다(G. Almond & G. Powell, 1966).

사회구조의 변화는 그에 따른 가치체계의 변화를 동반한다. 자본주의적 산업화와 도시화 과정은 사회의 거의 모든 측면에서 자본주의 원리를 강제한다. 자본주의적 근대화에 따른 가치체계의 변화는 '가족주의·권위주의·특수주의'의 전통적 가치관에 대응하여 '개인주의·평등주의· 보편주의'의 근대적 가치체계가 우세해지게 됨을 의미하며, 또한 '정의적·인격적·비공식'적 인간관계가 '비정의적·비인격적·공식적' 관계로 전환될 수밖에 없음을 의미한다. 그러나 이러한 변동의 경로는 그 사회의 역사적·사회적 조건에 따라 상이한 것이다. 즉, 형식적인 제도상의 '합리주의·보편주의·민주주의'라는 가치가 실제적인 생활양식과 내면의식상의 '전통주의·권위주의·특수주의'와 혼재·병존할 수 있다는 것이다(김호기, 1999). 한국의 경우 근대는 서구라는 하나의 외형적 모델로 또 경제개발이라는 특정부문의 근대화로 치환되어져 왔고 그 과정 또한 압축적이었기 때문에, 양자 간의 혼재 혹은 병존은 거기에 머무르지 않고 근대라는 모델 혹은 목표에 이르는 과정을 전통적인 성격이 채우는 독특한 결합양상을 보인다.

현재 한국사회에 영향력을 행사하는 한국인의 전통적인 가치지향 연구로는 고영복(1991), 송복(1992), 김경동(1993), 임희섭(1994) 등의 연구를 들 수 있다. 고영복은 가족주의, 눈치와 체면의 문화, 권위주의, 숙

명주의를 들고 있고, 송복은 개인행위 측면에서는 가족주의, 연령의 평등, 간섭주의, 충성심, 근면위주를, 경제 생산방식 측면에서는 협동성, 시장조절, 가족기반 소기업, 정신주의, 경력주의, 일 지향을, 정치사회 통제방식 측면에서는 화합관, 집권주의, 도덕과 설득, 세습성을 들고 있다. 김경동은 위계서열적 조직원리, 연고에 입각한 집합주의, 인정주의, 도의적 의례주의 및 음양의 양분적 인지체계를 들고 있으며, 임희섭은 인본주의, 권위주의, 집합주의를 들고 있다.

이 가운데 가장 중심적인 위치를 차지하고 있는 것이 가족주의와 권위주의라 할 수 있다. 가족주의와 권위주의는 모두 유교윤리에 기반해 있다. 권위주의는 철저한 상하 위계적인 서열관계를 통해 인간관계와 사회윤리를 규정하는 것이고, 가족주의는 개인보다는 집합체 특히 가족에 보다 큰 비중을 두는 가치관이다. 가족주의에 의하여 친족, 동족은 물론 지역공동체와 국가공동체까지도 혈연적 가족관계의 연장으로 파악된다(임희섭, 1994).

가족주의와 권위주의는 유교적 세계관의 핵심적인 부분이다. 유교적 세계에서 혈연적 구속과 사회적 위계는 자연적인 질서로서 자체의 목적성을 가지는 대상으로 간주된다(최우영, 1994, 33쪽). 유교적 세계에서 고립된 한 개인으로서의 인간은 존재할 수 없다. 타자 및 사회와의 관계 속에서만 존재할 수 있을 만큼 인간은 사회와 융합되어 있다. 유교의 인간에게 있어서 타인과 사회란 의미의 원천이자 행위의 목적적 대상으로 존재하게 된다. 고립적 개인의 자기실현을 위한 수단이자 대상으로 존재하지 않는다는 말이다.

이 점에서 유교적 인간은 사회의 형식으로서 일정한 융합적 관계 속에 들어있는 존재로 파악되며, 바로 그 관계 자체가 행위의 준거이자 의미가 된다는 점에서 관계적 인간이라 할 수 있다. 사회와 융합되어 있는 인간 개인, 행위의 준거로서의 관계 자체라는 등의 성격은 근대 이전의 구술적 성격을 나타낸다. 구술사회에서 나와 사회는 분리되고 분석되고 판단되는 객관적 성찰의 관계가 아니다. 나와 사회는 양자를 매개하는 관계 속에 융화되어 있어 그 관계 속의 나의 역할(role)을 수행(perform)하는 것으로 족한 실천적이고 현재적인 것이었다는 점에서 그러하다.

그러한 관계의 총체가 곧 사회이고 자연히 신분적 질서와 조화의 상을 추구한다. 유교에서 개인은 오륜의 관계에 의거하여 특정의 고정된 사회적 위치를 점하게 되는데, 그 위치에 걸맞은 자격과 행위를 갖추고 그로부터 이탈하지 않는 것이 곧 명분의 확립이었다(최우영, 1994). 목적적 대상으로서 유교적 사회란 곧 오륜적 신분질서체계로 나타나는 것이며, 따라서 그 질서체계는 거부할 수 없는 절대성을 함축하게 된다. 유교적 사회는 위계적 질서체계로 표현된다. 혈연관계의 확대로서의 사회관계의 질서는 따라서 계약적인 믿음이 아니라 정의적인 믿음이라는 내용을 가진다.[22]

국가 또한 가족의 확대된 형태로 이해된다. 즉 유교의 국가는 천명에 의해 점지된 군주가 중심이 되어 그러한 치자의 도덕적 덕성과 인격의 감화력으로 개인이 모두 명분에 충실하게 되는 조화로운 가족의 확대형태로 인식된다(최우영, 1994, 38-39쪽). 따라서 국가의 통치행위와 가족 내에서의 행위는 근원적으로 같은 원리에 입각하고 있으며 구분될 수 없는 것이다. 삶의 공동체로서의 유교의 국가 내에서 구체적으로 군주는 가족 내의 아버지로서, 백성은 그의 자녀로서의 역할을 상징적으로 담당하게 된다.

---

[22] 이에 비해 서구의 프로테스탄트적 세계에서 인간은 신의 피조물이라는 전제에 의해 평등한 존재로서의 보편적인 인간인식을 확보하지만 초월의 영역에 대하여 고립된 주체로 존재하는 프로테스탄트적 인간에게 있어서 혈연적 구속력과 인위적인 사회적 위계는 역시 상대화될 수밖에 없다. 따라서 그는 혈연적 구속과 사회적 위계를 넘는 독립된 주체로 상정되며 그러한 인간들 사이의 관계는 계약적 관계로 맺어진다. 프로테스탄트적 인간은 그의 궁극적 의미인 구원에의 확신을 위해 합리적이고 치밀한 계산을 통한 금욕적 노동에 몰입하게 되고 사회는 강한 목적합리적 행위의 대상이 되는 것이다(M. Weber, 1930, pp.238-242).

독자적인 개인들 간의 계약적 관계에 기반한 것이 시민사회라 할 때, 사회 내 개인들의 행위양식이 가족주의에 기반하고 있다는 점은 자연적 혈연적 관계 내에서 중첩적인 자신의 정체성을 수립하고자 하는 태도가 강하게 유지되고 있음을 의미한다. 동시에 객관화된 존재로서의 타인 및 사회와 공적이고 합리적인 관계를 수립하는 데 있어서의 규범적 문화적 저항이 있음을 나타내는 것이기도 하다. 가족주의가 근대화 과정 속에서 약화되는 것이 아니라 오히려 강화되는 양상을 보여 온 것이 한국 근대 문화의 하나의 특징이라 할 때, 이에 대한 해석은 유교윤리가 한국에서 강력한 영향력을 가졌기 때문에 근대적 개인주의 문화가 제대로 정착하지 못했고 따라서 시민사회가 미성숙했다는 방향보다는, 전통적인 행위양식이 지속되어온 맥락에 초점을 두는 것이 설명력이 있을 것이다.

일제의 식민통치 이후 전통적 가치와 의미질서는 가족이라는 1차적 집단의 규범에 의해서만 유지될 정도로 축소되어 왔다.[23] 해방 후 근대화 과정은 이를 대신할 새로운 가치체계의 내면화보다는 산업화, 공업화 등 사회의 물질적 구조의 변화가 선행되었고 그 변화의 속도는 매우 급속한 것이었다. 새로운 물질적 사회구조는 이익의 추구라는 새로운 행위양식을 강제하는 것이었으나 이에 대한 규범적 바탕이 되는 프로테스탄트 윤리와 같은 에토스에 의해 여과되고 합리화될 근거는 미약했다. 현대 한국문화의 병폐로 지적되는 극단적인 이기주의와 집단주의의 공존은 이러한 문화적 현상의 표현에 다름 아니다. 근대화 과정 속에서 대중이 경험하는 사회변동의 성격은 '전통사회의 신분을 물질의 소유가 대신

---

[23] 일제의 보통교육 실시 이후 지리적, 경제적으로 정규교육을 시킬 수 없었던 지역과 계층을 중심으로 널리 보급되었던 서당교육이 1920년도 이후 지속적인 하락세를 보이다 일제 말기에 이르면 서당들도 한문교육을 포기하고 보통교육과정을 도입했다. 서당이 근대적 교육에 밀려 주변화되고 소멸되는 과정은 전통적인 지배계급이었던 유학층의 소멸을 반영하는 것이었다. 이와 함께 지식계층에서 유학자가 배제되고 "도회지의 독학자, 중학생, 외국 유학생, 전문학교 졸업자" 등이 새로운 지식층을 구성했다(유선영, 1992, 222-230쪽). 서당과 유학자의 몰락은 전통적 가치와 사유체계가 사회 전반의 운영체계로서의 지위를 이미 상실했음을 의미한다.

하게 되는 것'이었고, 그 과정 속에서 살아남아야 할 생존의 절박함과 윤리적 혼돈을 여과시켜줄 울타리는 가족 외에 없었다는 설명이 가능하다. 가족이라는 혈연적 집단 속에서의 안정감과 위계질서의 유지는 그것을 대체할 만한 뚜렷한 규범체계가 내면화되지 않은 상태에서 쉽게 사회관계에까지 확장될 수 있는 것이다.[24]

결국 한국 근대문화의 성격은 많은 부분 개인이 단위가 아니라 가족이 단위가 되었다는 것과 관계된다. '혈연적·비공식적·정서적·전통적 성격'을 지닌 가족이 단위가 되어 '계약적·공식적·합리적·근대적 성격'을 지닌 사회구조에 적응하고 운용하는 데서 독특한 성격의 문화가 형성되었다는 말이다. 경제성장 과정을 볼 때, 생산조직의 원리와 긴장의 처리가 가족 또는 유사가족주의적인 틀 안에서 이루어져 왔음을 흔히 볼 수 있으며, 열심히 일하는 노동의 동기조차도 가족 중심적인 가치지향에서 솟아나왔다(조성윤, 1997). 가족주의 원리는 급속한 변동과정에서 발생하는 긴장을 처리하는 안전판의 역할을 담당했던 것이다. 가족주의는 개인에 대해 집단이 우선하는 원리이다. 개인을 부정한다거나 개인이 존재하지 않는다는 의미가 아니라, 집단 내에서의 관계와 역할 속에서 개인의 존재가 규정된다는 의미이다.

유교적 세계에서 사회적 관계는 수단적인 의미보다는 전인격적 교감을 그 내용으로 한다. 여기서 전인격적 교감이란 곧 정의성을 말하는 것으로 쌍방 간에 객관적이고 인지적인 이해를 추구하는 것이 아니라 감정이입적이고 공감적인 일치를 추구하게 되는 것이다(최우영, 1994, 66

---

[24] 개인의 차원에서 근대화는 공적영역에서 분리된 사적영역이 개인에게 사유화되었음을 의미하는 동시에 사회적 관계로부터 분리된 개인의 주관적 정체성 구성에서 사적 영역이 가장 일차적인 역할을 하게 되었음을 의미한다. 근대적 개인은 생산으로부터, 노동으로부터, 공적 영역으로부터, 전통으로부터, 종교로부터 떨어져 나와 홀로 자신의 주관성과 정체성을 책임지게 된 뿌리 뽑힌 채 부단히 흔들리며 부유하는 존재라는 것이다(유선영, 2000). 한국에서 가족주의는 근대화 과정에서 뿌리 뽑힌 개인이 자신의 정체성을 위해 오히려 이러한 전통적 관계에 집착하게 되었음을 의미한다.

쪽). 통치의 원리에 있어서도 잘잘못을 엄격히 가려 객관적인 근거에 의
해 그에 상응하는 응분의 대가를 치르게 하는 것보다는, 잘잘못을 가리
되 궁극적으로 덕(인)으로 교화하여 고유한 본연지성을 회복하게 하는
데 그 핵심이 있었다. 통치와 사법적 과정에서도 정의성이 게재되어 있
었다는 말이다. 더욱이 일상적인 영역에서 가문공동체[25] 이외에는 다른
유형의 사회단위가 사실상 존재하지 않거나 미약했던 점도 사인주의적
정의성이 강하게 잔존할 수 있었던 배경을 이룬다.

사회 전반을 운영해가는 원리로서의 유교가 이미 자리를 잃은 후에도
일상적인 생활 속에 깊이 스며있던 가치관으로서의 대인, 대사회 원리는
대체되지 않고 남아있게 된다. 비혈연적·계약적 개인과 조직을 사회구
조의 변화는 요구하고 있지만, 그러한 변화는 의식적·무의식적 차원에
서의 전면적인 세계관의 변화를 요구하는 것으로 일정한 내면화의 시간
을 필요로 한다. 그것이 내면화되지 않은 상태에서 새로운 근대적 제도
와 형식들은 이전의 가치관을 통해 받아들이기 쉽다.

소위 시민사회에서의 개인은 자신의 역할이 아니라 직업의식을 가지
고 타인과 사회를 대할 것을 요구받는다. 이러한 개인들 간의 합리성에
기초한 관계가 성숙한 시민문화로 평가받는 것이다. 그러나 이러한 의식
은 동시에 자신과 타인에 대해 객관적인 인식을 할 것을 요구한다. 즉,
자신의 직업을 통해 자신을 상품화함과 동시에 (직업에 대한 전인격적
인 태도가 아니라는 의미에서), 타인에 대해서도 냉정하고 객관적인 인
식과 합리적이고 치밀한 계산에 의한 행위를 한다는 의미이다. 한국인에

---

[25] 조선시대의 가문공동체란 그 속에 교육과 경제, 정치, 제사적 기능 등을 두루 포괄
하고 있던 일종의 자기완결적 사회로 구체적인 생활의 단위이자 삶의 중심적인
장으로서 기능하고 있었다(최우영, 1994, 67쪽). 가문공동체의 또 다른 특징은 혈
연공동체와 지역공동체가 분리되지 않았다는 점이다. 지역은 친족의 혈연관계가
유지 지속되는 장소였다. 근대화 과정에서 도시로의 지역적 이동은 혈연관계와 지
역관계의 분리를 의미했고 혈연관계에 기반하지 않은 새로운 공동체의 수립과 유
지가 어려웠던 것은 가문공동체의 영향력이 강하게 남아있었던 때문이기도 한 것
으로 보인다.

게 있어 이러한 태도는 윤리적으로 바람직한 태도가 아니었다. 즉, 자신을 상품화하고 타인과 비인격적이고 즉물적인 관계를 유지하는 것은 생소하고 바람직하지 않은 것이었다는 것이다. 그보다는 정의성이 함축된 가족적 관계가 바람직한 인간관계의 원형이었다.

아직까지 남아있는 비합리적이고 전근대적인 요소라 비판받는 부분들은 일반인들의 의식과 생활 차원에 있어서는 이처럼 세계관과 윤리규범의 혼란의 표현이자 급격하게 제도화되는 새로운 사회구조에의 적응양식이었다. 물론, 상이한 문화와 제도 간의 이러한 접합은 양자 모두를 왜곡시키기도 하고 새로운 문화적 현상으로 자리매김하기도 한다. 문제는 잔존하는 비합리적 요소를 어떻게 몰아낼 것인가가 아니라 두 가지 상이한 문화와 세계관이 어떻게 접합되어 왔고 그것이 양쪽 모두를 어떻게 변형시켜 현재에 이르렀는가를 보려는 태도가 중요하다는 것이다.

2) 공동체적 윤리의 동원: 유교자본주의

근대화론에 비추어볼 때, 유교와 자본주의는 서로 합쳐질 수 없는 갈등적인 관계였다. 유교적 가치체계가 자유분방한 시장에서의 이윤추구를 억압한다는 것이었고 따라서 유교적 가치체계를 밀어내고 서구적 가치체계가 들어와야 서구가 이루어낸 근대화 즉 성공적인 자본주의 국가를 수립할 수 있다는 것이었다.[26]

일본, 한국, 대만, 싱가포르 등 유교 문화권 국가의 경제발전에서의 성공 이래 논의는 유교적 가치가 자본주의에 어떠한 기여를 하였는가로 그 방향을 선회하게 되었다. 유교자본주의라는 용어 자체는 서구의 시각

---

[26] 베버의 논의가 대표적이다. 베버는 프로테스탄트의 합리주의, 금욕주의 등이 봉건적 질서를 무너뜨리고 자본주의를 탄생시키는 데 결정적인 역할을 한 데 반해 중국의 지배적인 종교인 유교는 현세의 상태를 이상적인 것으로 봄으로써 개혁정신을 결여하고 있고 상업활동을 천시하는 경향 때문에 자본주의적 발전에 장애가 된다고 보았다.

에서 유교 문화 속에서 자본주의와의 선택적 친화력을 찾음으로써 동아시아 국가의 경제성장을 설명하고자 하는 동기에서 고안되었다(김석근, 1998). 가령, 유교국가의 교육열과 엄격한 노동윤리가 이들 국가의 수출경쟁력을 뒷받침하고 있으며, 유교적 전통을 이어받은 엘리트 관료의 국가관리 능력이 발전지향적인 국가를 낳고 있다는 등의 해석이 그것이다.

이러한 논의들은 주로 경제적 성공 이야기에 초점을 맞추고 있고, 그 성공의 요인이 무엇인가를 해명하는 데 주력하고 있다. 유교적 가치가 자본주의에 접합되어 기여한 부분은 구체적으로 무엇인가, 또 경제 이외의 다른 분야 즉 정치, 사회, 문화의 각 분야들 간에는 어떠한 모순이 존재하게 되었는가, 이들 조화와 모순관계는 어떤 의미를 띠면서 전개되어 왔는가에 대한 문화적 관심은 거의 없었다.

유교자본주의라는 말은 상이한 두 문화의 결합을 함축하고 있다. 보다 구체적으로 이는 기본적으로 동아시아의 유교적 국가들이 자본주의를 도입하면서 경제체제만 도입하고 서구자본주의의 가치체계는 극히 선별적으로 수용했다는 인식을 기반으로 하고 있는 개념이다(남재일, 2001, 39쪽). 나아가 이 개념은 서구적 모델과는 다른 유형의 근대성을 인정하는 것이기도 하다. 즉, 서구의 근대화가 개인주의와 사회계약에 기초해서 자유로운 이윤추구를 보장하는 시민사회의 형성을 핵심으로 한다면, 이들 유교 국가들은 전통적 유교적 가치를 자본주의 근대화 과정에 접합시켜 독특한 근대문화를 형성했다는 것이다.

김석근(1997)은 서구자본주의와 유교자본주의의 특징을 네 개의 개념 쌍으로 비교한다. 즉 서구자본주의의 구성원리는 개인(indivisual), 자유(liberty), 권리(rights), 사회(society)이고 유교자본주의의 구성원리는 관계(relationship), 미덕(virtue), 의무(obligation), 가족(family)라는 것이다. 이러한 개념유형의 핵심은 가장 기본적인 구성원리가 개인이냐 가족이냐에 따른 차이인 것으로 생각된다. 다른 말로, 혈연적 관계와 그것이 동반하는 봉건적 질서를 뚫고 나올 개인이 가능했느냐의 역사적 조건의 차이이기도 하다. 익히 논의되어 온 것과 같이, 서구 자본주의는 귀족지배의 봉건적 질서를 파괴하고 부상한 부르주아 계급의 형성과정이자 그들의 가치와 활동이 제도화된 과정이었다. 부르주아 계급의 기본 요소는 초월적인 신 앞에 평등한 독자적인 개인이었고, 이들은 자유롭게 이익을 추구하고자 하였으며, 자신의 자유와 권리를 위해 다른 개인의 자유와 권리를 인정하는 계약관계에 의해 합리적인 시민사회를 구성하고자 하였다. '개인-자유-권리-사회'라는 개념의 연결은 이러한 역사성을 반영하는 것이다.

이에 비해 유교국가에서는 봉건적 신분질서의 지배층이었던 지식 관료 계층이 근대화 즉 자본주의를 추동하였다. 부르주아의 새로운 사회적 장치로서의 시민사회의 건설이 요구되지 않았다는 것이다. 자본주의는 학자관료의 구조적 역할을 역사적으로 이어받은 국가관료에 의해 조직되었다. 시장의 형성과 자본의 축적, 임노동자의 창출 등이 이들 국가관료에 의해 이루어졌고, 이를 수행하기 위해 민간부문이 동원되었다. 그 동원의 국면에서 전통적으로 존재해온 유교적 질서의 조직방식 즉 혈연·지연·학연이라는 유교적 연고주의가 활용되었다는 것이다(유석춘, 1997, 81-82쪽). 유교적 질서의 기본은 가족이고, 가족 중심의 세계에서 개인은 관계 속에서만 규정되며, 따라서 자연스럽게, 관계가 규정하는 역할, 즉 의무와 그의 수행으로서의 미덕이라는 질서체계가 성립되는 것이다.

양자 간의 차이는 존재론적 차이이고 독사(doxa)의 차이라 할 수 있다. 무심한 일상 속에 깔려 있는 이러한 가치와 질서의 전통을, 이와는 전혀 다른 사회구조를 수립하기 위해 동원하였다는 데서 유교적 자본주의 혹은 한국적 근대성의 특징이 발현된다고 본다. 민족주의적 동원이 나와 가족, 다시 가족과 국가공동체를 일체화함으로써 사회구조의 변환기에 이를 차분히 자리매김할 에토스보다는 변화 그 자체에 대한 열정으로서의 파토스를 불러일으키고 활용한 것이었다면, 유교적 전통의 동원은 그 전통적 의미의 유지나 지속보다는 경제적 효용에 적합하게 변형된 것이었다. 다시 말해서, 초기의 급격한 자본주의화 과정에 필연적으로 동반된 열악한 노동조건에 의한 유혈적인 노동력의 착취나 새로운 사회구조에 걸맞은 사회복지의 부재 등을 유교적 전통으로서의 가족주의가 떠받치고 가려줌으로써 전체적인 생산성을 높여 놀라운 GNP의 증가를 가져왔던 것이다.

사회구조의 변화에 따라 노동은 강화되었지만 이에 마땅히 따라야 할 사회복지 또한 가족에 맡겨졌다. 가족은 윤리적이고 혈연적인 관계로 자의에 의해 파기할 수 없는 관계이다. 따라서 사회가 해주지 않더라도 가족의 복지는 가족이 책임져야 한다. 기업과 국가의 입장에서는 마땅히 투자되어야 할 재생산의 비용을 가족에 떠넘김으로써 비용절감의 효과를 갖게 되는 것이다. 생산력의 제고라는 경제적 차원에서 가족과 가족주의는 적절히 동원되고 활용되어 온 것이다. 가령, 경제발전 수준에 비해 뒤쳐진 사회복지지출 규모 및 제도에 대한 비판은 곧바로 가족규범의 약화라는 보수적 대응논리에 직면하게 된다. 또 버려지는 노인의 문제에 대해서도 효도법의 제정 등 전통적 가족의 논리를 강화하고자 하는 대응양식을 보이는 것이다(이정옥, 1997).

이처럼 유교의 공동체적 윤리는 위로부터는 경제적 효용에 기반하여 동원되었고, 아래로부터는 그 외에 마땅히 기댈 데가 없어 유지되었다고 볼 수 있다. 유교적 윤리와 자본주의적 근대화와의 이러한 결합은 경제적 성장에는 분명히 기여하였으나 이율배반적인 상반된 두 가지 문화적 현상을 나타내었고, 이렇듯 적절히 자리를 잡아 전체적으로 조화로운 형상을 나타내지 않고 불연속이고 비체계적인 것의 공존이라는 특징을 낳았다.

3. 한국 근대문화의 양면성
: 도구적 합리성과 구술적 전통

1) 도구적 합리성의 극대화

1960년대와 1970년대의 급속한 산업화 과정을 통한 한국 근대화의 성격을 어떻게 볼 것인지는 역시 근대화를 무엇으로 보는지, 즉 무엇을 중심으로 보는지와 관련되어 있다. 가령, 국민의 개인 소득의 증대라든가 산업구조의 변화율, 또 경제수지의 개선, 텔레비전 보급률 등 숫자로 나타낼 수 있는 것만을 보는 근대화론 혹은 발전론의 시각에서 볼 때, 우리나라는 지속적인 경제성장률이 상징하는 바대로 단선적인 진보를 나타낸다. 이 숫자와 조화를 이루지 않는 특징들은 비합리적인 전근대성의 표출로 시급히 교정되어야 할 문제일 뿐이다.

그러나 근대 자체를 사회의 진보를 향한 단선적인 과정이 아니라 그에 상응하는 문제를 내포하고 있는 역근대와 동시에 진행되는 것이라고 볼 때, 그 숫자의 의미와 숫자와 갈등을 이루는 사회 문화적 특징은 숫자로 나타나지 않는 사회구조 및 삶의 조건을 성찰할 지표가 된다.

근대 자체가 자기모순적인 체제이고 성취하는 동시에 극복해야 하는 이율배반적이라는 것을 근대의 보편적 성격이라 할 때, 한국의 근대 또한 이러한 보편적인 근대의 모순적인 성격을 물론 지니고 있겠지만, 앞서 논의된 한국 근대화 과정의 특수성은 그 모순의 지점, 극복해야 할 이율배반성의 지점 또한 다를 수 있음을 나타낸다.

한국의 근대화 특히 박정희 체제에 대한 논의들은 대체로 이 시기의 경제발전과 민주주의와의 갈등에 대해 특정한 입장을 취하고 있다. 즉, 정치의 권위주의로 인해 경제발전에도 불구하고 진정한 근대의 성취를 어렵게 했다거나(김대환, 1993; 손호철, 1993; 고성국, 1994), 경제발전,

즉 산업화가 어느 정도 성숙되기까지 민주주의의 유보는 선진 자본주의에서도 보여지는 역사적 경험이기 때문에 이로 인해 경제발전을 이룬 업적을 과소평가할 수 없다는 입장(조갑제, 1993; 김정수, 1994; 이석제, 1994; 김성진, 1994) 등이 그것이다. 자본주의적 경제발전과 민주주의 제도의 정착이라는 상호 갈등적일 수 있는 두 가치는 모두 근대성의 핵심적인 차원들이다. 그러나 두 차원 모두에서 요구되는 정신은 합리성이다. 한국에서 경제발전과 민주주의가 분리되고 전자가 압도적인 우위를 점해온 것은 서구적 합리주의 정신의 변형 혹은 합리성의 특정한 성격이 극대화된 것임을 추정할 수 있게 해준다.

한국 근대화의 조건과 과정에서 근대는 이루어야 할 목표였고, 서구라는 구체적인 모델이 있는 목표였다. 우리가 스스로 선택할 수 있는 진로는 한정되어 있었고, 빠른 시간에 그것을 성취해야 한다는 강박관념은 그 과정에 대한 충분한 성찰을 배제했다. 더욱이 그 목표를 이룰 수 있는 유일한 길이 경제개발로 설정된 후 근대화는 경제개발을 위한 총력 동원을 의미하게 되었다. 외형적 목표상으로는 '근대화＝경제개발＝합리화'라는 등식이 성립하였으나, 그 과정에 있어서는 '근대화＝경제개발≠합리화'를 결과한 것이다.

특히, 서로 다른 사회 영역들이 경제적 목표에 환원되었던 것은 그 영역들이 본래 가지고 있던, 또 추구하던 가치가 탈색되고 경제적 목표에 도구적으로 종속됨으로써 그 의미가 형식화 되어 왔음을 함의한다. 이처럼 한국에서의 근대적 차원들 간의 결합 혹은 갈등양상을 살펴볼 때, 한국에서의 근대화는 그 스펙트럼이 매우 좁은 것이었음을 알 수 있다. 다시 말해서, 모든 가치의 경제로의 환원, 특히 GNP 등 경제적 수치로의 환원이 극심했고, 따라서 다른 가치를 경제적 가치에의 적합성 여부에 의해 평가하고 변형하고 왜곡하는 도구적 합리성이 매우 강했던 것을 볼 수 있다. 개인의 차원에서도 그의 사회적 신분이나 가치는 그가 가진 재산의 양이나 월수입으로 환원되는 강한 물신주의 경향을 나타내게 된 것이다. 경제력, 즉 돈이 확보된 후에 다른 가치가 가능해진다는, 따라서 경제력, 즉 돈을 확보하는 과정에 있어서의 합리성은 목표에의 적합성 여부에 의해서만 판가름할 수 있다는 논리가 심화되어 온 것이 한국의 근대적 문화의 한 축을 이룬다.

2) 구술적 전통의 동원과 왜곡

(1) 공동체의 변형: 추상화와 왜소화

최우선의 가치로서의 경제발전, 그것도 급속도의 경제발전을 이루기 위해서는 급격한 사회구조의 변화가 요구되었고, 이를 효과적으로 수행하기 위해서는 전면적인 국민대중의 동원이 필수적이었다. 국민대중을 동원하는 과정에서는 합리적 논의나 합리화의 절차보다는 당시 국민대중에게 광범위하게 확산되어 있던 정서인 민족주의에 호소하거나 전통적인 유교적 가치, 즉 유교의 공동체적 윤리를 활용하는 방식이 선호되었다.

이 역시 질적인 변화과정보다는 양적인 변화에, 새로운 사회질서의 내포적인 심화보다는 가시적인 외형에 목표를 둔 도구적 활용이라는 발상에서 벗어나 있지 않다. 여기서 핵심적인 지점은 아무래도 전통적인 정서와 가치를 도구적으로 활용할 때 필연적으로 발생하는 그러한 정서와 가치의 왜곡 및 그럼에도 그것이 일상생활 속에서 지속됨으로써 생기게 되는 새로운 제도와의 긴장 및 갈등이다. 전통적인 정서와 가치는 그것이 본래 지니고 있던 구술적인 특성을 지속시키고 있는 동시에 산업화와 도구화 과정 속에서 본래적 의미는 잃어버리기도 하는 양면적인 모습을 띠고 있는 것이다.

1960년대와 1970년대의 근대화는 농촌공동체의 해체를 기반으로 한 급속한 도시화 및 산업화에 의해 이루어졌다. 1960년대에는 인구의 자연적 증가와 함께 산업화에 따라 도시 인구가 격증했고, 1970년대에는 농촌의 절대적 인구가 감소하는 가운데 도시 인구의 증가가 이루어졌다(한상진, 1997). 특히 한국형 엔클로저라 할 만큼 탈농을 부채질하는 농업정책에 의해 이 시기 인구이동은 도시의 흡인요인보다는 농촌의 빈곤을 견디지 못한 생계형 이농에 의해 이루어졌다.

결국, 농민의 이농에 의해 도시민의 다수가 형성되었고 산업화 과정 속에서 이들은 산업화에 걸맞은 인간으로 변형되어야 했던 것이다. 이들은 돈을 벌기 위해 도시에 왔지만, 정서적·심리적 뿌리는 농촌에 두고 있었고 농촌에서의 생활방식을 유지하고 있었다. 산업화 이전의 도시의 성격도 대부분의 사회구성원이 도시에 사는 농민과 같았고, 그들의 일상적인 생활양식은 기본적으로 농촌적인 모습을 띠고 있었다. 노동의 성격이나 일하는 방식, 시간의 분배나 리듬이 상당 부분 농사와 관련되어 이루어졌다(박명규/김영범, 1997). 도시로의 인구집중은 농촌의 해체와 함께 도시의 이러한 농촌적인 성격이 탈각되고 도시적인 생활양식이 확대되는 결과를 가져온다.

도시에서의 삶은 이전에는 같은 의미였던 혈연공동체와 지역공동체를 분리하는 성격을 가진다. 도시는 돈을 벌어 가족을 먹여 살려야 하는 곳에 불과했던 것이다. 또한 도시에서의 삶의 조건이라는 것이 척박하기 그지없었다. 1966년 당시 서울 인구의 380만 명 가운데 1/3인 127만 명이 불량주택에 거주했고, 1956-1965년의 10년 동안 서울에서 순 인구 증가분의 약 60%가 무허가 주택을 짓고 살아야 하는 형편이었다(한상진, 1997). 1960년대와 1970년대를 통 털어 주당 50시간 이상의 세계 최장시간 노동에 생계유지에도 모자라는 저임금에 시달리는 상황이었던 것이다. 아무것도 보장되지 않는 이질적인 사람들이 모여 있는 도시라는 지역에 정서적인 뿌리를 내리는 것은 애초에 가능하지 않은 일이었다. 따라서 도시에서의 이러한 삶은 철저하게 이익을 추구해야 하는 동시에 그러한 노동과 노력으로 가족에게 헌신하는 공동체주의적 태도라는 이중성을 부여했다.

공동체의 의미 또한 도시화·산업화와 함께 변화했다고 보아야 한다. 공동체는 이제 윤리적인 강제를 보장하는 혈연 가족으로 축소되는 동시에 생활세계에서 구체적으로 잡히지 않는 추상화된 민족과 국가로 확대되었다.

이익의 추구와 공동체적 헌신이라는 이중성은 실상 근대화 과정 속에서의 사회관계와 인간관계의 변화에 따르는 긴장이라 볼 수 있다. 즉, 생활의 상반되는 두 영역 사이의 역학관계, 즉 시민지향적 또는 국가지향적인 생활영역과 친족지향적 또는 실존지향적인 생활영역 사이의 긴장적 역학관계의 표현인 것이다. 시민지향적 또는 국가지향적인 생활영역에서의 합당한 보답과 복지의 부재는 친족지향적 또는 실존지향적인 생활영역에의 심리적 의존과 향수를 낳았고, 더욱이 이러한 정서를 국가의 개발에 활용하려는 정책의 뒷받침으로 인해 강하게 잔존하게 된 것이다. 그러나 그것은 산업화된 도시공간에서 구체적인 실체가 없는 정서적 지향이었고, 그 대체적인 추구가 공동체적 추구의 변형된 양상들로 표출되는 것이다. 따라서 공동체와 그 구체적인 토대 속에서의 구술적 관계 및 특징들은 존재하기도 하고 존재하지 않기도 한 것이 되었다.

공동체의 변화는 이러한 것이다. 즉, 식민지 시대 이래의 공업화는 쌀의 상품화와 더불어 생계의 기초가 공동체로부터 개인의 이윤으로 전환됨을 의미했다. 그 결과로 개인의 생계는 지역공동체 안의 구체적인 토대로부터 국가와 계급이라는 더 추상적인 영역으로 옮겨졌다(안승준, 1994, 39쪽). 즉, 근대화는 자립적인 공동체들의 물질적·정신적·제도적인 기초를 파괴했으며, 민족주의 이데올로기와 국가의 개입이 그 자리를 대신하게 되었다는 것이다. 공동체는 혈연가족으로 축소되는 동시에 추상화된 국가로 확장될 수밖에 없었다.

공동체적 추구와 그 생활방식의 유지는 근대화된 도시공간이라는 생활영역에서 이원적인 규범체계가 성립함을 의미한다. 즉 이전의 공동체

에서 유지되었던 '관습과 알기 쉬운 비공식적 제재를 통한 전통적 규범'
과 '법적 장치 및 합리적이고 공식적인 절차에 의한 규범'이 그것이다.
이러한 이원체계는 흔히 법적이고 근대적인 제도의 관습적이고 비공식
적인 활용이라는 결합양상을 보이기 쉽다. 이익의 추구와 공동체적 헌신
이라는 이원적 정서구조에서 근대적 제도의 합리성이 합리적으로 뿌리
내릴 토대는 매우 미약한 것이다.

(2) 공동체적 윤리와 구술성

사회구조의 변화 속에서 발생하는 개인의식과 공동체적 헌신, 추상화
된 집단으로서의 국가와 민족 등의 병존과 혼란이 이 시기의 분위기였
고, 이것이 정리되는 것에 앞서 재빠르게 진행되어 온 것이 산업화의 과
정이었다. 이러한 사회적 현실이 삶의 영역에서 드러나는 모순을 김치수
(1979)는 최인호의 〈미개인〉을 들어 다음과 같이 진단한다(32-33쪽).

　　가령 〈미개인〉에서, 파월장병으로 월남에서 한쪽 다리를 잃고 제
　대한 주인공이 만나는 현실은 서울시에 편입된 새로운 개발 지역
　의 그것이다. 오랫동안 가난과 싸워온 주민들이 보여주는 이곳의
　현실은 국토개발이라는 경제적 〈근대화〉 속에서 서민들의 희비를
　담고 있는 것이지만, 벼락부자에의 꿈이 지배하는 정신적 분위기라
　고 이를 수도 있을 것이다. 이 정신적 분위기는 근대적인 사고와
　전근대적인 사고를 동시에 내포하는 것으로서 요행에 운명을 거는
　불안한 삶의 현장을 이야기한다. 그렇기 때문에 그 현장은 모순의
　현장으로 부각되고, 그 현장에서 드러나는 것은 〈이 마을에 일관된
　흔들거리는 광기〉인 것이다. 따라서 이 광기는 한 마을에 국한된
　것이 아니라 이른바 근대화를 지향하고 있는 모든 곳에서의 보편
　적인 현상으로 확산되는 의미를 띠고 있는 것이다. 그것은 한 사회
　의 구조적 모순이나 역사의 역행이 그 시대의 정신 속에 자리잡은
　이 광기에 의해 일어나고 있다는 것을 이야기하는 것이다.

　물론 위의 인용문은 하나의 집단이념으로 화한 근대화 드라이브를 광기라는 정신적 분위기로 파악한 것이다. 어떤 규범이 지배적인 것인지, 어떤 원칙에 따라야 하는지가 명확하지 않은 불안한 사회현실 속에서 유일하게 명확한 것은 사회가 빠르게 변화하고 있으며 그 변화는 경제적 산출 즉 돈이 중심이 되는 것이라는 점이다. 흔히 전환기 사회의 문화는 에토스로서보다는 파토스로서의 성격을 더 많이 갖는다고 한다. 즉, 광범한 사회성원들이 보다 나은 미래와 보다 나은 사회질서를 향한 정열을 가짐으로써 사회질서의 전환이 가능하다는 것이다(임희섭, 1987). 변화된 사회구조와 생산관계 속에서 인간은 견고한 연대감으로 형성된 공동체로부터 뿌리 뽑혀 개인으로 내맡겨지지만, 이와 함께 발현되어야 할 집단으로부터 분리된 개인의 의식은 가족이라는 운명공동체에 묶이는 동시에 집단적인 파토스에 휘말려 한없이 왜소해진다.

　이러한 삶의 조건과 사회적 현실 속에서 개인은 (이전부터 그래왔듯이) 집단화된 자신 속에서 안정감을 찾고자 하기 쉽다. 더 나아가서는 그 집단 속의 자신의 위치를 도구적으로 활용하고자 하는 성향을 보이기도 한다.

　　한국인의 관점을 틀지우는 독사는 인본주의와 가족주의의 존재론을 가지고 있는 유교이다. 그리고 그러한 존재론은 무심히 던지는 일상적 말들 속에 깊숙이 뿌리박혀 있고, 한국인은 태어날 때부터 그 말들을 배워가면서 부지불식간에 인본주의와 가족주의의 세계관을 지니게 된다. 학연과 지연 및 혈연이라는 타자와의 특수한 인간관계 속에서 자아를 상상하도록, 또 그러한 인간관계에 따라 자신의 사회적 권리와 책임 및 역할을 규정하도록, 학교에서, 가정에서, 사회에서 끊임없이 교육받고 훈련받는 것이 한국인이고, 그 결과 우리는 서구 사회계약론의 기저에 깔려있는 절대적 개인의 이상과는 기본적으로 성격이 다른, 타인과의 인간관계 속에서 자신의 존재가치를 갖는 간주관적 인간의 상을 상정하게 된다. 또 국가

> 도 가족의 확대모형이고, 민족도 겨레와 동포라는 말에서 드러나듯
> 이 기본적으로 혈연관계의 연장선상에서 상상되는 인간공동체가
> 된다(김병국, 1997, 54쪽).

타인과의 관계 속에서 자신의 존재가치를 갖는 간주관적 인간으로서의 개인은 물론 집단 속의 개인이다. 이러한 개인과 집단의 관계는 계약적이거나 합리화된 공식적인 소통에 의한 관계가 아니라 정의적이고 비공식적이고 암시적인 맥락적 소통에 의한 관계이다. 즉, 명시적인 근대적 관계가 아니라 암묵적인 구술적 관계라는 것이다. 이러한 관계가 유지된다는 것은 분명히 이러한 소통양식이 유지된다는 것이기도 하다. 한국인의 문화 속에 구술적인 소통양식이 살아 있는 것은 이러한 관계가 현실적으로 존재하고 있기 때문이다.

그러나 이러한 존재양식과 소통양식이 하나의 세계관으로 자리 잡고 있던 구체적인 토대를 상실한 사회적 현실 속에서는 그 자체가 하나의 도구로 활용될 수 있다. 실제로 그래온 것이 한국의 근대화 과정이었다고 하였다. 그것은 국가적 차원에서의 동원과 마찬가지로 개인적 차원에서도 사회적 성공을 위한 하나의 도구이자 조건으로 접합되어 온 측면이 있다는 말이다. 그것이 한국 사회에 만연한 학연, 지연, 혈연 등의 연고주의이다.

식민지, 분단, 급격하고 압축적인 근대화라는 한국 근대화의 특수한 조건 속에서 집단적인 정서, 유교적인 공동체 윤리, 이를 밑받침하는 구술적인 관계들은 국가적 차원에서도 개인적 차원에서도 광범위하게 활용되었고 근대화가 가져온 합리적 제도 및 형식들과의 조화와 갈등 속에서 현재 한국의 근대문화가 형성되었다. 그 한 측면은 경제발전으로 환원된 근대적 목표를 위한 도구적 합리성의 발흥 및 그로 인한 근대의 다른 차원과의 탈절 및 갈등이었고, 다른 한 측면은 전통적 가치관과 구술적 관계의 동원에 따른 근대와 전근대의 혼재 및 본래적 구술성의 도구화 및 변형이라 할 수 있다.

제4장 텔레비전은 근대적 미디어이다?
: 한국 텔레비전의 제도화 과정

　본 장에서는 텔레비전 도입 초기의 텔레비전에 대한 인식과 텔레비전 환경이 구조화되는 과정을 살핀다. 이러한 인식과 환경이 텔레비전이 제도화되는 방향과 맥락을 형성하기 때문이다.

　새로운 매체가 도입될 때 그 매체를 둘러싼 담론들은 그것이 사회 내에서 인식되는 방향을 한정짓는다. 여러 차원에서의 잡다한 담론들이 중요한 것은 그 담론들이 텔레비전을 제도화한 주 요인이기 때문이 아니라, 텔레비전이 그렇게 제도화되는 것을 상식적인 수준에서 당연하게 여기게 하는 일종의 분위기 혹은 배경(ground)을 형성하기 때문이다. 가령, "근대화라는 국가적 목표에 충실한 것이 근대적 매스미디어로서의 텔레비전의 역할"이라는 명제는 "국가적 목표에 충실한 것이 과연 근대적 매스미디어인가"라는 문제와는 다른 차원의 것이다. 잡다한 담론들의 역할은 그것이 근대적 매스미디어이고 텔레비전의 역할이라는 것을 상식적으로 받아들이게 한 데 있다.

　본 장에서는 텔레비전에 대한 이러한 인식과 실질적으로 구조화된 텔레비전의 환경 간의 일정한 갭이라는 긴장된 관계를 유지하고자 한다. 국가적인 목표 하에 텔레비전을 두고자 하는 태도와는 별개로, 혹은 이러한 종류의 인식의 과잉으로 인한 실질적인 환경의 준비나 성찰의 미비 때문에, 텔레비전 환경의 현실은 치열한 시장논리와 극대화된 도구적 합리성속에 방치되었다고 보기 때문이다. 결국, 텔레비전이라는 매체를 놓고 두 가지 논리가 갈등을 일으키는 구조가 형성된 것이다. 최소한의 노력으로 최대한의 이익을 얻고자 하는 단순한 시장논리는 그 추구의 일환으로 텔레비전 매체에 대한 다양한 탐색을 허용하는 한편, 국가적 목표의 논리는 텔레비전을 그 단일한 목표 하에 묶어두려는 경향을 낳는다. 이것이 국가의 규제를 피한 텔레비전의 상업성이 텔레비전의 구술성 유지라는 결과를 낳게 된 소이이다.

이 두 가지 논리가 불거지고 갈등하게 되는 과정에서 텔레비전에 대한 인식의 변화가 나타났다고 본다. 텔레비전에 대한 인식은 매우 강력하고 긍정적인 것에서 강력하지만 위험한 것으로, 또 국민의 정신을 흐리게 하는 저질의 것으로 변화한다. 이와 동시에 텔레비전에 부여되는 역할은 근대적 지표에서 국가발전의 촉매제로, 또 국가발전을 위해서만 사용되어야 하는 사회적 책임을 지닌 것으로 강화된다. 이러한 인식 변화의 다른 차원에서는 방송 3사의 개국과 그들의 치열한 경쟁, 또 그러한 경쟁이 유발하는 다양한 상업성의 실험이 진행되었다고 본다. 이러한 과정을 통해서 텔레비전은 가시적으로는 근대화라는 국가목표에 충실한 혹은 충실해야 하는 근대적 매스미디어로 제도화되었지만, 그러한 제도화는 텔레비전 매체를 가둘 수 있는 것이 아니어서 상업성과의 갈등이라는 출구로 빠져나오는 결과를 초래한다.

본 장에서의 "근대", "근대적", "근대화" 등은 한국적인 근대화 과정의 특징, 즉 서구화 및 경제발전 등의 외형적이고 가시적인 목표를 근대로 상정하고 추구하는 특징을 담은 말로 사용된다. 그러한 근대화의 달성에 효과적이고 충실한 매체로 텔레비전이 인식되고 제도화되는 과정을 한국에서 텔레비전이 근대적 매스미디어로 제도화되는 과정이었다고 보고 그러한 과정을 살핀다.

1. 근대적 지표로서의 텔레비전

1) 텔레비전 도입의 논리

한국에서의 텔레비전 도입과정은 이후 한국의 방송운영 논리가 되는 두 가지 축의 씨앗을 뿌려놓는 것과 같았다. 그것은 돈벌이의 수단으로서의 방송과 국가적 목표에 종속되는 방송이라는 두 가지 논리인데, 이러한 두 논리가 별다른 논의나 정리과정이 없이 혼재된 채 구조화된 것은 텔레비전에 대한 구체적인 인식과 준비과정이 없이 '덜커덕' 텔레비전이 도입되어 이 구조의 전개과정을 제도나 법이 뒤따라가는 양상을 보였기 때문이다. 더욱이 한국의 경우 텔레비전이 사회의 산업화, 대중화가 심화되면서 자연스럽게 발생한 것이 아니라 당시의 여건상 무리하게 도입되었기 때문에 이러한 구조는 대안적인 성찰 없이 강력하게 자리 잡게 되었다.

(1) 최초의 텔레비전 HLKZ

우리나라 텔레비전의 역사는, 아니 민간상업방송의 역사까지 합쳐서, 이렇게 어처구니없이 시작된 것이다. 고마운 일이긴 했지만, 그것은 또 하나의 코미디의 시작이기도 했다.(정순일, 1991, 126쪽)

위의 인용문은 HLKZ의 개국을 놓고 한 말이다. HLKZ를 개국한 황태영은 미국 RCA사의 한국대리점 책임자였다. KBS 기자재 도입을 알선했던 그는 이 거래의 수수료를 텔레비전으로 받아 한국에서 텔레비전 방송을 하고자 하였다. 이후 한국으로 돌아와 설립허가를 받는 과정에서 텔레비전의 주사선이나 전송방식 등에 대한 고려조차 없이 '사설무선국 허가'를 받아 한국에서의 최초의 텔레비전 방송을 시작하게 되었다(한국

방송협회, 1997, 294-297쪽). 텔레비전 방송을 허가하는 사람도 텔레비전 방송을 만드는 사람도 텔레비전 방송을 보는 사람도 텔레비전이 무엇인지 어떻게 해야 하는지 모르는 상태에서 시작된 것이다.[27]

텔레비전 수상기 300대 정도의 보유상태에서 개국한 HLKZ는 가시청지역이 종로를 중심으로 한 반지름 16-24km의 지역으로 세종로, 파고다공원, 서울역 등 공공장소에 설치한 40여 대의 24인치 가두 수상기를 통해 시청할 수 있는 것이었다. 수상기는 구하기도 어려운 고가의 것이었으므로 보급 자체가 여의치 않았고 따라서 광고를 붙이기도 어려워[28] 재정난을 극복하지 못하고 1957년 한국일보에 경영권을 넘기게 된다.

라디오도 제대로 보급되지 못한 상황에서 '그림이 있는 라디오'를 경험하게 된 서울 시민들에게 텔레비전은 그야말로 신기한 경험이었고 그 해 5월 13일자 한국일보에는 이러한 텔레비전 개국의 감격이 나타나 있다.

〈TV 어제 개국식, 본사 수상기 앞에 시민 운집〉
라디오와 활동사진을 겸한 셈인 텔레비전의 방송이 12일 저녁 7시반부터 약 두 시간 우리나라에서 처음으로 공개되어 일반관중에게 새로운 흥미를 돋구었다. 우리나라 최초로 텔레비전 시설을 도입한 미국 RCA 회사는 그의 방송국을 서울 종로 네거리 RCA 빌딩 3층에 설치하고 이날 KORCAD 텔레비전 방송국(HLKZ)으로 발족하는 개국식을 내외 귀빈 다수가 참석한 가운데 동 방송국 제1 스튜디오에서 피로하였다. 이날 저녁 7시반부터 시작된 개국식 및 그 방송광경이 공개된 가운데 행하여져, 이것을 그대로 텔레비전 수상기가 마련된 시내 22개처 공공장소에서 시민들은 그 광경을 관람할 수 있었는데……(한국일보, 1956. 5. 13)

---

[27] 정순일에 의하면 3월에 텔레비전 요원을 공개 채용해 5월 1일에 이들이 첫 출근을 하였고 5월 12일에 개국식이 있었다. 이들이 허벨과 브레츠의 〈TV제작기술〉을 열흘 안에 읽어 한국을 세계 17번째의 텔레비전 보유국으로 만들었다는 것이다(정순일, 1991, 127쪽).

[28] 상업방송인 HLKZ에 광고가 붙은 프로그램으로는 동양맥주의 'OB 파티' 하나뿐이었다(김우룡, 1989, 418쪽).

프로그램은 대체로 뉴스, 어린이와 주부대상 시간, 교양강좌, 영어교실, 스포츠, 퀴즈, 각종 쇼 및 코미디, 그리고 음악 등 라디오 패턴으로 편성될 수밖에 없었다(한국방송협회, 1997, 295쪽). 아울러 이듬해인 1957년 미8군이 AFKN-TV를 개국함으로써 한국은 그야말로 때 이른 복수채널 시대에 들어서게 되었는데, 라디오와 함께 AFKN은 초창기 한국의 소수의 방송인이 따를 수 있는 프로그램의 모델이 되었다. 텔레비전이라는 매체와 그에 담을 수 있는 내용 즉 프로그램은 초기에 이렇게 연결되었다.

그런 와중에도 제작진이 가장 열의를 기울였던 부분은 드라마였던 것으로 보인다. "이기하, 최덕수 등의 PD와 이낙훈, 이순재, 최상현 등 TV 학생극회 회원들이 TV드라마 개발에 발 벗고 나섰고, 그 결과 개국 3개월 만에 홀워씨 홀의 〈사형수〉를 한 시간 남짓한 생방송으로 방송하는 데 성공했다(정순일, 1991, 130쪽)." 1959년 이유를 알 수 없는 화재로 방송국이 소실되고 AFKN 채널을 빌어 30분씩 방송을 하던 중에도 최창봉을 중심으로 한 드라마 팀은 AFKN-TV의 스튜디오를 빌려 텔레비전 드라마를 제작하는 열의를 보였다(한국방송협회, 1997, 297쪽). 1960년 AFKN마저 화재를 당해 방송이 중단됨으로써 HLKZ는 흐지부지 소멸되었고 1961년 공보부에 의해 채널(채널 9)을 회수당해 국영 KBS로 개국하게 되었다.

김우룡은(1989) HLKZ-TV가 우리나라 텔레비전 운영에 끼친 영향을 다음의 네 가지로 정리한다(418-419쪽).

① 당시의 형편으로는 상업TV는 어렵다는 것을 깨닫게 했다. 이는 우선 라디오에서의 상업방송을 시도하게 했다.

② 수상기의 보급이 먼저 이루어져야 한다는 점을 깨닫게 했다.

③ HLKZ-TV는 비록 3년도 못되는 짧은 기간이었지만 라디오 방송 단일시대는 지나갔다는 것을 일깨워서 한국방송사업의 전환점을 마련하는 계기가 되었다.

④ HLKZ-TV의 출현은 확실히 충격적이었다. 방송사업자와 방송연구인으로 하여금 라디오에서 TV로 관심을 돌리게 했다.

종합해 보면 텔레비전이라는 매체를 경험했다는 사실 자체가 큰 영향이었다. 텔레비전이라는 매체가 잘 보급되기만 하면 사람들을 흡인하는 큰 힘이 있다는 것을 알게 되었고, 광고방송을 통해 방송이 기업으로 운영된다는 사실을 보여준 터에 텔레비전은 그 잠재적 영향력을 감안할 때 국가적인 활용은 물론이고 상업적인 측면에서도 큰 벌이가 될 수 있다는 것을 각인시켰던 것이다. 소위 방송의 공익성 같은 것이 진지하게 논의되기 이전에 그것의 도구적 활용 가능성을 보임으로써 때 이른 개국과 무리한 운영, 열악한 방송구조를 스스로 만들어가게 하였다고 볼 수 있다.

(2) 5.16정권의 크리스마스 선물 KBS-TV

KBS-TV의 개국도 HLKZ 못지않게 급작스럽고 드라마틱하게 이루어졌다. 오재경 당시 공보부장관은 KBS-TV 개국 자체를 혁명적이었던 것으로 술회한다.

> 여론을 만드는 서울 시민의 병든 마음을 성하게 고치기 위해서 나는 TV국 세우기를 원했다. 또한 새로워지는 나라와 겨레의 모습을 구체적인 것으로 만들어서 이것을 눈으로 보고 그들의 생활로 삼게 하기 위해서였다. 그리하여 혁명정부의 크리스마스 선물로 삼고 싶었던 것이다. 50일 낮밤 동안에 만들어낸 TV국은 확실히 하나의 혁명이었다.(오재경, 1973, 163쪽)

이러한 오장관의 말을 듣고 박정희 의장은 1961년이 가기 전에 멋진 선물을 준다고 국민에게 발표를 했었는데 그것이 바로 텔레비전 시대를 열겠다는 공약이었던 것이다(정순일, 1991, 135쪽). 창설 계획을 세운 것이 1961년 8월 14일이었고, 건축공사를 시작한 것이 10월 10일이었는데, 그해 12월 24일에 시험방송을 시작하여 12월 31일에 정식으로 방송을 개시했으니 "정말로 번갯불에 콩 구워먹는 속도보다도 더 빨랐다(노정팔, 1995, 458쪽)."

당시 국민이 군사혁명정부의 크리스마스 선물을 고대할 만큼 한가한 여건은 물론 아니었다. 급작스런 개국 자체에는 물론 정치적인 의도가 있었을 터였다. 혁명 후 혼란 속에서 1961년 8월에는 새 헌법 공청회가 있었고 12월 17일에는 개헌안 국민투표, 12월 27일에는 민정 이양절차 발표 등이 있었으며, 이후에도 긴박한 정치 일정이 이어지던 상황이었다. 이런 가운데 텔레비전 개국은 정치적인 격변으로부터 눈을 돌리게 하는 '크리스마스 선물' 혹은 하나의 이벤트로 여겨질 만했다.

그러나 텔레비전은 조국근대화라는 이후의 정책을 상징하는 선물이자 이벤트였다. 1961년 12월 1일 국산 전화기가 등장했고, 1962년에는 서울 광화문전화국이 개통되었으며, 같은 해 9월 30일에는 무인 공중전화가 등장했다. 수출드라이브로 인한 경제성장이 가시화되면서 1967년 4월 1일 구로공단이 준공되었고, 각종 건설 사업이 활발해졌다. 1964년 12월 9일 서울 마포아파트가 준공되었고, 1962년 1월에 제2한강교가 개통되었으며, 1968년 2월에는 경부고속도로가 기공되었다. 1969년에는 3.1 고가도로와 경인고속도로 및 제3한강교가 개통되었다.

자연스럽게 텔레비전 개국의 필요성과 정당화도 근대화의 논리 속에서 이루어졌다. 그러나 한국에서 근대화가 하나의 합리적 사회로의 전환이라기보다는 경제발전을 통한 서구화라는 목표의 추구로 나타났던 것과 마찬가지로 텔레비전이라는 매체 또한 합리적인 운용방침에 대한 고민보다는 근대성을 상징하는 하나의 지표로 받아들여지고 정당화되었다.

텔레비전 개국이 시기상조라는 반론도 만만치 않았지만 선진국가를 따라가야 하는 형편에서 텔레비전을 사치시할 필요가 없다는 논리로 정

당화되었다. "라디오 보급률도 후진국선을 하회하는 우리나라 실정에 값
비싼 텔레비란 시기상조라는 일부측의 이견도 수긍이 안가는 것은 아니
나 지구상에 70개국이 TV를 방송하고 있는 이즈음이고 보면 우리나라
도 TV방송을 해볼 만도 한 노릇"이라는 것이다(여원, 1961. 1, 344쪽).
1962년 7월에는 수상기 보급이 미미함을 지적하면서 "이웃나라 일본에
서는 최근 텔레비죤 수상기의 보급이 천만 대를 돌파했다고 하는데 우
리나라는 2만 대 내외"임을 비교하면서 "우리도 라디오만 끼고 앉아 있
을 것이 아니라 선진국가를 따라가야 할 것이다. 경제개발 5개년 계획이
완수될 때까지 기다리자니 너무 조바심난다"고 텔레비전 수상기 보급을
촉구하기도 한다(여원, 1962. 7, 351쪽). 또 "텔레비전의 발전이 그 나라
의 문화측정의 기준"이라며 텔레비전을 사치시하는 경향을 나무라기도
하는데 그 논리를 들어보면 아래와 같다.

> 우리나라에서는 아직도 텔레비전을 사치시하는 경향이 있다. 아
> 직 라디오의 혜택도 입지 못하는 많은 국민이 있기 때문이다. 나라
> 살림이 궁핍하기 때문에 텔리비전에 우선을 줄 수는 없다는 것이
> 다. 지금 전 세계에서 소수의 저개발국가를 제외한 거개의 나라가
> 텔리비전 발전에 열을 올리고 있으며 그 나머지 나라들도 텔리비
> 전 방송의 개국을 급속히 서두르고 있다. 이러한 세계적 텔리비전
> 과중에서 우리들만이 낙오하라는 이유는 없다. 이미 만들어진 텔리
> 비전을 이단시할 까닭은 더욱 없다.(김재연, 1963, 4쪽)

텔레비전이 사치시되는 이유가 텔레비전의 시청자 30여만 서울인구가
"높은 지식층이며 우리나라의 여론조성층"이기 때문인데, 이 때문에 텔
레비전을 사치시하기보다는 "우리나라의 동남단과 서남단까지 연결하는
네트워크가 형성되고 이에 병행하여 수상기가 보급되어", "메마른 우리
농어촌도 텔리비전 문화의 혜택을 받아야 하겠다"는 것이다(김재연,
1963, 4-5쪽).

정치적인 의미에서든 사회적인 의미에서든 텔레비전은 그것이 무엇인가를 따지기 이전에 하나의 근대적 상징 혹은 지표로 도입되고 정당화되었다. 또 텔레비전 도입 후 수년간은 준비 없는 무리한 개국이 가져온 후유증을 처리하기 위해 수상기 보급과 재정문제 해결을 위한 정책을 내놓기에 바빠 그 매체를 어떻게 다루어야 할지에 대한 성찰 없이 그냥 되어가는 대로 놓아두는 형편이었다. 이러한 임시방편적 처방들로 인해 텔레비전 방송환경이 구조화되었고, 매체에 대한 성찰의 부재는 텔레비전에 대한 도구적 인식을 강화했다.

2. 근대화의 촉매제: 발전론

1) 강력한 라디오

초기에 텔레비전은 라디오의 연장선상에서 인식되었다. 라디오와 마찬가지로 말로써 메시지를 전달하는 매체로 다만 거기에 영상이 덧붙여져 라디오보다 강력한 효과를 지닌 전파매체로 인식되고 있었다.

방송[29]은 무엇보다도 순간적인 대중 도달력에 있어 신문보다 압도적인 우위를 점하는 것이었다. "순간적으로 많은 사람에게 통신을 보낼 수 있는 까닭에 라디오는 신문, 잡지, 사진, 영화와 같이 일반대중에게 앞필할 수 있는 매스 코뮤니케이숀(communication)이 아닐 수 없습니다(최규환, 1956, 79쪽)." 또한 "우리는 최신의 객관적인 보도를 듣고 그것에 대한 태도를 정하고, 곧 행동을 하게 되는데 이것이 곧 쟈나리즘의 무서

---

[29] 1960년대 "방송"은 라디오를 의미했다(즉 라디오를 방송이라 칭했다). 텔레비전은 따로 텔레비전이라 하는 경우가 많았다. 본 연구에서는 "방송"이 전파매체 일반을 의미할 경우에는 방송으로, 라디오에 국한될 경우에는 라디오로 표기하였다.

운 힘이며 쟈나리즘의 기능이라 하겠습니다.……라디오의 힘은 그 여러 쟈나리즘 사이에서도 가장 뛰어난 것이라 하겠습니다(앞의 글, 81쪽)."

라디오의 대중성은 그것이 글이 아닌 말의 매체라는 데 기인한다. "라디오는 신문보다 대중성이 강한 점인데, 원래 글을 읽는다는 것보다는 말을 듣는 편이 퍽 쉬운 것으로 가사 신문을 읽을 수 없는 무식한 사람이라도 라디오를 통해서 흘러오는 육성의 말은 곧 이해가 될 수 있읍니다(앞의 글, 83-84)." 라디오의 이러한 특징은(후에 다시 논의하겠지만) 근대화를 목표로 한 후진국에서 라디오 등의 전파매체를 국가발전의 매체로 활용하고자 했던 가장 큰 요인이다. 문맹이라는 장벽이 없이 근대화의 메시지를 전달할 수 있기 때문이다. "라디오가 보급될수록 어떤 의미에서는 그 보급에 정비례하여 우리의 생활은 급속도로 문화적으로 향상될 것이 얘기되는 것입니다(앞의 글, 84쪽)."

이처럼 대중침투력을 지닌 방송이 대중동원의 가장 효과적인 수단이라고 여겨지면서 방송, 아울러 텔레비전에 대한 인식과 기대는 매우 긍정적으로 형성되었다.

> 우리 한국에 지금 문맹자는 거의 없다고 할 수 있지만 지식수준이 낮은 사람은 아직도 수다하다. 이런 사람들에게 라디오나 TV는 구세주적인 이기가 아닐 수 없고 사실이 이런 이기가 있음으로써 우리의 문화는 급속하게 상승하는 과정에 있는 것이다.
> ……전반적인 지식수준이 낮은 곳에 라디오나 TV의 방송은 서적보다도 신문보다도 훨씬 유력한 문화형성의 수단이 될 수 있고, 경우에 따라서는 학교교육보다도 오히려 유효하고 유능한 수단이 되기도 하는 것이다.(허천, 1969, 13쪽)

전파매체인 방송이 대중에의 설득력과 침투력이 높다고 인식된 까닭은 우선은 그 도달범위가 지식수준의 고하를 막론하여 폭이 넓다는 점도 있겠으나, 방송이 문자가 아닌 말로써 전달됨으로 해서 그 말이 중심문화가 되는 대중과의 친화력이 강하다는 점이 큰 장점으로 부각되었다. 다시 말해서, 말이 갖는 감정적 호소력으로 인해서 설득력과 동원력이 높아진다는 것인데, 이렇듯 구술적인 대중에게 친화적인 구술적인 매체를 통해 신속하게 근대를 추구하겠다는 것이 당시의 매체관이었다.

> 문자에는 감정이 없고 표정이 있을 수 없다. 이것은 문자가 본질적으로 지니고 있는 커다란 결점의 하나라고 할 수 있으니, 이러한 결점으로 말미암아 서적이나 신문은 인간의 심정에 직통으로 해소하는 설득력이 약한 것이다. 이에 대하여 방송은 감정이 살아 있고 표정이 그대로 전달된다. 사실 또는 이론에다가 감정이나 표정을 섞어가면서 설명을 하기 때문에 그 설득력은 거의 완벽에 가깝다고 할 수 있다. 설득력이 강하다고 하는 것은 그만큼 이해를 촉진시키는 힘이 있다고 하는 뜻이 된다. 이 점은 분명히 방송의 강점이 아닐 수 없다.(앞의 글, 14쪽)

텔레비전은 라디오의 이러한 장점에 더하여 보여주는 영상이 가미된 것이기 때문에 훨씬 더 강력한 것으로 여겨졌다. 다시 말해서, 직접 보여주는 실증력이 높이 평가된 것이다.

> 라디오와는 달리 방송자를 시각적으로 직접 느낌으로써 좀더 확고한 지식을 얻을 수 있는 것은 물론 우리 머리속에 들어있는 애매한 사건들을 직접 행동으로 보여줌으로써 우리의 기억력을 더욱 생생하게 해주는 것도 물론이다. 또 많은 돈을 들여서 극장에 가지 않고도 재미있는 오락프로그램을 감상함으로써 한 가정의 리크리에이션을 원만히 조성할 수 있다는 혜택도 들 수 있다.(여원, 1962. 9, 139쪽)

시청각을 겸한, 문자가 아닌 말의 텔레비전은 최후의 매체이자 가장 완벽한 매체로 여겨졌다. "TV는 시각과 청각에 동시에 호소하는 매체로써 아마 인류가 발명한 최종적인 매체라는 데 큰 특질이 있다(서규석, 1969, 20쪽)"는 말이나 "모든 〈메스콤니케이슌〉의 매개체 중에서도 가장 위력적이며 섬세한 특징을 지니고 있는 것은 두말할 것도 없이 테레비죤이다. 시각과 청각이 동시에 전달되는 테레비죤의 〈메카니즘〉은 인간의 생활양식과 사고방식을 압축 또는 충실하게 함으로써, 그야말로 새로운 일대 문명 이기를 이루어놓았던 것이다(황재묵, 1959, 26쪽)"는 말이 그러한 인식을 대변한다. 이와 같은 매체로서의 특징이 갖는 가장 큰 장점은 동시성으로 이는 라디오보다는 "직접적"이기 때문에 우월하고 신문보다는 "집단적인 효과"를 갖기 때문에 그 어떤 매체보다 우월하다고 인식되었다.

특히 한국의 경우 봉건적 잔재, 일본 제국주의 유산, 서구 민주주의적 요소 등 크게 세 가지의 이질적인 요소가 복잡하게 얽혀있는 사회구조를 가지고 있는데, 이러한 이질적인 구조 간의 불협화음을 최소화하면서 새로운 근대적 대중사회로 향하게 하는 역할을 텔레비전이 할 수 있다고 기대되었다. 즉, "텔레비전이 자연적인 성장을 해온 것이 아니기 때문에 다른 사회에서 실증된 유용성을 거울 삼아 능동적이며 의도적으로 도입하고 육성시킬 필요"가 있다는 것이다(서규석, 1969, 20-21쪽).

2) 근대화의 고속도로

라디오보다 강력한 텔레비전은 이로써 "근대화의 고속도로"로 인식되게 된다. "20년은 걸려야 할 국민계몽을 단 5분의 1인 4년 동안에 이루었다는 일본과 농촌방송에 주력하고 있는 인도의 실적"을 볼 때 "TV 매스콤의 위력을 이용하면 〈라디오 시대〉를 뛰어넘어 〈TV시대〉로 그보다 더 짧은 시일안에 다다를 수 있다"는 것이다(동아일보, 1962. 10. 4. 5면).

근대화의 고속도로라는 인식은 근대화의 촉매제로서의 텔레비전을 말하는 것인데 그것은 두 가지 의미에서 그러하다. 첫째는, 일반적으로 경제개발을 포함한 근대화작업은 통신의 충분한 발달 없이 성취되기 어렵다고 지적되는데, 그렇다면 매스미디어 중에서도 가장 강력한 매체로 알려진 텔레비전은 우선 기술적인 방식만으로도 근대화작업의 고속도로라는 것이다. 둘째는, 비경제적인 측면에서 보았을 때에도 근대화 작업이 국론의 통일이나 의식 및 태도의 변화 없이 성공적으로 이루어질 수 없다는 점을 생각한다면 설득력이 강한 텔레비전의 효용이 주목받아 마땅하다는 것이다. 특히 "우리나라처럼 도시와 농촌이 이중구조를 이루고 있으며 농촌의 교통이 불편할 뿐 아니라 민도가 낮아 활자매체가 침투하기 어려운 상황에서는 시청각매체인 텔레비전이 안성맞춤이다." 이로써 "농어촌에는 집단을 이루고 있는 자연부락단위로 공동시청방식을 채택한다면 이미 있는 다른 매체와 보완관계에 있게 되어 강력한 통신망이 형성"될 것으로 기대되었던 것이다(앞의 글, 21쪽).

고속도로는 근대화의 상징이다. 맥루한에게 있어서는 시각화의 상징이기도 하다. 그것은 우선 각 지역 간의 차이를 불식시킨다는 점에서 그러하다. 산 넘고 물 건너가는 동안에 느낄 수 있는 지역들의 질적 특성들은 '서울 기점 몇 km'로 환원된다. 또한 고속도로 주변의 풍경들은 모두 획일화된다. 둘째로, 고속도로는 일정한 폐쇄회로를 형성한다는 점에서 근대화와 시각화의 상징이다. 고속도로에 자전거나 오토바이 등은 진입할 수 없으며 평균 제한속도보다 지나치게 빠르거나 느린 속도도 용납되지 않는다.

텔레비전이 근대화의 고속도로로 상징되었다는 것은 텔레비전을 통해 이러한 획일성을 구현할 수 있다고 보았다는 점에서, 또 그러한 획일성 구현을 위해 우선 텔레비전이 아스팔트와 같은 어떤 것으로 깔려져야 함을 함의한다는 점에서 텔레비전을 '핫'한 매체로 만들고자 했음을 보여준다. 텔레비전은 아스팔트와 같은 특정한 메시지로 핫하게 채워질 수 있는 매체도 아니고 더욱이 획일성을 구현할 수 있는 매체도 아니다. 구술적인 특징들이 '쿨'하게 접혀져 있는 텔레비전이었기에 구술적인 대중들에게 어필할 수 있었음에도 불구하고, 그것을 고속도로로 펼쳐내어 근대화하고자 했던 것이 텔레비전을 근대적인 매스미디어로 제도화하고자 했던 시도의 성격이라 하겠다.

3) 발전과 계몽의 매체

사회체제의 변혁은 역사적 전환기에 처해서는 빠른 속도로 수행되는 데 비하여 사회구성원의 전통적인 사회적 성격의 변화는 그리 용이한 일이 아니다. 구성원의 사회적 성격이 변혁된 사회체제에 적응하지 못하는 경우 개개인은 체제의 강화를 위한 시멘트의 역할을 하는 것이 아니라 그것을 파괴하는 다이나마이트 역할을 하는 결과를 초래하기 쉽다.(E. Fromm, 1941, p.277)

위의 인용문은 발전론에서 매스미디어가 차지하는 위치를 잘 설명해 주고 있다. 즉, 사회의 구성원을 사회구조의 변화에 걸맞게 변화시키는 것이다. 사회 성원들이 근대화의 과정에서 전통적인 관습, 가치, 욕구 등을 버리고 새로운 관습, 가치, 욕구 등을 수용해 가는 과정을 칼 도이치는 "사회적 동원(social mobilization)"이라고 불렀는데, 바로 이와 같은 사회적 동원을 초래하는 데 있어서 가장 큰 역할을 수행하는 것이 매스 커뮤니케이션이라는 것이다(임희섭, 1979, 273쪽).

발전론에서 매스미디어의 역할은 근대적 가치를 내재화하고 근대적 행동유형을 갖는 개인들의 창출이라고 정리할 수 있다. 이때 인간관계의 형성과 제 형태를 규정짓는 기본적인 관계가 커뮤니케이션 과정에서 발생하는 까닭에 그와 같은 변화는 커뮤니케이션의 내용과 그 전달형식의 변화가 필수적이라는 것이다.

한국의 경우에 있어서도 이러한 '태도의 근대화'가 필수적인 것으로 지적되었다. 즉, 한국은 정치·경제·사회 부문에 있어서 극복하기 힘든 강력한 제 저항요소에 직면해 있는데 그 저항요소란 정치의 불안정성·정치태도의 전근대성· 산업구조의 기형성·저율의 경제성장도·저위의 국민소득·고위의 인구성장도 등을 말한다. 여기에, "서구적인 근대화된 문화가 전근대적인 행동양식을 탈피하지 못한 한국사회에 침투함으로써 일어나는 새로운 다이나믹한 부작용 경향에 의해 더욱 그 양상이 심각해지고 있다"는 것이다(안해균, 1964, 105쪽). 이러한 이중적 사회구조가 정치·경제·행정부문에 있어서의 근대화를 위한 발전을 저해하기 때문에 태도의 근대화가 우선적으로 요구된다는 지적이다.

특히 커뮤니케이션 구조에 있어서 한국은 미디어를 통한 커뮤니케이션이라기보다는 오피니언 리더를 중심으로 하는 대인커뮤니케이션(personal communication)이 지배적인 형태로 그 원인은 실질적 소득수준의 저위, 의무교육의 후진적 실시에 따르는 기본적 교육수준의 저조, 낮은 의식수준, 그리고 권위주의를 내용으로 하는 삼강오륜 사상 때문인 것으로 지적된다(앞의 글, 121쪽). 즉, 1962년 현재 1차 산업에 종사하는 66.2%의 인구가 미디어를 통하는 커뮤니케이션에 노출되는 것이 아니라, 전통적인 대인 커뮤니케이션(personal communication)에 의존해 있어서 한국인의 의식구조와 가치관의 동질성 확보를 저해한다는 것이다. 이 때문에 매스미디어의 보급이 필요하고 그것을 통한 커뮤니케이션의 근대화가 우선적으로 이루어져야 한다는 주장이다.

1962년 당시 한국의 미디어 상황은 신문, 라디오, 영화 등 모든 부문에 있어서 후진적이었다. UNESCO 통계에 따르면 후진국은 일반적으로 인구 100인당 일간신문 10부, 라디오 수신기 5대, 영화 관람석 2석에 미달하는 국가들인데, 한국은 인구 100인당 신문 3부, 라디오 2.7대, 영화 관람석 0.8석을 나타내고 있었다.

신문의 경우 전체 발행부수의 72%가 10개 도시에 배포되고 있는 실정이어서, 전체인구의 22%가 전체 일간신문 발행부수의 72%를 구독하는 양상을 보였다. 한국의 경우 신문은 주로 도시인에 의하여 이용되고 농어촌민은 신문에 접근하기가 극히 어려웠는데, 이는 신문제작이 도시인 중심이 되어 있어서 신문의 내용이 농어민의 구미에 맞지 않을 뿐만 아니라 그들의 절실한 요망에 응할 수 없다는 데도 큰 이유가 있었다. 또 다른 요인은 물론 문맹률이다. 당시 한국의 문맹률은, UNESCO 출판물에 따르면, 60-65%인 것으로 소개되고 있다(UNESCO, 1959). 따라서 1962년 현재 교육수준이 높은 자만이 신문을 매일 본다는 것으로 나타날 뿐(92.5%), 전체 성인의 62.8%, 면민의 경우는 전체 성인의 74.4%가 전혀 안 본다는 상황을 나타내고 있었다(안해균, 1964, 113쪽).

문맹률을 낮추고 농어민의 교육수준을 높이는 데 걸리는 시간과 비용에 비해 문자의 장벽이 없는 라디오는, 특히 한국에 있어서, 타 미디어에 비해 높이 평가되었다. 조사 결과, 교육수준이 낮을수록 라디오가 주요 뉴스원 역할을 하기 때문에, 한자와 국문 불해독자가 많은 농어촌 지역에 있어서는 라디오야말로 근대화를 위한 첨병역할을 한다고 인식되었던 것이다.

텔레비전은, 앞서 논의했던 것과 마찬가지로, 당시 서울에 한정되었던 고가의 매체였지만 라디오의 장점을 두루 갖는 동시에 시청각을 겸함으로 해서 라디오보다 강력한 효과를 갖는 매체로 기대되고 있었다. 텔레비전의 보급률이 높아짐에 따라 "특히 텔레비전 매체는 가장 대중에 대한 접촉도가 높고 시각적, 극적 효과 등에 의해서 대중들에게 가장 강력한 영향력을 행사할 수 있는 매체로서, 텔레비전 방송이 수행하는 사회적 동원의 기능은 매우 중요한 것"으로 평가되었다(임희섭, 1979, 274쪽).

문화공보부 자료에 따르면, 실제로 1950년대의 정부 홍보는 주로 신문과 정부간행물 등 인쇄매체에 의존했었고 방송과 영화가 보완매체로 구실하였다.[30] 그러던 것이 5.16정권이 조국근대화를 시정의 기본목표로

---

[30] 물론 1927년에 개국한 KBS 라디오가 그 기능을 발휘하고 있었지만 전국적인 방송망을 갖추지 못하였을 뿐 아니라 농어촌지역에 라디오 수신기가 제대로 보급되

설정한 1960년대 들어서는 "우리도 잘 살아야 한다", "우리도 할 수 있다"는 경제홍보에 치중하게 되면서 홍보매개체에 대한 보급 확장에 중점을 두게 된다(문화공보부, 1979, 12-14쪽).

1961년 7월 3일 박정희는 국가재건최고회의의장취임사에서 "국민 경제의 재건·사회정의의 확립"을 강조하였으며, 1962년 1월 1일 신년사에서는 경제재건을 위한 산업개발·국방력강화·자조 자립정신의 확립을 3대 시정목표로 내세웠고, 1963년 12월 17일 제5대 대통령취임사를 통해 "1960년대의 역사적 필연의 과제는 정치·경제· 사회· 문화의 모든 분야에 걸쳐 조국의 근대화를 조성하는 것"이라고 밝혔다(앞의 글, 35쪽).

이러한 정부의 시책을 홍보하기 위해 1960년대에 간행물, 영화, 방송 등의 양적인 확장에 노력을 기울였는데, "특히 새롭고도 강력한 영향력을 지닌 방송의 전국적인 보급망을 형성하는 데에 많은 관심과 노력이 집중되었다(앞의 글, 43쪽)." 이에 따라 방송난시청지역을 단계적으로 해소함으로써 전 국민이 방송을 청취할 수 있도록 하기 위해 기존방송국에 대한 출력을 늘리고, 대출력 송신소나 중계소를 크게 늘려 나가는 데 주력하는 한편, 1962년부터는 농어촌에 라디오 및 스피커 보내기 운동을 강력하게 추진하였다. 이와 함께 KBS-TV를 개국함으로써 새로운 홍보매체로서의 텔레비전 방송을 시작하였다.

그러나 물리적인 방송시설의 확장에 주력했을 뿐, 농어촌을 근대화하고 개인들을 근대적으로 변화시키기 위해 라디오·텔레비전 등의 방송을 어떻게 활용할 것인가에 대해서는 구체적인 계획이나 목표가 부족했

지 못한 상황이었기 때문에 홍보매체로서의 활용도가 크지는 못했던 상황이었으며, 민간방송으로 CBS가 1954년에, 복음주의방송국이 1956년에 각각 개국되었으나 상업방송이 아닌 그리스도의 복음을 전하는 종교방송을 실시하고 있었다. 또한 6.25를 전후하여 제작되기 시작한 정부의 뉴스 영화, 문화영화와 미공보원의 뉴스 영화가 1957년 이후부터 그 제작량을 늘려 나감으로써 영화가 홍보매체로서 점차 중요한 비중을 점하게 되었으며, 지방에서의 이동영사활동을 담당할 민간기관으로 문화원이 1951년 설립되기 시작하여 1960년까지 20개원이 개설된 바 있다(문화공보부, 1979, 12쪽).

던 것으로 보인다.[31] 더욱이 텔레비전의 경우 국영, 상업방송 모두가 상업적인 기반위에 서있던 상태에서 이를 조화롭게 모색하기는 어려웠고, 그런 가운데 '정부의 시책을 프로그램 내용에 끼워 넣기', 즉 '핫한 메시지로 가득 찬 내용 만들기'를 강제하는 방향으로 나아가게 되었다.

발전론적 방송의 이용에 대한 구체적인 방안은 1960년대에는 주로 라디오를 중심으로 나타났고[32], 1970년대에 들어 텔레비전의 보급이 어느 정도 여의케 된 이후에야 텔레비전의 제도적 활용방안이 모색되었다. 그러나 1960년대에 이미 텔레비전의 환경이 구조화된 이후의 강제는 방송사와는 밀고 당기기의 되풀이로, 프로그램 내용으로는 어색한 짜 맞추기 내용이나 이원화된 편성구조로 나타나게 된다.

텔레비전의 경우, 가시적인 시책으로는 새마을 텔레비전의 개발 계획과 새마을 방송으로 나타나지만, 텔레비전의 보급과 영향력이 확대되기 시작한 1960년대 후반부터 1970년대의 텔레비전 방송정책과 규제 자체가 발전과 계몽의 내용을 담으려는 시도로 70년대 전반에 걸쳐 텔레비전과의 갈등을 보이게 된다.

1973년 상공부는 텔레비전을 농어촌에까지 널리 보급하기 위해 대당 3만 원 내지 3만 5천 원짜리의 "새마을 TV"를 새로 개발할 계획임을 공표한다(동아일보, 1973. 6. 1, 2면)." "새마을 TV"는 가격이 일반 텔레비전 수상기의 30-40%밖에 되지 않는 것으로 한국과학기술연구소에 이에 적합한 모델을 개발토록 의뢰한 것이다.

새마을 방송은 1970년대의 근면·자조·협동이라는 새마을운동을 구

---

31) 대다수의 발전커뮤니케이션 학자들이 매스미디어의 물리적인 시설 확장에만 관심을 갖는데, 그 이유는 농민들로 하여금 매스미디어에의 노출시킴이 없이는 근대화와 개발에 도움이 되는 메시지가 있다고 하더라도 그를 대상자들에게 전달할 방도가 없다는 것이고, 또한 여기에는 미디어를 장악한 세력이 근대화 추진세력이고 그들이 국가적인 목표를 추구하리라는 가정을 하기 때문이다.
32) 1960년대 대표적인 라디오 방송시책은 '앰프촌' 사업, '농가방송토론그룹', 그리고 '농어촌 방송' 등이다.

현하기 위한 것이었다. 1972년 4월, 중앙에 새마을방송전담기구로서 새마을방송본부를 설치하고 그 밑에 새마을방송협의회를 두어 각 방송국 간부들이 새마을 담당자와 월례회의를 가졌고, 각 방송사는 월례 새마을 방송 실적보고를 제출토록 했다. 또 매년 새마을 프로그램 콘테스트를 개최하고 우수 프로그램을 시상했는데, 이 운동은 농촌 잘 살기를 겨냥한다는 뜻에서 긍정적 호응이 많았던 것으로 평가된다(한국방송협회, 1997, 513쪽). 대체로 우수 새마을 탐방, 인간상록수 소개, 영농지도 기술교육 등을 내용으로 했으며, KBS가 정규편성에 새마을프로그램을 편성하여 기동취재반 순회, 새마을사업 경진대회, 특산물 소개 등의 주도적인 역할을 했다. 민방의 경우는 MBC-TV 〈새마을 새아침〉, TBC-TV 〈새마을 새마음〉 등이 새벽시간에 고정 편성되어 1960년대 라디오의 농어촌대상방송과 비슷한 양상을 보였다.

이러한 특정한 프로그램보다는 새마을방송협의회의 활동 자체가 1970년대 텔레비전을 발전론적 혹은 좁은 차원에서 정부 홍보적 테두리에 국한시키고자 하는 모습을 보인 것으로 주목된다. 새마을방송협의회는 1973년 8월 14일에 창립되어 새마을방송의 보다 광범위한 홍보를 위해 민방까지 참여시킨 것으로, 처음에는 청와대 새마을비서관이 주재했고, 주요 의제는 새마을방송의 계획협의, 기존 새마을방송의 실적평가, 새마을방송에 적합한 소재의 선정, 새마을방송의 지원대책 등이었다(한국방송공사, 1975, 178쪽). 그러나 1974년 이후부터는 문공부 주관으로 바뀌고 편성책임자들과 주무 당국자가 월 1회 이상 만나는 정례모임으로 되었다(문화공보부, 1979, 91쪽). 전 MBC 편성국장 임성기의 회고에 의하면, 1977년 이후 무렵부터는 이 회의에 신문사 편집국장까지 참여한 것으로 보인다. 이와 함께 논의내용도 유신체제 및 안보총력 홍보를 위한 방송의 협조·반공방송의 강화·청소년 선도를 위한 각종 프로그램의 설정과 각종 방송캠페인 등이었고, 이후의 문공부의 지침 하달, 각 방송사의 방송내용 전반에 대한 평가, 방송협회의 자율 정화 유도 등으로 확대되었다는 것이다(한국신문연구소, 1977, 141쪽, 조항제, 1994, 109쪽에서 재인용).

종합해보면, 라디오와 텔레비전 모두의 경우 물리적인 시설확장에는 어느 정도의 성과를 보였지만, 발전론적 구상에 따른 특수한 방송의 활용이나 프로그램의 편성은 미미하게 밀려나거나 흐지부지되는 결과를 보였다. 이는 결국 방송 전반의 흐름을 발전론적 테두리에 묶어두려는 시도를 낳게 된다. 발전론적 매체관은 그 자체가 핫한 것인데, 그것은 개인들의 태도 및 가치관의 근대적 변화가 발전론적 매체관의 핵심이기 때문에 그러하다. 여타의 다른 것들을 버리고 오직 근대적인(서구적인) 가치관을 받아들이게 하는 것이라는 점에서 그러하고, 더욱이 그 변화가 자연적이고 자생적인 것이 아닌 터에 국가가 특정한 가치와 태도를 근대적인 것이라며 획일적으로 조율해 들어올 수 있다는 점에서 그러하다. 이러한 시각에서 매체를 접근할 때는 그 매체가 무엇인가보다는 그 매체를 어떻게 활용할 것인가라는 도구적 관점이 앞서게 마련이다. 매체를 효과적으로 활용하고자 하는 도구적 관점은 자연적으로 그 메시지를 무엇으로 할까에 집중하게 되며, 이에 따라 방송의 경우 각 프로그램에서 이러한 특정한 메시지를 담을 것이 요청되었던 것이다.

한 가지 재미있는 것은, 라디오나 텔레비전 등의 전파매체가 국가발전의 가장 효과적인 매체로 선택되었던 이유가 그것이 말의 매체이자 직접적인 감정적 소구를 가짐으로 해서 대중동원력이 뛰어난 때문이었다고 했는데, 바로 이러한 특성 때문에 방송은 오히려 보도에는 적합하지 않은 매체로 여겨졌다는 점이다.

> 방송뉴스가 신문뉴스보다도 대단히 실감이 있어요. 눈으로 보는 상상력과 귀로 듣는 것이 다르겠지요. 방송아나운서가 말하는 태도가 우리나라 뉴스방송에 있어서는 아나운서가 지나치게 흥분을 해 가지고 너무 감정이 많이 들어가요.

신문에서는 냉정한 입장에서 기사를 싣는데 또 그것을 음미해가면서 기사내용을 고칠 수도 있지만 방송뉴스는 순간적으로 어떤 영향력을 주는 것이기 때문에 영향이 많습니다.(신문평론, 1965, 38쪽)

방송보도는 신문보도가 따로 유통질서와 해독력을 필요로 하는 데 반하여 문맹에까지 시간성의 우위를 가지고 침투할 수 있다는 강점을 기본적으로 갖는다. 그 가운데서도 방송보도가 갖는 속도는 가히 위력적이다. 분석적 능력을 게을리 하면 그렇지 않아도 기록성에 있어 열세인 보도방송은 속도라는 무기의 포로가 되어 갖가지 부작용과 해악을 불러일으킬 수밖에 없을 것이다.
전파미디어는 직접성(동시성), 즉 실재감에서 활자미디어를 압도한다. 즉 전달자가 전달내용에 감정을 불어넣는 것으로 그 내용이 생생한 생기를 띄게 된다. 그러나 그 특성이 사회적 변동기나 정치적 격동기 또는 인권문제와 중대한 관련이 있는 문제 등에서 함부로 활용된다면 그 결과는 엄청난 것이다.(신영철, 1968, 36-37쪽)

보도가 요구하는 엄격한 객관성과 방송이 갖는 호소력이 잘 맞지 않는다는 인식인 것이다. 이런 까닭에 방송은 보도 이외의 다른 프로그램을 통해 계몽이라는 주어진 임무를 수행할 것을 요청받게 되고, 결과적으로 사람을 끌어들일 수 있는 오락프로그램에 어떻게 계몽적인 내용을 담을까하는 소위 "오락과 교양의 조화"가 최대의 고민거리로 등장하게 되는 것이다. 특히 방송은 신문에 비해 교육수준이 낮은 대중들이 접하는 것이라 그들을 계몽해야 하는 것이 급선무인데, 그들이 좋아하는 형식 속에 계몽적인 내용을 담고자 하게 된다. 그러나 그들이 좋아하는 형식 속에는 그들이 좋아하는 내용이 포함되어 있는 것이기 때문에, 그 내용만을 떼어내어 계몽적인 것으로 바꾼다고 그 형식 자체가 계몽적인 것으로 변화하는 것은 아니어서 그러한 시도는 애초에 불가능한 것이었다.

지금 우리나라는 정치, 문화, 예술의 각 방면에 걸쳐서 민주주의의 이념을 실시하고 있는 도상에 있다. 그 민주주의가 효력있게 실천되기 위해서는 몇 사람의 지도급의 사람들만이 그 내용을 파악하고 있어서 되는 것이 아니고 전반의 국민, 다대수의 민중이 다 거기대한 지식을 갖고 거기대한 교양을 지니게 되어야 한다. 그 점에 지금 우리나라는 국민전반을 대상하고 민주주의를 가르쳐나가는 하나의 계몽기로 볼 수 있는 것이다. 하나도 계몽, 둘도 계몽, 그 계몽을 옳은 정신과 옳은 방법, 그리고 가장 효과 있는 수단으로 해가는 데서 민주주의적으로 아직 많이 뒤떨어져 있는 우리나라의 현황을 가까운 시일안으로 고치고 발전시켜갈 수 있는 것이다.

　여기에 라디오는 가장 좋은 도구이다. 이 라디오를 통하여 가장 많은 대중을 그 청중으로서 동원할 수 있기 때문이다.(백철, 1956, 4쪽)

　방송은 대중에의 침투도가 더 강합니다. 신문의 독자층과 방송의 청취자를 본다면 신문의 독자층은 지식수준에 있어서 중위에 치중했다고 본다면 방송의 청취자층은 중상도 있지만 중하가 더 많습니다. 더 많은 데에 교양의 필요성은 더 요구된다고 생각합니다. (신문평론, 1965, 31쪽)

이러한 계몽의 방법에는 강연이나 강좌, 보도 등의 직접 설명의 방법과 연예방송으로 청중을 감화 각성시키는 간접적인 방법이 있는데, 둘 가운데서는 뒤의 것이 더 효과도 있고 필요하다고 제시된다. 그 이유는 "첫째 대중은 강연에서처럼 설명을 하고 설복을 당하는 것보다 연예방송을 통하여 즐기면서 동시에 느끼고 깨닫는 것, 이것이 더 대중에겐 효과 있다는 것의 하나이며, 둘째는 그런 연예를 통하여 감득 이해하는 것이 강연 등의 설명에서 이해하는 것보다 훨씬 깊이 정말 산지식과 교양으로서 받아들일 수 있다는 것이다(백철, 앞의 글)."

그런데, 대중성을 염두에 두다보면 통속적으로 빠질 우려가 있는데 통속성이 가져오는 넌센스를 없애려면 "계몽성이라는데 기준을 두고 생각하면 좋을 것 같다. 우리의 실정은 어떤 기회, 어떤 시간이나 그것을 넌

센스로 들릴수는 없고 될 수 있는 대로 뜻있게 효용하는 것, 그래서 연예방송이 필요하다는 것도 그것은 재미있고 즐겁게 하면서 무엇을 느끼게 하고 얻게 만든 것이 아닐까 생각되는 것이다(앞의 글)." 이것은 텔레비전의 경우도 마찬가지로 텔레비전의 강력한 영향력을 생각할 때 "텔레비전 수상기가 길모퉁이나 운동장, 공원 같은 데 비치된다면 우리 국민에게 큰 위안이 되며 그 생활에 명랑과 화기를 돌게"할 수 있는데 이는 텔레비전이 "이해를 필요로 하는 어려운 학문이 아니더라도 시각을 통해 깊이 아로사겨지는 상은 대중을 계몽하고 향상시키는 데 큰 동기가 되고도 남을 것"이기 때문이다(황재욱, 1959, 27쪽).

이처럼 방송이 개인들의 가치관을 변화시키고 이로써 사회의 변화를 유도할 수 있는 힘은 방송이 오락을 통해 부여하는 교양과 계몽의 내용을 통해서라고 인식되었다. 이 때문에 오락은 오락으로 그칠 수 없었다. 1970년대 들어 신문이 정부와의 갈등을 상업화라는 길을 통해 피해갈 수 있었던 반면에, 텔레비전의 경우 바로 그 상업성 즉 오락이 규제와 갈등의 초점이 되었던 것도 이런 연유에서이다.

> 방송내용이 거리의 화제거리가 되고, 때에는 그 사회에 새로운 행위의 양식을 조성하여 유행을 일으키고 새로운 〈모랄〉이 형성되는 등 눈에 보이지 않은 교훈 인생관 등을 청취자에게 부여하여 사회에 변동을 가져오는 것이다. 그러므로 오락이 단순히 오락으로 그치는 것이 아니라 그 사회를 내부적으로 변동시킬 수 있는 힘까지 가지고 있는 것이다.(변시민, 1959, 12쪽)

왜냐하면 방송이 각종의 오락 프로그램을 통해 하는 일이 '사회적 은유'이기 때문이다. 방송은 "은유라는 말이 의미하고 있듯이 보이지 않고 손에 잡을 수도 없는 형이상학적 사회일반의 상부구조 즉 우리가 호흡하고 있는 전체 문화적 구조 속에서 마땅히 탈피해야 할 상투형을 가려내어서 비유적으로 고발하고 나아가서는 보이지 않게 수정해서 소위 새로운 가치관을 세워 나가는 보이지 않는 작업이다. 이 은유적 작업을 통해서 대중에게 사물을 보는 눈을 갖게 하며 사리를 가릴 줄 알게 하고 상투형을 가려낼 줄 알게 함으로써 리프만의 만능의 시민으로 접근하게 하는 것이 우리들의 방송놀이 중에 제일 큰 놀이"라는 것이다(이동희, 1968, 38쪽). 이 때문에 드라마가 나아가야 할 지표도 "근대화라는 목적을 향해서 각 개인이 용이하게 실천해 나갈 수 있는 새로운 인간상의 추구"이고 "전통과의 결별"인데 이때 "무엇을 버리고 무엇을 계승해 나갈 것인가 하는 문제들을 정리해 나가는 것이 방송극에 주어진 사회적인 임무요 기능"으로 인식되었다(서규석, 1968, 70쪽).

3. 국가적 매체: 사회책임론

1) 텔레비전의 위험한 힘

대중을 동원하는 데 가장 효과적인 매체로 기대되었던 텔레비전이 일반인들의 일상 속에 그 영향력을 확장하기 시작하면서부터는 막강한 힘을 가진 동시에 매우 위험한 매체일 수 있다는 인식이 확대되기 시작한다.

이러한 인식에는 몇 가지 가정들이 포함되어 있는데, 첫째는 텔레비전이라는 매체가 매우 막강한 힘을 지녔기 때문에 잘못 사용하면 큰 해악을 가져올 수 있다는 것이고, 둘째는 텔레비전의 강력한 힘의 원천인 시청각적 직접성, 동시성, 동소성, 정서적 소구력 등이 교육수준이 낮고 이성적이지 않은 대중들을 끌어당기는 힘이 강한 것은 사실이지만 동시에 이들의 저질의 취향에 영합하고자 하는 경향이 있다는 것이며, 셋째는 이렇듯 무식한 대중들이 곧바로 근대사회의 시민이 되면서 근대성이 부여하는 복잡함과 스피드에 적응하지 못하기 때문에 더욱 생각하고자 하지 않으며 이 때문에 텔레비전의 힘은 더욱 위험할 수 있다는 것이다.

이러한 위험성에 대한 인식은 '막강한 힘의 올바른 사용'이라는 사회적 책임론을 불러일으켰고, 그러한 사회적 책임론의 배경에는 텔레비전이 개인들의 생활을 풍요롭게 하는 매체가 아니라 국가적 사명을 지닌 매체가 되어야 한다는 당위가 작용한다. 막강한 매체에 막중한 임무를 부여하여 결과적으로 텔레비전을 더욱 중요하고도 큰 영향력을 지닌 무엇으로 만들게 되었다.

더욱이 텔레비전은 독서경향이 낮은 우리나라 사람들에게는 더욱 큰 힘을 행사한다. 이것은 구술적 매체인 텔레비전과 구술적 문화습성을 지닌 한국인이 긍정적으로 결합했을 경우에는 발전과 계몽의 효과를 지니겠으나 부정적으로 결합했을 경우에는 심각한 역작용을 가져올 수 있다는 우려를 낳는다.

> 전파 미디어란 사안과 추리를 거쳐 전달되는 활자 미디어와는 달리 생생한 음성과 동작으로 시청자의 의식구조에 직선적으로 파고들기 때문에 그 불건전한 전파가 확산하는 영향은 실로 지대하지 않을 수 없다. 특히 전통적인 문화에서 새로운 문화권으로 이식하고 있는 한국과 같은 과도기적 문화사회에 있어서 방송이 주는 영향은 더욱 큰 것이다. 또한 우리나라와 같이 독서 경향이 낮은 국민에게 이 미디어의 힘은 놀라운 것이 아닐 수 없다.(동아일보, 1973. 7. 18, 3면)

왜냐하면 모든 것을 비쥬얼라이즈해서 보여주는 텔레비전은 일탈현상도 비주얼라이즈하게 하는 효과가 있는데 "종래 TV가 나오기 전에는 신문 및 소설을 통해서 어떤 일탈현상을 읽는 사람이 머리속으로만 상상해서 재현하는 정도로 그쳤는데, 텔레비전에서 시청자들에게 구체적으로 스트레티지까지도 보여주고 있다"는 것이다(월간방송, 1971. 6/7, 62

쪽). 즉, 텔레비전이 "시각적으로 아주 생생한 호소력을 가지고 있기 때문에 그 영향이 사회적으로 어떤 다른 미디어보다도 더욱 크다"는 것인데, 더욱이 텔레비전의 주 시청자가 교육수준이 낮은 사람들이라는 데 그 위험성은 더 커진다.

> ……우리나라에서는 TV를 가졌다고 하는 사람들은 적어도 중산층이고 교육수준이 대체로 높은 사람들이기 때문에, 자기가 스스로 프로그램에 대해 자율적으로 비판할 수 있는 지식창고나 비판능력이 있는 사람들이지만 식모나 어린이들이 많이 본다는 것이 문제입니다.
> ……우리집에 식모가 있는데, TV에만 붙어있는 통에 죽을 지경입니다. 그가 제일 애시청자이거든요. 그렇기 때문에 역기능이 커질 가능성이 많다고 봅니다. 교육수준이 낮아 소화할 능력이 없기 때문이죠.(앞의 글, 64-65쪽)

> 대중이란 합리적인 지성을 갖춘 공중과는 스스로 다른 바가 있다. 즉 이성적이 아니라 충동적이고 지성적이 아니라 감정적이다. 거기에는 집단의 힘을 가지고 마구 해대는 행동이 앞선다. 그들은 주로 생산에 종사하는 근로자, 품팔이, 노동자 및 농민들이 한 몫을 본 셈이다. 그들은 대체로 무지하기에 순간적으로 부화뇌동하기 쉽고, 때로는 선동에 놀아나 폭동으로 나타나기도 한다.(김두헌, 1971, 78쪽)

무식한 노부부, 유식한 중년남녀 등 누구라도 보고 들을 수 있으며 또 실제로 보고 듣고 하는 것이 텔레비전의 화면이고, 이것이 텔레비전의 절대적인 장점이고 매력이지만 비판력이 부족한 사람들에게는 좋지 못할 영향을 끼칠 것은 불문가지라는 것이다.

1960년대 후반, 텔레비전은 라디오와 달리 전 시간 집단시청의 양상을 보이고 있었다.[33] 이러한 양상은 텔레비전이 신문, 잡지, 서적, 라디오

등 어느 미디어보다 월등한 효과를 가지고 있다는 표증으로 여겨졌는데
(김규, 1968, 39쪽), 한국의 시청자의 생활관습과 생활패턴이 텔레비전에
대한 의존을 높이고 한국인의 특징이 텔레비전의 악영향에 더욱 쉽게
노출되게 만든다고 지적되기도 한다. 우선 근대화가 진행되고 기업조직
이 커지면 커질수록 직장인은 자기의 참모습을 잃어간다는 소외현상에
서 탈피하려 하고, 이러한 욕구가 적극적으로 자기 자신의 생활을 즐기
려는 방향으로 나아가게 되는데, 경제적으로 여유가 없는 우리나라의 경
우는 텔레비전을 시청하는 결과로 나타난다는 것이다. 또한 우리나라의
사람들은 주어지는 내용을 받아들이는 것은 지극히 잘하지만 자기가 스
스로 어떠한 일을 성취하는 것은 그렇게 뛰어나지 못한 편으로, 텔레비
전은 틀림없이 이러한 특질을 가지고 있는 사람들에게 꼭 알맞은 것이
라고 지적한다.

　더욱이 현대는 '스피-드'를 요구하고 사물을 판단하는데도 이 '스피-
드'가 첫째 조건이 되고 있으며 현대의 인간은 신경이 예민하기 때문에
감수성이 빠르고 신경이 피곤해서 심각하게 보고 심각하게 생각하는 것
은 딱 질색인 것으로 여겨진다. 바로 이런 현대의 한국인에게 텔레비전
이 무척 적합한 매체이지만 전통적인 수동성과 현대적인 수동성이 결합
된 현대의 한국인에게 미칠 영향도 크다는 우려이다.

　　어떻든 생각하고, 계산하고, 앞뒤를 맞추고 또 기억하고 하는 그
　런 식의 이해가 아닐 때에는, 신문보다는 라디오가, 라디오보다는
　TV가 우수하다고 할 수 있다.
　　……(그러나 문제는) 방송조작을 통하여 만인우민화가 가능하다
　고 하는 것이다. 조작에 걸렸을 때 청취자는 어떻게도 대항할 길이

---

33)　1968년 현재 한국은 아직 라디오와 텔레비전의 병존시대 양상을 띠고 있었다. 라
　　디오와 텔레비전 병존시대의 특징은 텔레비전을 소유하고 있는 가정에서는 (텔레
　　비전이 방송되는 시간에는) 라디오를 거의 접촉치 않고 텔레비전을 전 가족이 전
　　시간 시청하는 시청양상을 보인다는 것이다(김규, 1968, 38쪽).

없다. 조작에 걸린 줄도 모르는 것이 실상이다. 바보인간이 따로 있는 것이 아니라 이렇게 하여 인간들은 부지불식간에 바보가 되어가는 것이다.(허천, 1968, 17쪽)

2) 한국의 특수상황과 텔레비전의 책임

이렇듯 거대하고도 위험한 텔레비전의 힘은 그것이 방임되어서는 안 된다는 인식으로 이어졌고, 한국에서 텔레비전이 수행해야 할 책임에 관한 논의로 자연스럽게 귀결되었다. 텔레비전의 사회적 책임은 한국이 당면한 특수한 상황 때문에 더욱 중요한 것으로 부각되었다.

한국의 특수한 상황이란 다름 아닌 근대화의 도정에 있는 상황이다. 근대화의 도정에서 피할 수 없는 전통적인 것과 근대적인 것의 혼재, 농촌과 도시의 이중구조, 가치관의 혼란 등의 문제를 해결해야 하는 책임이 텔레비전에 있다는 것이다.

> 우리 사회는 혼동된 사회 즉, 일종의 케이오스라고 할 수 있다. 그것은 또한 근대적인 것과 전근대적인 것이 잡거하고 있는, 그러나 근대화의 방향으로 가고 있는 혼동된 사회인 것이다. 농경중심의 사회에서 완전히 탈피하지 못한 운명주의와 체념주의가 팽배해 있어서 정체성을 면치 못한 사회. 여기에 덧붙이면 정치의식이나 제도가 모두 전근대적이라는 점이다.
> 우리는 합리주의가 지배하지 않는 혹은 합리주의가 결여된 사회에 살고 있다. 여기에 첨가해서 우리 사회는 근대화라는 방향으로 가고 있지만 아직 정리되지 못한 사회-물론 근대화라는 대전제가 있지만-사회적인 콘센서스 혹은 공동의식으로 보고 실천지표를 내세우기는 너무나 막연한 사회가 아닌가 하는 생각이다. 이렇게 모호한 대전제 하에서 우리가 실천할 수 있는 무엇이 적립되어 있지 않기 때문에 그 무엇을 찾기 위해 꿈틀거리는 사회가 바로 우리 사회라고 말할 수 있다.(서규석, 1968, 69쪽)

혼동된 사회에 있어서의 텔레비전의 역할은 혼동된 사회 속에서 우리가 똑같이 향해 나갈 수 있는 공동의식을 찾아내고 토론의 과정을 통해 이질적인 가치관을 찾는 것으로 모아진다. 즉, 추구해야 할 공통된 가치, 표준화된 가치관, 개인들 간의 동질성 등을 찾아내서 국민들에게 제공해 주어야 한다는 것이다. 한국은 전근대적인 것과 근대적인 요소가 잡거한 가운데 지식층과 일반대중이 확연히 다른 문화 속에 살고 있는 사회적 양상을 보이는데, 이 때문에 정체성의 혼란을 겪을 우려가 있고 따라서 동질적이고 평준화된 가치로 국민적인 소속감과 목표의식을 부여해 주어야 한다는 주장이다. 그러한 책임을 수행하지 못할 경우 방송은 '저속'의 늪에 빠질 수밖에 없음을 경고한다.

> 사회가 평준화되어 있고 가치기준의 평준화가 이루어져 있는 사회라면 보내는 내용에도 어떤 공약수가 나올 수가 있을 것이다. 그러나 한국사회는 앞에서도 지적한 바와 같이 문화의 단층현상이 격심하다. 보내는 내용도 어떤 일정한 기준이 없는 멋대로가 될 수밖에 없었던 것이다. 그래서 한국의 방송극은 저속하고 패륜적이라는 비난을 받게 된 것이다.(이윤하, 1968, 37쪽)

다시 말해서, 방송에 부여된 과제는 "평균적 한국인에 초점을 맞춰 대다수 국민의 직업이나 생활에 대한 만족도를 높이고 사회의 안정과 개인적인 행복감을 높이도록 하는 것"이다(신문평론, 1981, 116쪽).

이런 의미에서 방송인들은 한국의 "사상경향의 편성관"으로 여겨진다. 사상의 편성관으로서의 방송제작자들은 "사회 전체를 미화하고 거기에 새로운 비전의 이미지를 심어서 그것을 미적으로 구상화시키는 영광스러운 임무"를 수행해야 했다(조향록, 1969, 17쪽). 이는 후진국 사회에 공히 요구되는 방송의 임무로 방송은 "시청자와의 영합에서 과감히 탈피하여 보다 차원 높은 욕구개발을 위한 사명"을 잊지 말아야 하고 "국민적 필요에 기여할 줄 아는 공기적 사명과 함께 사회사상을 통합 정리하고 대중의 의식구조를 조직화하는 선도적 자세와 창조의 기수"가 되어야 함을 의미한다(김준철, 1969, 23쪽).

재미있는 것은 혼돈스러운 한국사회에서 이성적인 것보다 감성적인 것이 더 위력을 갖는 것을 우려하면서도(신영철, 1969, 20쪽), 텔레비전이 이성적인 태도를 취할 것을 요구하기보다는 감성적이되(즉 그 영향력은 취하되) 다만 그 내용만 긍정적이고 밝은 것이 되도록 요구한다는 점이다. 긍정적이고 밝은 면으로 시선을 몰아가는 것은 이성적이고 합리적인 추구에 의해서는 가능할 수 있지만, 감성적인 느낌 자체를 그렇게 한정시키기는 매우 어렵다. 감성적인 느낌이라는 것 자체가 복잡한 결들에 관한 총체적인 느낌이기 때문이다. 그렇게 했을 경우 그 감성은 이미 감성으로서의 힘과 위력을 상실할 터이기도 하다.

> 물론 보도는 국민의 알권리를 충족하기 위한 객관적인 사건의 보도의 전달이라고 하겠지만 때로는 그로 해 자괴감이나 경각심보다도 자기회의나 사회불신으로 파급되는 생활질서의 위협을 우려하지 않을 수 없다. 우리는 애써 어둠을 추방하는 데 마음을 가다듬고 방송에 임해 왔다. 그것을 국민에게 근면과 성실성을 일깨워 격려하는 급원적 역할을 다하려는 때문이다.
> ……사회에의 지나친 자극으로 시청자를 우울하게 한다고 해서 꼭 그것이 굴절상(refracted image)이 아닌 저널리즘의 본질이랄 수는 없다. 요컨대 보도 교양 오락 문예 등 모든 프로그램을 밝고 맑고 즐거운 방향으로 제작했으면 한다. 어둡고 슬픈 내용이 어떤 사상성을 빚어낸다는 고전적 호소력은 차라리 영합적이어서 혐오감을 줄뿐이다.
> 우리가 움직이는 주위환경은 호조 돼야 한다. 다시 말하면 追隨(추수)주의로부터 탈피하여 비전을 제시하는 계도적인 차원에서 상승작용을 꾀함이 이상적일 것이다. 하루가 시작되는 경쾌한 아침

부터 피로를 보는 취침시간까지 전파미디어는 실로 즐겁고 유익한 생활인의 벗으로 빛나도록 바라는 것도 나 혼자만의 바램이 아닐 줄 믿는다.(방협회보, 1979. 5. 15)

국민을 긍정적인 자세로 생산에 몰두할 수 있게 하는 것이 국가발전을 위한 텔레비전의 책임이라는 전제가 깔려 있음은 물론이다. 1970년 3월에 열렸던 제3회 한국민간방송협회 세미나(70년대 한국에 있어서의 방송의 역할)에서 규정된 방송의 역할은 이러한 분위기를 대변해준다. 이 세미나에서 강원용 목사는 방송의 역할을 ①국가발전의 요인으로서의 역할 ②심리적 사회적 종합자로서의 역할 ③한국적 복수상황하에서의 역할로 나누어 제시한다(동아일보, 1970. 3. 30). 특히 지표로서의 미디어가 요인으로서의 미디어로 되기 위해서는 방송이 국가발전에 대한 이해를 접근시키는 구실과 개발을 가속화시키는 구실, 그리고 발전지향적인 인간상과 사회상 창출을 위한 구실을 다해야 한다고 주장한다.

적어도 담론상으로는 텔레비전의 사적인 효용과 활용이 인정되지 않고 있다. 즉, 텔레비전이 개인에게, 가족에게, 혹은 지역사회에 어떤 역할을 할 수 있을까라는 차원은 배제되어 있는 것이다. 발전론 속에서 텔레비전은 거대한 제도이자 국가적인 사명을 지닌 매체로 제도화된다.

3) 개인의 매체가 아닌 국가적 매체

발전론적 입장에서 텔레비전을 보았다는 말은 그 자체로 텔레비전이 대중사회의 심화과정 속에서 자연스럽게 그 틈을 비집고 들어온 문화적 매체가 아니라, 처음부터 국가적인 차원에서의 사명을 텔레비전에 부여했다는 말이 된다. 특히 70년대에 나타났던 국가규제와 방송사 간의 갈등은 방송 정책과 규제의 틀이(현실적으로는 어떻게 나타나든) 국가발전 특히 경제발전이라는 당시의 지향점에 적합한가의 여부에 의해 정해지는 것이 자연스럽게 받아들여졌음을 보여준다. 거기에 부합되지 않는 것은 저질, 타파해야 할 전근대성, 서구의 퇴폐풍조 등으로 규정되고 배제시키고자 하는 경향이 뚜렷했다. 방송과 관련된 다양한 차원과 내용에 관한 논의들이 국가의 경제발전이라는 하나의 요인으로 환원되는 모습을 보였던 것이다. 하나의 요인으로의 환원은 그 요인을 준거점으로 한 기계적이고 도구적인 규정과 규제를 낳는다. 이는 국가가 아닌 다른 틀로 매체 특히 텔레비전을 보는 시각이 정당성을 얻기 어려운 상황이었음을 말해주는 동시에, 하나의 시각이 강조되고 그것이 여러 담론들을 통해 자연스럽게 받아들여졌음을 의미하기도 한다.

특히 분단이라는 상황에서의 끊임없는 내외부로부터의 위협이라는 안보이념과 경제발전에 박차를 가하면서 겪게 되는 급격한 사회적 변동은 개인이나 집단보다는 국가를 가장 큰 당위와 우선순위를 갖는 것으로 만들었다. 동시에 그것이 근대화라는 지향점과 같은 것으로 여겨졌기 때문에 방송이 이러한 국가목표에 종속되어야 한다[34]는 것을 자연스럽게 이야기할 수 있었다.

> 우리나라에서 정부가 매스콤의 자유로운 활동에 제한을 가하게 되는 조건으로는 우리나라가 외부로부터의 끊임없는 위협을 받고 있다는 점과 국가의 기본체제에 관한 이념적인 기초가 아직 튼튼하게 뿌리를 박지 못하고 있다는 점, 그리고 사회변동이 급격하여 사회질서와 가치관념에 혼란이 심하고 아직 사회가 안정을 하지 못하고 있다는 점들일 것이다.(이만갑, 1968, 32쪽)

---

[34] 사실 이것은 한국방송사의 시작부터 형성된 성격이었다. 일제시대와 미군정기, 그리고 박정희 정권에 이르기까지 사실 방송은 독자적인 입장이나 영역을 가질 수 없었고, 사람들에게 '방송은 으례 그런 것'이라는 인식을 심어주었다. 또한 이러한 태생적 성격이 이후 방송과 언론의 논쟁에서 보여주게 되는 '방송이 언론이냐' 혹은 '방송은 언론의 서자'식의 대우를 받으면서 자신의 영역을 연예, 오락으로 굳히게 되는 한 측면을 담당한다.

때문에 방송의 과제는 국가발전의 과제와 일치시켜야 하는 것이었고 (신문평론, 1981, 116쪽), 이러한 과제를 잘 수행하는 것이 방송 즉 텔레비전의 사회적 책임이었다. 또 이것이 방송의 교육적·계몽적 기능이 논의되던 바탕이었다. 즉, "방송이 사회의 공기로서 대중의 바람직한 행동변화를 촉진할 수 있는 교육적인 기능을 발휘할 수 있도록 된다면 온 국민이 희망하는 국가발전 또는 조국의 근대화에 직접 간접으로 기여하는 길이 될 것"이고, 이러한 책임을 다할 때 "사회에의 발전, 나라의 근대화에 공헌하는 왕자적 미디어가 될 수 있기" 때문이다(백현기, 1968, 41쪽).

이것은 무엇보다도 한국이 개발도상에 있는 국가라는 사실에 연유한다. 즉, 개발이 시작되자 경제개발에 알맞은 새로운 여타 질서 즉 정치·사회·문화 및 공예의 제 질서를 확립해야만 국가의 경제개발 그 자체도 가능한데, "특히 우리나라를 비롯한 전통적 국가에서는 오랫동안 계속되었던 각종 질서 중 경제개발에 역행하거나 저해되는 기존질서는 선택·제거하고, 경제개발에 알맞은 새 질서를 창설하지 않으면 안 되는 처지"라는 것이다. 또 한국은 "단시일내에 구질서를 부수고 새질서를 신설하지 않으면 안 된다는 과중한 과업에 직면"해 있기 때문에 "장차의 사회유형을 예측하고 거기에 상응할 인간형을 중심으로 한 새로운 사회질서에도 지금부터 대처"해야 한다는 주장이다(한기욱, 1968, 80쪽).

따라서 필연적으로 각종 사회정책은 국가주의적으로 나아가야 한다는 정당성을 확보하고 이러한 국가주의를 밑받침하는 것이 방송의 임무로 부각된다.

개발도상에 있는 국가군은 처음부터 복지국가의 개념을 구현화해야 한다는 과중한 임무를 도맡게 되었다. 국민들은 정부가 그들의 복지를 위해서 수행하고 있는 일은 정부가 독자적으로 다른 자원을 가지고 하는 것이 아니라 국민전체 또는 개개인의 참여와 조력으로 이루어진다는 철리를 국민들에게 납득시켜야 할 것이다. 또 국민 개개인의 자유는 국민전체의 복지를 위해서는 그만큼 제약을 받아야 한다는 엄연한 사실을 받아들여야 한다. 그런데 좌절의식이 체념으로 변할 경우에는 국민의 협조가 궁핍하게 될 것이며 또한 공세적 방향으로 변해 갈 때에는 정치적 사회적 불안이 일어나는 씨가 싹트게 될 것이다. 국민에게 가장 쉽게 접근할 수 있는 매스미디어의 하나인 방송, 특히 국영방송은 국민들의 좌절의식 혹은 욕구불만을 해소시키는 데 주력하여야 할 것이다.
……방송은 어디까지나 국가시책이나 사회정책의 구현을 위한 밑거름임과 동시에 그 앞잡이에 불과하다. 국영방송의 임무는 소극적인 면에서 정부시책의 형성에 앞선 국민여론의 반영 및 조성과 적극적 면에서는 일차 성립된 시책 구현화에 국민을 적극 참여시킨다는 양면에서 찾아볼 수가 있다.(한기욱, 1968, 81-82쪽)

강력한 영향력을 지닌 매체로서의 텔레비전에 대한 인식과 함께 국가적인 임무를 떠맡은 텔레비전은 그 내용이 개개인을 대상으로 한 것이 아니라 전 국민의 정신을 좌지우지하는 것으로 인식되었다. 결국, 이러한 태도가 텔레비전의 영향력과 그에 대한 관심을 지나치게 높이는 결과를 낳았다. 텔레비전 방송망 구축을 통해 전 국민의 네트워크를 형성하고, 그들에게 한 국민으로서의 일체감과 동질성을 부과하는 동시에 국가적인 과업을 알리고 그에 따르도록 하는 근대국가의 매체로서의 임무가 부여된 것이다.

전 국민을 동질화하고 표준적인 가치로 평준화하는 막중한 임무는 어찌 보면 텔레비전으로서는 감당하기 어려운 큰 것이었다. 그러한 '핫한 목표'는, 그것을 텔레비전을 통해 표현할 때 필연적으로 갖게 되는, 텔레비전의 바로 그 '쿨한 감각성'과 잘 어울릴 수 있는 것이 아니었다는 말이다. 핫한 목표의 추구는 그것을 위해 다른 것들을 배제할 수 있는 패권적인 힘과 시선을 필요로 한다. 텔레비전을 통해 그것을 추구하기 위해서는 텔레비전의 성격, 즉 '일상 속으로의 파편화', '산만한 감각지향', '상호 교환되는 여러 감각들 속에서의 특정한 시선의 패권 상실' 등을 없애야 하는 것인데, 그런 것들이 없는 텔레비전은 더 이상 텔레비전일 수 없고 또 그런 것들을 없앨 수도 없는 것이 텔레비전인 것이다.[35]

　물론 국가적인 목표나 시대적인 과제라는 것들은 정부가 제시하는 시책이었지만 그들은 모두 근대적인 목표라는 외양을 띠고 있었고, 특히 1970년대 후반의 국민총화 담론이 기승을 부릴 때까지 텔레비전 방송과 국민정신과의 관계는 끊임없이 부각되는 이슈였다.

　　그러므로 현대의학이 예방의학으로 전환하듯 이 정신 면에 있어서 전자매체는 국민의 정신위생의 예방의학적 사회기능을 최고도로 발휘하지 않으면 안 된다. 그러기 위해 각 방송 당사자는 그것이 단순한 기업이라는 관념을 넘어서서 국가의 정치적 하회적 차원에서 운영돼야 하고, 그 편성도 오락성 못지않게 각종 예술문화와 함께 특히 정신순화와 새마음 형성 내지 국민의 의식구조에 결정적 영향을 주는 종교와 교양의 비중을 대폭 늘여 오늘의 경제부

---

35) 본 연구에서는 국가의 핫한 규정과는 일정한 갭을 가지고 현실적으로 추구된 것이 시청률 즉 상업성이라고 보고 있다. 그리고 국가의 핫한 시도와 상업성과의 갈등 및 그 해소가 드라마라는 구술적인 장르였다고 보고 있다. 상업성이 쿨한 것은 아니다. (그리고 텔레비전이 성공적으로 제도화된 이후 방송자본의 상업성은 대중에게 구애하던 초기 태도를 버리고 계산적 합리성으로 무장하게 된다.) 그러나 당시 국가의 시도가 자신의 목표 하나 외에 다른 것을 허용하지 않는 반면, 상업성은 그 목표추구를 위해 보다 유연한 경계를 갖게 했기 때문에 텔레비전 매체의 성격이 수용되는 폭이 넓었을 뿐이다. 또 다른 측면에서 보면, 미국에서 텔레비전이 해체적인 성격을 갖는 것으로 논의되고 또 비판되고 있지만 미국의 텔레비전은 또한 상업적인 토양에서 자란 것이기도 하다. 서구에서 근대적 정신의 핵심이 사적인 이익의 추구로 나타났고 텔레비전을 통한 그러한 이익의 추구가 서구가 축적해온 근대성 자체를 해체하는 역설적인 결과를 나타냈다면, 한국에서는 근대성의 의미 자체를 국가가 주도한 측면이 강하고, 특히 텔레비전의 경우에는 상업성이 그보다 열등한 위치에서 그것과 갈등하면서 자신의 목표를 추구해온 경향이 강하다고 보여진다. 이러한 힘들과 힘들의 관계의 차이가 텔레비전을 놓고 또 텔레비전과 교호하면서 서구와는 다른 문화를 만들어냈다는 것이 본 연구의 입장이다.

흥을 능히 담당할 만한 정신혁명을 병행하지 않으면 안 되리라고 본다.(이제상, 1978, 29쪽)

오늘날 방송이 대중문화, 나아가서는 국민의 정신문화 창조에 주도적 위치를 차지하고 있다는 말이 결코 그릇된 표상이 아닐 정도로 방송의 성패는 곧 3600만 한국인의 의식형성을 좌우할 만큼 그 역할이 막중한 현실입니다.

……그간 우리 방송매체가 나름대로의 주요 기능을 통해 우리 문화개발에 크게 기여해 온 것은 사실입니다만 민족중흥과 조국근대화라는 목표에 더욱 투철해야 되리라고 봅니다. 국가적 목표란 쉽게 말해서 우리 민족이 수백년래의 가난에서 벗어나 하루 속히 잘 살게 되고 외부적 여건으로 부당하게 안겨진 남북분단을 해소하여 평화통일을 이룩하는 것입니다. 이러한 국가적 목표달성을 위해 우리 방송인들은 투철한 사명감을 방송을 통한 전 국민적 단합과 계도라는 새로운 차원에서 그 주어진 방송의 사명을 다 해야 할 것입니다.(방협회보, 1979. 3. 15)

이와 같은 텔레비전의 사명의 가시적인 결과는 "소비절약 방송"이라든가 "건전생활 캠페인" 등 "사회의 기본적 틀을 지극히 감각적으로 뚜렷하게 투영"하는 것으로 나타난다. 또한 방송의 높은 광고비 상승률은 경제순환의 윤활유 역할을 한 것으로 여겨져 결국 방송이 "국가경제발전에 나팔수"와 같은 결정적 역할을 했고, 이로써 국가목표달성에 지대한 역할을 했다는 평가를 받기도 한다(방협회보, 1979. 9. 15).

새로운 매체가 도입되어 정착되는 기간에 형성되는 사회적 담론은 그 매체에 대한 기대와 환상, 그리고 우려를 포함하게 마련이다. 그 가운데 특정한 담론이 우세하게 되면서 그 사회 속에서의 매체의 문화적 가능성이 대체로 한정지워지게 된다. 물론 담론에 의한 문화적 한계와 그 매체의 사회적 실현 간에 격차가 있을 수는 있지만, 그 담론이라는 것은, 국가에 의해 주도되든 업계의 입장에서 발현되든, 담론에 그치지 않는 일정한 사회적 효과를 지니는 것이기 때문에 최소한 그 매체를 둘러싸는 이미지의 범위라든가 갈등의 이슈를 방향짓는 영향력을 행사할 수 있다.

우리나라의 경우에는 텔레비전이라는 새로운 매체가 우선 국가에 의해 도입되었고 이후의 제도화 과정에서 정부 주도의 담론이 가장 우세하여 (사실 다른 담론에 끼어들 여지가 별로 없었던 것으로 보인다) 하나의 근대적 목표를 향한 국가적 매체로 위치지워졌지만 미국의 경우에는 이와 상이한 과정을 보인다.

미국의 경우, 2차 대전 이후 본격적으로 보급되기 시작한 텔레비전은 무엇보다 '가정의 재건(reconstruction of family life)'과 '가정의 이상(domestic ideals)'에 맞춰졌다. 텔레비전이라는 새로운 매체에 대한 이상론과 비관론이 맞서는 가운데 업계는 광고, 잡지 등을 통해 2차 대전 이후 황폐해진 대중의 마음을 끌어들일 지점을 가정으로 잡은 것이었다(L. Spigel, 1992, p.7). 이를 통해 가정의 일상적인 환경속의 텔레비전, 이상적인 가족관계를 부활시키는 텔레비전이라는 이미지를 형성시킴으로써 삭막한 산업화와 도시화의 결과로 잃어버린 전원적인 빅토리안 시대의 가정에 대한 향수와 이상을 텔레비전과 연결시켰던 것이다.

여기에 담겨 있는 생각은 '거칠고 남성적인 공적인 도회지 오락'과 '부드럽고 여성적인 목가적인 가정의 오락'을 구분하는 것으로, 이것이 이후 텔레비전 방송내용의 틀을 형성했다는 평가이다. 결국 당시 대중매체와 여론은 '가족' 텔레비전이라는 개념을 통해 텔레비전을 가족을 결합시키는 도구로 강조하였고, 텔레비전은 일종의 '가족 유대 매개체'로 선전되어 전후 미국에 가족의 가치를 되살리려는 노력을 지원하게 되었다.

　　텔레비전은 자체가 미국 가정의 중심인물이 되었다. 이는 훌륭한 가족생활을 대표하는 문화적 상징이었다. 텔레비전은 가족의 유대를 강화한다고 알려져 있는데, 이 사항은 여성 잡지뿐만 아니라 일반 잡지, 남성 잡지 및 방송 등 광범위한 대중매체에 의하여 계속 반복되었다.(L. Spigel, 1992, p.39)

한국의 경우도 텔레비전이 도입되었던 1960년대에 여성잡지 등을 중심으로 텔레비전과 가정, 텔레비전과 여성이라는 관계가 간혹 이야기되기는 했으나 그것은 대체로 텔레비전이 지금까지 가정이라는 울타리 속에 갇혀 지내던 여성에게 사회로의 통로를 마련해주게 되었다던가 아니면 텔레비전을 잘 보고 배워서 훌륭한 현대의 주부가 되어야 한다는 지침에 그치고 있고(여원, 1962. 9; 1966. 1; 1969. 9), 그나마 1960년대 후반을 넘어서면서부터는 텔레비전이 가족관계를 방해한다는 논의로 이어져 텔레비전에 대한 폭넓은 비판 속에 묻히게 된다. 텔레비전과 관련하여 가정·여성·어린이 등은 다만 주변적인 영역에 지나지 않았고, 사실 텔레비전의 해악과 관련해서만 언급되는 경우가 많았다. 텔레비전은 무엇보다 근대적인 목표와 국가적 사명을 지닌 매체가 되어야 했다. 그러나 텔레비전이 가지고 있는 특성과 텔레비전이 담을 수 있는 내용의 형식, 그리고 텔레비전 운영의 현실적인 논리와 이러한 국가적 매체＝근대적 메시지라는 임무부여 사이에는 크나큰 격차가 있었고 이것이 1970년대에 있었던 텔레비전 프로그램에 대한 전반적인 규제와 갈등을 낳았다.

제5장 핫(hot)한 근대적 규정과 텔레비전 간의 갈등

　본 장은 근대적 국가목표에 텔레비전을 한정지우려는 시도와 이 시도를 궁극적으로 비켜나가는 텔레비전 간의 갈등을 다룬다. 한국에서 텔레비전이 제도화되는 데 있어서의 가장 큰 영향력을 행사한 주체는 단연 국가이다. 경제발전을 통한 근대화라는 목표 자체가 정권 차원에서 창출된 이념이었던바 그 근대적 목표에 텔레비전을 종속시키고자 하는 주체 또한 정부였다. 따라서 본 장에서 근대적 제도로 텔레비전을 한정지우려는 시도는 상당 부분 정부의 규제와 개입을 통해 살펴볼 수밖에 없었다.

　그 규제와 개입 양상은 매우 구체적인 수준에까지 들어와 있는 것이었다. 즉, 근대적 목표에 충실하라는 정도의 가이드라인을 제시하는 것에서 그치는 것이 아니라, 특정한 시간대의 프로그램의 종류, 그 프로그램의 주제, 소재, 시간 등 편성과 제작에까지 들어와 있는 형국이었다. 텔레비전 방송의 하나에서 열까지 소기의 목표에 부응하게 만들어져야 한다는 당시의 일종의 편집증적인 태도를 본 장에서는 텔레비전에 대한 '핫(hot)한 규정'으로 보았다. '하나의 톤(tone)으로 혹은 하나의 시각과 정보로 그 장(field)을 채워 다른 것이 들어갈 여지가 없이 하려는 태도'는 핫(hot)한 것이기 때문이다.

　이에 비해 텔레비전 방송을 통해 이윤을 창출해야 하는 방송사 측은 그것을 보는 대중들의 취향을 의식하지 않을 수 없고, 그러한 대중의 취향을 가장 효과적으로 따라잡을 수 있는 길을 모색하는 가운데 텔레비전의 여러 가지 가능성을 탐색하기 마련이다. 따라서 텔레비전을 핫(hot)하게 만들려는 시도는 방송사의 상업성에 배치되는 것이었다. 이윤 추구의 가능성을 제한하기 때문이다. 특히 방송 초기 텔레비전 프로그램에 대한 여러 가지 시도는 그 사회의 문화 가운데 텔레비전이 가장 잘 소화할 수 있는 장르를 개발하는 시기이기 때문에 이 시기의 갈등의 축을 국가의 핫(hot)한 규정과 방송사의 상업성의 이면에 포진하고 있던 텔레비전적인 장르 개발을 통한 텔레비전의 매체 실현으로 보았다.

1. 텔레비전 영상시대, <아씨>와 일일연속극

1) 텔레비전 시대의 전개

1970년대를 일컬어 "방송이 신문을 앞지른 시대" 혹은 인쇄매체가 전파매체에게 압도당함으로써 벌어진 "TV시대의 개막기"라 부른다(이환의, 1980, 40쪽). 1960년대 수상기 보급과 제작, 프로그램, 제도 등 모든 것이 빈약한 가운데 시행착오를 계속해오던 것이, 1960년대 후반 들어 일단 수상기 보급이 지속적으로 증가하고 1970년대 들면서는 방송제도도 구색을 갖추게 되었으며, 아울러 경제성장으로 인한 소비력 증가와 수상기 보급으로 인한 광고시장의 확대 등으로 텔레비전 방송사의 자본 축적이 안정적으로 이루어지기 시작했던 것이다.

소위 텔레비전 시대로의 전환은 대략 1968년경을 중심으로 이루어진 것으로 보인다. 우선 1968년 이후 텔레비전 수상기의 증가가 큰 폭으로 이루어지기 시작해 "7년 전 라디오 시대의 TV에서 출발하여 초기의 혼란기를 거쳐 TV 본연의 장르 발견까지 허다한 시행착오를 겪고 정체기에다 과도기를 지나 기초가 다소 불안정하지만 안정기에 이르러서 이제는 우리도 1970년에는 필연적으로 올 것으로 가상되는 TV시대의 문턱에 온 것"이라는 인식에 이르게 된다(홍두표, 1968, 52쪽). 또한 텔레비전 시청자들이 텔레비전이라는 새로운 매체에 대해 마냥 신기해하며 보

던 태도에서 벗어나 일종의 "권태기"라는 무드를 맞은 것도 이 즈음이
다. 이와 함께 "TV 초기에서 어느 기간 꾸준히 유지되어 오던 전 시간
집단시청이라는 특수한 시청양상은 전혀 기대할 수 없게" 되었다(앞의
글, 53쪽). 아울러 1968년이 되면서 "한 가정에 두 대씩 금성테레비: 한
국식 가정 방에 조화되고 안정성 있는 화면과 맑고 자연스러운 소리에
온 가족이 함께 즐길 수 있게 설계되어 있읍니다"라는 금성 텔레비전
광고가 등장하기도 한다(여원, 1968. 10).

이 시기에 텔레비전이 무엇인가를 보여주고 그럼으로써 수상기 증가
에 기여를 한 것은 멕시코 올림픽 생중계였다.[36] 1968년 4월 KBS는 부
산 텔레비전 중계소를 준공했고, 7월에 일본 동경에서 처음 열린 한일방
송회의에서 NHK가 태평양 통신위성을 통해 생중계해오는 올림픽 화면
을 일본 국내의 텔레비전 중계회선에 실어 대마도까지 보내주면, KBS
부산중계소가 이 화면을 수신하여 서울로 보내어 다시 전국에 방송하기
로 합의했다. 이로써 KBS-TV는 10월 11일의 개회 전야제부터 10월 27
일의 폐회식까지의 주요경기와 행사를 오전 오후에 2시간씩 녹화 중계
했고(정순일, 1991, 171쪽), 이것이 TBC-TV에서도 동시에 방송되었다
(한국방송협회, 1997, 434쪽).[37]

멕시코 올림픽 중계로 인해 높아진 텔레비전에 대한 국민적 관심은
같은 해 12월 TBC-TV의 아폴로 8호 발사 실황 우주중계로 그대로 이
어졌다. TBC-TV가 12월 21일 아폴로 8호의 발사광경과 우주에서 내려
다본 지구의 모습, 착수 광경 등을 생중계했던 것이다(앞의 글, 438쪽).

---

[36] 1968년 초 8만 대 정도이던 수상기가 그해 연말에 가서 12만 대로 부쩍 늘어난
것은 순전히 멕시코 올림픽의 힘이었다는 평가도 있다(정순일, 1991, 170쪽).

[37] 이 중계방송의 오디오와 비디오는 이원적으로 중계된 변칙적인 것이었다. 즉, 비
디오는 일본 NHK 전파를 부산에 가설된 마이크로웨이브 시스템으로 받아 이를
서울로 직송해서 전국으로 내보내고, 오디오는 현지 파견된 중계반이 국제전화회
선을 통해 보내온 라디오중계를 내보내는 식이었다. 영상은 일본의 것이고 음향은
국내용인 한일 합작중계였던 셈이다(한국방송협회, 1997, 438쪽).

이어서 1969년 7월 16일 KBS-TV는 VOA의 협조로 아폴로 11호가 케이프 케네디를 떠나는 순간부터 달 도착 성공, 그리고 지구로의 무사 귀환까지의 실황을 7회에 걸쳐 생 또는 녹화로 중계했다. 아폴로 11호 중계가 끌어낸 관심과 여파는 "세계로 뻗는 강력한 인간의 의지 세계는 한마음, TV에 쏠린 전 국민, 남산엔 가랑비 속에 오만인파"라는 제목으로 상세히 보도되고 있다(동아일보, 1969. 7. 17).

　　이날 밤 서울 익산, 대구, 광주 등 우리나라의 대도시 일원에서도 텔레비전을 통해 '아폴로' 11호의 발사광경이 방영돼 안방에서 거리에서 또는 서울남산야외음악당에 설치된 대형스크린 앞에서 초저녁부터 시작될 '아폴로' 11호의 특집방송 등에 귀를 기울여, 발사시간을 마음 조이며 기다렸다. 가랑비가 뿌리는 이날 밤 TV가 있는 집마다엔 남녀노소할 것 없이 동네사람들이 잔뜩 몰려 마당까지 들어차 발사광경을 지켜보았으며 TV를 볼 수 없는 고장에선 라디오의 다이얼을 고정시켜 놓고 빙 둘러앉아 발사의 굉음이 울리자 환호를 올리며 박수를 보냈다.
　　이날 밤 거리엔 초저녁부터 통행인수가 부쩍 줄어 한산했고 평소 붐비던 캬바레, 바, 대포집 등 술집에도 손님들이 거의 없었으며 밤 10시가 못 되어 상가는 거의 철시, TV와 라디오 앞에 몰렸다. 거리의 라디오, TV 등 전파사 앞과 다방, 다과점 등 TV가 있는 곳마다엔 '때 아닌 성시'를 이뤄 시종 달 정복 11호의 이야기로 꽃을 피우며 붐볐다. 지나가던 택시나 자가용 차량들도 잠시 전파사 앞에 멈춰서 손님들과 함께 사이좋게 우주선발사광경을 지켜보기도.
　　서울남산 야외음악당 미국공보원이 설치한 대형 TV앞에만도 이날 빗줄기속에 오만여 인파가 몰려 '경이의 순간'을 지켜보았다. 이곳엔 밤 9시쯤 되면서부터 5백여 대의 영업용 택시들이 들이닥쳐 관람객들을 쏟아놓았으며 도보로 밀려든 인파로 초만원, '아폴로' 11호 발사축제의 모임을 방불케 했다.
　　밤 10시 31분 드디어 아폴로 11호가 발사대를 박차고 길이 2백

미터의 화염을 뿜으며 대서양상공을 날아오르자 사람들은 흥분의 도가니 속에 빠져 박수와 환호를 보냈다. 발사 직후 선장 암스트롱이 '만사가 순조롭다. 밤이 밝다'는 보고가 들어오고 이어서 관제소에서 '발사 후 10분, 계속 항진하라'라는 명령이 떨어지자 사람들은 더욱 흥분, '달에 인간이 닿는다. 인간이 달을 만진다'는 느낌을 실감하여 탄성을 울렸다.(동아일보, 1969. 7. 17)

이와 함께 대구 등지에서는 아폴로 발사과정 중계 결정과 함께 텔레비전 수상기의 재고품이 바닥나는 현상까지 빚었다는 보도이다. 이 당시 텔레비전 수상기의 보급대수는 20만 대를 돌파했으나 아직 대 인구 보급률 0.6% 정도에 그치는 선이었다. 그러나 1일 평균 텔레비전 시청시간은 3시간 30분에서 4시간으로 미국과 일본에 비해 더 많은 시간을 접촉하는 양상을 보이고 있었다(최덕수, 1969, 200쪽). 실제로 '텔레비전을 가진 뒤에는 가족들이 한자리에 자주 모이게 됐다', '라디오를 덜 듣게 됐다', '영화를 덜 보게 됐다', '휴일에 외출하는 일이 줄었다' 등 텔레비전이 다른 매체이용이나 여가활동을 대체하는 경향이 보고되기도 하였다(여원, 1969. 9).

1969년 9월 5일에는 〈TV가이드〉가 창간되었다. "TV프로의 상세한 해설, TV 등장인물의 흥미로운 스토리, TV문화의 향상을 위한 건전한 비판, 풍부한 주말생활을 위한 가이드"를 내걸고 발간된 〈TV가이드〉는 텔레비전을 중심으로 한 대중문화의 확산을 알리는 신호이기도 했다.

무엇보다 텔레비전 시대로의 전환에 확실한 일점을 찍은 것은 MBC-TV의 개국이었다. 그것은 우선 1970년대 들면 정부가 전파관리 면에서 신설방송국을 더 이상 허용하지 않고 1970년대 동안 KBS, TBC, MBC의 삼국구도를 유지해갔다는 점에서 이후의 방송구도의 마지막 조각을 MBC가 채웠다는 의미이다. 또한 1973년 정부가 방송법 개정과 함께 규제의 날을 세우기 이전 수년 동안 형성된 텔레비전 삼사의 경쟁구도는 정부의 개입이 시작된 이후에도 계속 유지되었다는 점에서도 그러하다. MBC의 개국 이전에도 KBS와 TBC가 경쟁관계를 유지하고 있었지만 소위 드라마, 특히 일일드라마를 중심으로 한 시청률 전쟁이라는 1970년대적 현상은 MBC의 개국과 함께 시작된 것이었고, 이러한 시청률 전쟁은 한국의 경제성장과 맞물려 수상기 보급을 급속도로 증가시키면서 한국의 텔레비전 문화, 한국의 대중문화를 만들어 나갔던 것이다. 당시 일간지는 MBC-TV의 개국 소식을 텔레비전 시대의 개막으로 보도하고 있다.

> KBS, TBC에 이어 세 번째의 텔레비전 방송국인 문화방송텔레비전이 8월 상업방송으로 개국, 시청각전파미디어로, 대중에 급속히 침투하게 됨으로써 각 TV 방송국의 열띤 경쟁과 함께 '텔레비전 시대'를 실감케 하고 있다. 지금까지의 라디오 중심에서 TV 시대로의 이행은 아직도 라디오의 난청지구를 완전히 해소하지 못하고 있는 실정과 견주어 다소 아이러니컬한 점이 없지도 않으나 그런 대로 앞으로 그 영향력은 갈수록 클 것으로 짐작된다.(동아일보, 1969. 8. 9, 5면)

MBC-TV가 개국하던 당시 텔레비전 수상기의 대 인구 보급률은 0.7%로 아직 채 1%에도 못 미치는 상황이었다. 방송인력, 방송장비 등도 태부족이어서 MBC 개국 전 KBS와 TBC의 주요 경쟁품목은 외화였다(한국방송협회, 1997, 435-436쪽). 이런 상황에서 방송 3사의 경쟁이 얼마나 치열할지는 예상이 가능한 것이었다. 가지고 있는 여건에서 최상의 경쟁력을 발휘할 수 있는 프로그램이 가장 치열한 격전지가 될 터였다. 새로운 포맷이나 프로그램을 만들거나 도입할 능력도 여건도 되지 않았고, 시청자들이 그러한 프로그램에 길들여지길 기다릴 시간적·경제적 여유도 없는 상황이었다. 시청자들이 이미 좋아하고 있고 그 정서에 접근할 수 있는 방법이 알려져 있는 프로그램에 주력하는 것은 자연스러운 태도였고 그것이 드라마였다. 이것이 1970년대의 방송을 드라마 그것도 일일연속극의 방송으로 만든 구조적 요인이었다. 더욱이 동일하게 척박한 여건에서 한정된 자원을 가지고 모두가 살아남아야 하는 상황 또한 이러한 성향을 심화시켰다.

방송3사의 경쟁이 어떤 성격이 될 것인지는 MBC-TV의 개국 전부터 예고되고 있었다. 방송인력 대부분을 TBC에서 스카우트함으로써 센세이션을 일으켰던 것인데, 당시 신문과 주간지들은 "TV방송에 스카우트 돌풍"이라는 제목으로 TBC 제작진의 MBC로의 집단이동을 일제히 보도하기도 했다(정순일, 1991, 172쪽).

……TV계의 '출애급기'에 비견되는 이 '출동양 입문화기'의 주인공은 동양TV 제작부 전체 프로듀서의 3분의 2를 차지하는 큰 숫자라는 점외에도 중책(부장 및 차장)을 담당하는 거물급 및 한결같이 '가장 유능한 일꾼'들이란 점에서 동양의 손실은 실로 막대한 거로 알려졌다. 동양 출사자들의 명단과 경력을 훑어보면 부장인 이기하 씨 외에 최상현(〈추격자〉, 〈목격자〉, 〈124군대부대〉 등 반공실화극), 이대섭(〈시거든 떫지나 말지〉, 〈혼인줄이 막혔나봐〉 등 유호극장), 표재순(〈헬렌공〉, 〈춘하추동〉 등의 시대극), 유길촌(〈김유신〉 등 정사극 및 시츄에이션 드라마 〈배덕자〉), 이효영(살롱 드라마) 등의 드라마 계열 인사들 및 임성기(전 〈쇼쇼쇼〉, 〈흘러간 노래〉, 〈골든 스테이지〉), 김경태(〈웃음의 파노라마〉, 〈명랑백화점 일주〉), 진필호 및 장두원(〈행운은 눈구에게〉, 〈가락찾아 3천리〉, 〈흘러간 노래〉) 그리고 이재휘(〈우리들의 노래〉) 등의 연예오락계열, 그리고 보면 문화TV엔 드라마계의 쟁쟁한 엑스퍼트들이 모두 6명 외에도 이미 문화TV 개국준비 초기단계에 동양TV에서 스카우트된 황운진씨(〈파란 눈의 며느리〉)가 있다. 그리고 이번에 신규 발령된 허규(동양TV 사퇴후 프리랜서로 KBS-TV 〈아로운〉 연출) 제씨를 합하면 기라성 같은 총 8명이 확보돼 있다. 한편 쇼 오락 계열은 이상의 5명 이외에 이미 KBS-TV 〈그랜드 쇼〉를 담당하던

기존의 차재영 씨 등 6명…….(주간경향, 1969. 6)

이러한 PD 스카우트는 TBC가 탤런트와 가수 등을 전속제로 묶어두면서 예비한 허를 찌른 것으로 받아들여졌다. 즉, TBC는 1969년 연초부터 탤런트를 빼앗기지 않기 위해 최무룡, 허장강, 주선태, 김희갑 등 영화배우들과 오현경, 이순재, 김성옥 등 A급 탤런트는 50만 원, 이낙훈, 김성원, 박병호, 정해창, 안은숙, 여운계, 김민자, 강부자 등은 30만 원의 전속 계약금으로 70년 3월까지 묶고, 조영남, 최영희, 김하정 등 가수도 157회의 전속 출연계약을 맺어놓았던 것이다(정순일, 1991, 175쪽). 이러한 연예인 전속제 또한 1970년대 방송문화의 한 부분을 차지했던 것으로 새로운 인력, 새로운 프로그램을 개발하려는 여력도 의지도 결여된 채 주어진 한정된 자원으로 경쟁을 벌여가던 당시의 상황을 상징적으로 보여주는 것이라 하겠다.

이처럼 초기 3국 경쟁의 수년간은 "텔레비전 방송이 양적 전개기에 들어서면서 그 영향력을 급속히 신장해가는 동안 평론계나 언론학계, 언론계 등 이 새로운 매체를 견제할 세력은 미처 자라지도 못한 상황이어서, 1970년대 방송윤리위원회의 기능이 본격화되기까지는 문자 그대로 '방송의 황무지'가 지속되었다"는 평가(정순일/장한성, 2000, 76쪽)가 암시하고 있듯이, 이후의 거센 비판과 인쇄매체의 견제, 그리고 정부의 규제를 불러오게 된다.

2) 일일연속극과 안방극장: 텔레비전 대중문화의 성격

한국에서 본격적인 대중문화 논의가 시작된 것을 1970년대로 볼 때, 당시 대중문화의 내용에 가장 광범위한 영향을 미친 매체로 텔레비전을 꼽을 수 있다. 텔레비전이 일궈낸 대중문화의 양상은 또한 텔레비전이 시도하고 표현할 수 있는 다양한 프로그램 형식과 내용 가운데 당시의 텔레비전이 가장 치중한 것이 무엇이었는지를 통해 살펴볼 수 있다.

KBS-TV의 개국 때부터 당시의 열악한 스튜디오 사정과 제작여건으로 인해 영화가 편성에서 큰 비중을 차지했다. 1963년 광고방송 개시 후부터는 이것이 더욱 늘어났고, 특히 주로 프라임타임 대(저녁 7시 30분에서 8시 30분)에 편성되었다는 것이 특징이다. 상업 텔레비전이었던 TBC-TV 역시 개국 초기의 제작여건의 한계를 극복하기 위해 전체 방송시간의 5분의 1을 외화로 편성하는 등 외화의존도가 높았다(한국방송협회, 1997, 435쪽).

MBC-TV가 개국하기 이전, 1960년대 중반 KBS와 TBC의 시청률 경쟁은 외화를 중심으로 이루어졌다. 일예로 1966년 KBS와 TBC 전체 편성에서 오락프로그램이 차지하는 비율이 70% 내외였는데(앞의 글), 특히 프라임타임 대에는 KBS는 〈와일드 웨스트〉를 포함한 8편의 외화를, TBC는 〈도망자〉 등 5편의 외화를 방송했다. 상업방송인 TBC나 국영방송인 KBS 모두가 보완적인 편성으로 시청자에게 다양한 선택권을 준다는 생각은 없었던 것이다.

MBC도 개국 프로그램에 〈줄리아〉, 〈바론〉, 〈잠수함 스팅그레이〉, 〈아이언사이드〉, 〈바다의 왕자 마린보이〉, 〈랜서 목장〉, 〈유령의 집〉, 〈거인왕국〉, 〈개구쟁이 카메라〉 등을 편성해 독자적인 프로그램의 개발과 방송이 성공적으로 이루어질 때까지 외화의 비중은 매우 높았다.[38] 특이할 만한 점은 외화 가운데서도 픽션물이 계속 인기를 끌었던 반면에, 〈할리우드 팰리스〉, 〈에드 설리번 쇼〉와 같은 버라이어티 쇼들은 그다지 인기를 얻지 못했다는 점이다(한국방송협회, 1997, 436쪽). 이는 당시 시청자들의 픽션물, 즉 드라마에 대한 강한 취향을 나타내는 것으로 MBC의 개국 후 일일연속극의 전쟁으로 전환되어 나타나게 된다.

---

[38] 1970년대 들어 일일연속극이 전략상품이 되고 또 방송법 개정으로 중간광고가 금지되면서 외화는 크게 퇴조하여 심야로 밀려나게 된다.

<표 1> 1960년대 방송되었던 외화

방송년월	외 화 명
1962년 6월	〈도나리드쇼〉, 〈서부의 파라딘〉, 〈건스모크〉
1963년 1월	〈미지의 세계(Twilight Zone)〉, 〈윌리버드〉, 〈20세기〉, 〈페리 메이슨〉, 〈로하이드〉
1963년 4월	〈로레타 영 쇼〉, 〈하이웨이 패트롤〉, 〈뱃 매스터슨〉, 〈바다의 승리〉
1964년 1월	〈용감한 린티〉, 〈개구쟁이 데니스〉, 〈Mr. Ed〉, 〈빌코 상사〉, 〈백만장자의 꿈〉, 〈샤이안〉
1964년 4월	〈탈출〉, 〈콜 미스터 디〉, 〈브레디 경감〉, 〈보난자〉, 〈말괄량이 세 아가씨〉, 〈전투〉, 〈0011 나폴레온 솔로〉, 〈도망자〉, 〈패티 듀크 쇼〉
1964년 5월	〈OSS〉, 〈비밀 특공대〉, 〈몬테크리스트 백작〉
1964년 8월	〈딜론 보안관〉, 〈용감한 린티〉, 〈팀토보의 모험〉
1964년 9월	〈비바리의 시골뜨기〉, 〈서커스의 소년〉, 〈실화극장〉, 〈20세기의 기록〉
1964년 12월	〈보난자〉, 〈부레나〉, 〈콜 미스터 디〉, 〈탈출〉, 〈국경순찰대〉
1965년 11월	〈레인저 맨〉, 〈4인의 정의한〉, 〈와일드 웨스트〉, 〈갤런트맨〉, 〈FBI〉
1966년 1월	〈벤케이시〉, 〈제13포로 수용소〉, 〈추격자〉
1966년 5월	〈쉐난도란 사나이〉, 〈와일드 웨스트〉, 〈마녀의 딸〉, 〈간첩 블루 라이트〉, 〈시카고 수사대〉
1966년 9월	〈제9전투폭격대〉, 〈존 드레이트〉
1966년 11월	〈달려라 스마트〉, 〈하니 웨스트〉
1967년 4월	〈제시 제임스〉, 〈우주가족〉, 〈비밀첩보원〉, 〈배트맨의 모험〉
1967년 7월	〈황금박쥐〉, 〈제리코 작전〉, 〈괴상한 가족〉, 〈0022 에이프릴 댄서〉
1968년 5월	〈제5전선〉, 〈타잔〉, 〈할리우드 극장〉, 〈에드 설리번 쇼〉
1969년 10월	〈애리조나 목장〉, 〈아벤저〉, 〈맹견 호보〉, 〈카스타 장군〉, 〈매닉스〉, 〈세인트〉, 〈정글소년 붐바〉, 〈곰과 소년〉, 〈흑과 백〉, 〈루스벨트 회고록〉, 〈FBI〉, 〈비밀지령 i〉

*출처: 정순일/장한성(2000, 67-68쪽)에서 정리

어쩔 수 없어 외화로 편성을 채우던 중에도 드라마 제작의 시도는 꾸준히 있어 왔다. TBC가 개국 초 일일연속극 〈눈이 나리는데〉를 시도했으나 얼마 안가 폐지되었고, 1965년에는 주로 주간연속극 〈검은 수첩〉, 〈가정극장〉, 단막극 〈TV지정석〉, 〈바이엘 극장〉 등 꾸준히 드라마를 제작하여 드라마로 스테이션 이미지를 구축해 나갔다(한국방송협회, 1997,

436쪽). KBS 또한 1965년 들어 TBC와의 경쟁을 의식해 연예·오락방송에 중점을 두면서 〈금요무대〉, 〈실화극장〉, 〈연속사극〉 등의 비중을 높여 나갔다. 1967년 양 국은 드라마를 중복 편성하는 양상으로 편성경쟁을 격화시켰고 이는 탤런트 쟁탈전으로 나타나기도 했다. 이때의 편성양상은 대체로 매일 저녁 연속 주간극을 요일별로 다르게 편성하는 식이었다.39)

MBC의 개국을 전후로 방송 3사 모두가 일일극을 시도한다. 가장 먼저 성공한 것은 KBS로 1969년 5월 "MBC 개국에 대응해 쥐어짜낸 전략으로 내놓은 〈신부 1년생〉이 그 후 20년간 계속된, 일일 연속극 전쟁의 첫 작품"이었다(정순일, 1991, 179-180쪽). TBC는 MBC 개국 후인 11월에 저녁 9시 40분부터 20분간 〈별일 없소〉를 방송한다. MBC 역시 8월 11일부터 9월 13일까지 연속 TV 소설 〈사랑하는 갈대〉를 30회 방송한다.

당시 여건상 일일연속극을 만들어 지속하기가 대단히 어려웠는데도 불구하고 방송 3사가 새로운 경쟁구도의 첫 작품으로 애써 일일연속극을 시도한 것은 이미 형성되어 있던 드라마에의 취향을 알고 있었기 때문에, 또 따라서 드라마가 대중 침투력에 있어서 위험부담이 없는 장르라는 사실을 잘 알고 있었기 때문인 것으로 보인다. 당시 KBS-TV의 연예계장으로 일일연속극을 처음 성공시킨 신윤생 씨는 그 고통을 다음과 같이 토로했다.40)

---

39) 가령 KBS의 경우 1968년 매일 저녁 8시에서 8시 45분 사이에 일요일에는 〈선덕여왕〉, 〈탑〉, 〈9인을 찾는 여인〉, 월요일에는 〈사화산〉, 〈사선〉, 화요일에는 〈느티나무 있는 언덕〉, 〈범바위〉, 〈백일홍 아저씨〉, 수요일에는 〈여로〉, 목요일에는 〈정〉, 금요일에는 〈무죄〉, 〈흑〉, 토요일에는 〈봉화〉, 〈끝없이 가는 길〉 등을 편성했다.(한국방송협회, 1997, 437쪽)

40) '일일 연속극'이란 이름은 당시 KBS 텔레비전 부장이었던 윤태로 부장이 고심 끝에 작명한 것이라 한다.(정순일, 1991, 180쪽)

첫 작품이 성공해야 하므로 강팀으로 구성, 임희재 작, 이남섭
연출로 〈신부 1년생〉을 1969년 5월 21일 첫 방송을 시작해 30회
방송했으나 성공을 거두지 못했다. 다음 후속 작품으로 이경재 작,
〈이웃사촌〉을 기획했지만 그것도 빛을 보지 못했다. 시기상조라는
폐지론이 대두하여 곤욕을 치르게 되어 계속하느냐 폐지하느냐의
기로에 서게 되었다.
작가와 연출자 선정에 여러 가지 우여곡절을 겪다가 끝내 결심
한 작품이 이성재 작, 김연진 연출의 〈행복이라는 것은〉이었다.
한회 한회 살얼음 밟는 기분으로 진행했으나 10회 넘도록 반응
이 없다가 20회에 가서부터 박수를 받기 시작해 드디어 성공했다.
(노정팔, 1995, 489쪽)

이렇듯 1969년부터 시작된 일일연속극 경쟁에서 TBC가 기선을 잡는
데 결정적인 역할을 한 것이 1970년 3월 2일부터 다음해 1월 9일까지
장장 253회에 걸쳐 방송된 〈아씨〉(임희재/이철향 작, 고성원 연출)였다
(정순일/장한성, 2000, 102쪽). 〈아씨〉는 단일 프로그램으로서는 최고의
시청률을 기록했고 이에 따라 TBC는 매일 1편씩 방송했던 주간연속극
2개를 폐지하는 대신 70년 8월부터 오후 8시대에 〈딸〉을 편성하여 일일
연속극을 하루 2편씩 방송하기 시작했다. 이 또한 반응이 좋았다. 다른
경쟁사들 또한 일일극으로 TBC에 도전하고자 했고 이로써 주간연속극
으로부터 일일연속극으로의 전환이 이루어지게 되었다.

일일연속극이 불을 붙인 시청률 경쟁은 일일극, 주간극, 단막극 등의
드라마를 중심으로 하는 연예·오락 프로그램의 편성비율을 높였고, 한
정된 포맷을 가지고 하는 경쟁이었기 때문에 유사 프로그램을 같은 시
간에 배열하는 식의 편성전쟁이 자리를 잡기 시작했다. 일일연속극 몇
개를 고정적으로 채워 넣고 그 사이사이를 다른 프로그램으로 끼워 넣
는 식이 그것이다. 가령, MBC의 편성노선은 일일연속극 띠에 쇼를 끼워
놓은 이른바 '드·쇼·드·쇼'작전의 전개였다(정순일, 1991, 182쪽).

1970년대 초반 텔레비전 각 사의 편성 경향은 오후 8시 10분대 골든아워에 ①같은 종류의 프로그램을 엇갈리게 배열하고 있었고, ②그동안 오락물의 주축이 되어왔던 주간 드라마의 시추에이션화 현상이 두드러지기 시작했으며, ③주간 드라마의 약화에 따라 버라이어티쇼를 보강하려는 추세였고, ④아침방송도 와이드 모닝쇼 외에는 인기 프로그램의 재방송에 그쳤으며, ⑤사회교양 프로그램의 개발 역시 획기적인 기획이 눈에 띄지 않는 상황이었다(한국방송공사, 1987, 527쪽). 1970년과 1971년의 각 텔레비전 방송국의 편성비율은 다음과 같다.

〈표 2〉 1970-71년 텔레비전 방송국 편성비율

구 분	1970			1971		
	KBS	MBC	TBC	KBS	MBC	TBC
보 도	16.0	10.7	9.1	14.0	8.1	9.0
교육/교양	32.0	24.6	23.4	39.6	21.7	24.2
연예/오락	52.0	52.4	52.4	42.6	56.7	57.6
기 타	1.0	12.4	11.6	3.8	12.3	8.3

*출처: 한국방송회관(1972, 45쪽)

편성의 반 이상을 차지하는 연예·오락의 주종은 물론 드라마였다. 그러나 1970년까지만 해도 일일극은 2편 정도였고 주간극이 많았다. 그러나 〈아씨〉의 성공 이후 각 국이 일일극 경쟁에 본격적으로 나서면서, 특히 1973년 방송법 개정으로 중간광고가 금지된 이후에는 더욱더, 스파트 판매를 위한 SB를 많이 만들기 위해서라도 프로그램의 길이가 짧은 일일극 위주의 편성을 보이게 된다.(〈표 3〉, 〈표 4〉 참조)

〈표 3〉 드라마 종류별 방송시간과 수(1970년 10월/ 1973년 8월, 주단위)

구 분	일일극		주간극		합 계	
	1970년	1973년	1970년	1973년	1970년	1973년
KBS	2(220분)	4(420분)	6(270분)	3(150분)	8(490분)	7(570분)
TBC	2(240분)	5(540분)	6(310분)	3(115분)	8(550분)	8(655분)
MBC	2(240분)	6(600분)	4(200분)	2(75분)	6(440분)	8(675분)

*출처: 1970년은 한국방송회관(1971, 72쪽)
　　　1973년은 신문평론 편집부(1973, 85쪽)

〈표 4〉 1971-73년 텔레비전 편성동향(일일극 중심)

구 분		1971년 가을			1972년 가을			1973년 8월		
		KBS	TBC	MBC	KBS	TBC	MBC	KBS	TBC	MBC
7시	30분	연속극		연속극	연속극	연속극 연속극 연속극	연속극	연속극	연속극 연속극	연속극
8시	30분	연속극	연속극 연속극					연속극		연속극 연속극
9시	30분	연속극	연속극 연속극	연속극	연속극 연속극	연속극 연속극 연속극	연속극 연속극	연속극 연속극 연속극	연속극 연속극 연속극	연속극 연속극 연속극
10시	30분				연속극			연속극		

*출처: 1971년과 1972년은 한국방송회관(1973, 52쪽)
　　　1973년은 신문평론 편집부(1973, 85쪽)

이 시기의 편성표 작성은 각 사가 4-5편을 편성한 일일극이 우선 그려지고 나서 그 공백을 메우는 형태가 되어버린다. 일일극이 없는 1시간대는 50분 단위의 주간극과 외화로 채워지고, 일일극이 들어가는 시간대는 30분짜리 버라이어티 쇼, 게임 등으로 연결된다. 10분에서 15분 정도의 뉴스프로그램과 소극 형태의 짧은 코미디, 가요쇼가 이 두 기본띠를 연결하는 브리지가 된다. 각 방송사의 수시 개편에도 이러한 편성 양상은 유지되었고, 특히 국가가 방송프로그램에 제한을 가하기 시작한 1971년 이후에도 결코 변함이 없었다(조항제, 1994, 169-170쪽). 이러한 분위기를 당시 TBC 편성부국장인 홍두표는 "다람쥐 쳇바퀴 돌리듯 진전없는 쇼프로, 자라목처럼 움추린 사회교양프로, 제구실 못한 허우대만 큰 보도프로로 요약될 수 있을 정도로 특기할 사항이 없는 답답한 것"이라 전한다(홍두표, 1972, 32-33쪽).

이와 함께 인기품목을 맞대응시키는 실력편성, 상대방의 인기 프로그램보다 5분 먼저 시작하는 등으로 상대방 프로그램을 처음부터 보지 못하게 하는 교차편성, 유사프로그램을 쭉 연결시켜놓는 구획편성 등의 상업적 편성수법이 다양하게 동원되었다. 같은 종류의 프로그램을 가지고 싸우기 위해서는 프로그램의 질보다는 전략적 배치가 우선되었던 것이다. 여기에 더하여 중간광고의 금지는 스파트 광고를 위한 프로그램의 세분화 경향을 낳아 소위 한국적 텔레비전 편성이 자리 잡게 되었다.

이러한 시청률 경쟁은 당연히 수많은 비판을 맞게 된다. 신문의 텔레비전 프로그램 비판이 눈에 띠게 늘어난 것도 이 시기부터이다. 이는 텔레비전이 점하는 지위가 확고해진 반증이기도 했다. 텔레비전에 대한 비판은 당연히 프로그램의 주종을 이루었던 연속극에 치중되었으나, 1970년대 초반의 새로운 대중문화 풍조 또한 텔레비전의 탓으로 여겨지기도 했다. 1968년 가수 윤복희가 프랑스에서 돌아오면서 유행시킨 미니스커트의 뒤를 이은 노출형 여성 의상인 핫팬츠, 샤넬라인, 씨 스루 룩 등이 속속 유행되었고, 장발의 히피 열풍은 1974년 3월 13일 고대 앞에서 최초로 스트리킹 청년이 나타나는 상황에까지 이르렀다(정순일/장한성,

2000, 116쪽). 이런 풍조를 조장하는 매체로 1972년 말에 100만 대 가깝게 보급된 텔레비전이 지목되었던 것이다.

1970년대는 한국에서 대중문화 논의가 시작된 시기이기도 하다. 대중문화 비판의 핵심은 상업성과 오락성, 그리고 저질성이었고, 그 중심적인 매체가 텔레비전으로 여겨진 것 또한 1970년대 텔레비전에 대한 비판의 배경을 이룬다. 우리나라에도 신문의 시대가 있었고 라디오의 시대, 영화의 시대도 있었겠지만 이들 미디어들은 사회의 중요한 문화현상으로 대중의 문화를 만들어내지 못했던 것이다(강현두, 1978, 19쪽). 결국 1960년대 중반 이후부터 전개된 대중지, 라디오, 텔레비전 등이 한국의 대중문화를 형성해 왔다는 인식이다. 특히 텔레비전은 그 매체가 지닌 강한 흡인력으로 인해 파급력이 큰 것으로 여겨졌다. 문제는 그 내용이 상업적이고 오락성을 추구하며 따라서 저급하다는 것이었고 건전한 내용에의 요구가 주를 이루게 된다. 이러한 비판이 정부의 규제를 정당화시키는 역할을 하기도 했다. 이 시기 텔레비전 비판의 키워드였던 '저질성'은 저질의 상대축인 고급 혹은 고질이 무엇인지가 모호한 채 정부쪽에서는 계몽성으로 인쇄매체 및 지식층에서는 선진국의 어떤 것으로 상정되어 전개되었던 것이 그 특징이다.

3) 텔레비전 지배력의 확산

1970년대 들어 텔레비전 수상기의 보급은 기하급수적으로 증가한다. 70년대 초반에는 해마다 30여 만 대씩 증가하던 것이 70년대 후반에 들면 한 해 사이에 100여 만 대 이상씩 보급이 증가하기도 한다(〈표 4.1〉 참조). 또 다른 특징은 1960년대의 보급이 주로 서울을 중심으로 이루어진 데 비해 70년대 들어서는 농어촌으로의 텔레비전 수상기 보급이 정책적 차원에서 이루어졌다는 점이다.

우선 1972년부터 텔레비전 효자 캠페인 등을 전개하여 장기월부제로 고향에 텔레비전 수상기 보내기 운동 등이 펼쳐진다. 이 캠페인은 농어촌에 14인치 텔레비전 수상기 약 1백만 대 보급을 목표로 한 것으로, 그 결과 1975년에는 텔레비전의 농촌 보급률을 22.7%까지 끌어올렸고 농촌 1백만 대 보급은 1977년도에 달성된다(조항제, 1994, 129쪽). 이러한 정책적 운동의 배경은 텔레비전의 보급을 전국적으로 확대하여 근대적 매체로서의 활용가치를 실현하고자 했음이다. 이와 함께 펼쳐진 난시청 사업은 텔레비전을 전 국토에 보급시켜 시청료 수입을 높였고 또한 광고효과를 극대화하여 텔레비전의 매체적 위상을 높이게 된다.

또 다른 요인으로 텔레비전 수상기의 물품세를 인하하고 1974년 텔레비전, 냉장고를 중심으로 한 주요 전자제품에 대해서 가격을 5년 동안 동결시킴으로써(정선호, 1979, 40쪽) 수상기의 대중적 보급이 원활해 졌다는 점을 들 수 있다. 텔레비전 수상기는 처음에 사치품으로 간주되어 고율의 물품세가 부과되었으나 전자산업의 발전과 농어촌 수상기 보급운동 등에 힘입어 점차 인하되었다. 이와 함께 1970년대의 급속한 농어촌 전화 보급률 또한 텔레비전 수상기 보급 증대의 요인이라 할 수 있다.

이러한 지원에 힘입어 1978년도가 되면 수상기 보급이 5백만 대를 넘어서고 세대당 보급률 70.7%를 기록하며 단일 매체로서는 최고의 지위를 누리게 된다. 1970년대 전체에 걸쳐 전년도 대비 평균 33.13%라는 고속성장을 한 것이다. 물론 1970년대에 다른 매체들 또한 성장하였다. 신문의 경우 1960년대 말까지만 해도 큰 신문이라 해야 발행부수 30만 부에 지나지 않던 것이 1970년대 후반에 들어서는 70만 부에서 100만 부 돌파를 과시하는 일간지가 3-4개가 생겼고, 총발행부수는 1960년대 초 300만 부에서 1980년 8월 현재 6백 12만 부로 100% 성장하였다. 그러나 텔레비전의 성장은 이에 비할 수 없이 폭발적이어서 20년 동안 6000%의 경이적인 성장을 보인 것이다(이환의, 1980, 40쪽).

수상기 보급의 증대는 곧바로 광고수입의 증대와 광고점유율의 신장으로 이어진다.

〈표 5〉 1970년대 매체별 광고량·광고비(단위: 백만 원,(%))

연 도	신 문	잡 지	라디오	텔레비전	기 타	계
1972	6,808 (35.9)	1,480 (7.7)	2,960 (15.6)	4,662 (24.6)	3,108 (16.2)	19,018 (100.0)
1973	8,154 (35.3)	1,594 (6.9)	3,511 (15.2)	6,560 (28.4)	3,280 (14.2)	23,100 (100.0)
1974	13,760 (32.0)	1,935 (4.5)	9,847 (22.9)	14,835 (34.5)	2,623 (6.1)	43,000 (100.0)
1975	20,800 (32.0)	1,755 (2.7)	10,920 (16.8)	26,845 (41.3)	4,615 (7.1)	65,000 (100.0)
1976	31,510 (33.7)	3,553 (3.8)	14,773 (15.8)	30,388 (32.5)	13,277 (14.2)	93,500 (100.0)
1977	37,680 (31.4)	3,720 (3.1)	17,400 (14.5)	40,920 (34.1)	20,400 (17.0)	120,300 (100.0)
1978	57,392 (33.8)	5,702 (3.4)	21,312 (12.5)	54,543 (32.1)	31,000 (18.2)	169,949 (100.0)
1979	76,300 (34.0)	8,193 (3.7)	30,171 (13.8)	63,090 (28.9)	40,870 (18.7)	218,000 (100.0)

*출처: 한국경제통계연감('74년 이전), 한국광고 100년(상)
　　　한국방송광고공사(2001, 61쪽)에서 재인용

〈표 5〉는 방송매체의 광고비 구성비율의 신장을 잘 보여주고 있다. 텔레비전의 경우 광고점유율이 KBS-TV의 광고방송 중단에 따라 MBC와 TBC의 두 개 민영텔레비전에서만 광고가 가능했고, 광고방영 시간이 하루에 5시간 30분으로 한정된 제약 속에서도 텔레비전의 광고시장 점유율이 급신장하였음은 특기할 만하다. 특히 아침방송이 금지된 1974년에 오히려 최고의 점유율을 차지하는 등 텔레비전은 다른 모든 매체를 압도하는 성장세를 보였다.

신문과 방송의 광고점유율을 비교해 보면 대략 신문 30 대 방송 46 정도로 방송이 우위이다. 신문과 텔레비전만 보면 1970-74년까지는 신문

광고가 우위였으나 1975-78년까지는 텔레비전이 신문을 누르기 시작한다. 광고의 방송매체 지향은 한국에서 특히 강한 경향으로 일본의 경우는 신문 30 대 방송 40 정도, 미국은 신문 30 대 방송 18 정도, 서유럽의 경우는 신문 40 대 방송 15 정도의 비율을 나타낸다(이환의, 1980, 43쪽).

한국 광고의 텔레비전 지향성을 나타내주는 하나의 사례를 들자면, 1977년 4월 10일부터 16일까지 1주일간 텔레비전 광고방송을 실시한 228개 기업 중 신문매체를 활용한 기업체는 불과 26개 업체에 지나지 않았다. 물론 기업 성격에 따라 매체 선택의 기준이 다른 것이지만 신문매체를 활용한 기업이 11.4%에 지나지 않는다는 것은 텔레비전 지향성을 단적으로 나타내주는 것이라 할 수 있다(한국광고문화연구원, 1978, 24쪽).

〈신문방송연감 '79〉에 따르면 이러한 경향의 원인은 광고세, 부가가치세 등으로 광고의 부담이 커지자 오히려 기업주들이 보다 광고효과를 높일 수 있는 매체전략을 추구했기 때문이다(한국신문연구소, 1979, 404쪽). 이러한 경향의 또 다른 현실적인 요인은 아마도 1970년대 신문의 지면수 제한이 되겠다. 당시 일간종합신문들은 1일의 지면수가 8면으로 동결되어 있었다. 신문이 제작면수를 늘릴 경우 비생산적이고 안보와 사회질서를 저해하는 정치위주의 편집으로 기울어지기 때문에 이를 막으려는 권력당국의 의도와 한정된 구독료 인상의 통제 속에서 신문용지의 과다소비를 막음으로써 제작비를 아껴보려는 경영자층의 의도가 맞아떨어졌기 때문이라는 평가이다(이환의, 1980, 50-52쪽).[41]

---

41) 지면수 제한은 박정희 정권의 언론정책으로 인해 형성된 신문카르텔의 중요한 내용 중의 하나였다. 신문카르텔은 1961년 박 정권이 신문에 단간제와 지면수를 일괄적으로 강제하고, 경쟁으로 인한 논조의 일탈을 막기 위해 업계에 정책을 시달하는 단일 창구로 신문발행인협회를 만들면서 이 기구에 소속된 신문기업 간의 지면수, 광고료, 신문지대 등의 담합협정으로 생겨났다(서정우, 1988). 따라서 신문카르텔은 정책 수행과 기업운용을 결합한 성격을 띠고 있었다(김해식, 1993).

〈표 6〉 민영방송의 연도별 광고매출액(단위: 억원)

연 도	MBC			TBC			합 계		
	라디오	TV	계	라디오	TV	계	라디오	TV	계
1972	23.9	23.4	47.3	6.0	15.6	21.6	29.9	39.0	68.9
1973	26.0	35.9	61.8	6.9	22.9	29.8	32.9	58.8	91.6
1974	34.3	57.1	91.4	9.5	40.9	49.5	43.8	98.0	140.9
1975	50.2	105.0	155.2	13.7	67.1	80.8	63.9	172.1	236.0
1976	63.6	143.9	207.4	20.0	104.8	124.9	83.6	248.7	332.3
1977	81.4	182.2	263.5	29.0	143.2	172.2	110.4	325.4	435.7
1978	121.3	278.9	400.2	42.7	204.8	247.5	164.0	483.7	647.7
1979	173.0	354.9	527.9	68.3	269.3	337.5	241.3	624.2	865.4
1980	205.3	471.5	676.8	77.0	303.2	380.2	282.3	774.7	1,057.0

*출처: 한국광고단체협의회, 한국광고 100년(1996, 32쪽)
　　　한국방송광고공사(2001, 62쪽)에서 재인용

　　농어촌 등 전국으로의 텔레비전 수상기의 보급과 타 매체를 압도하는 광고점유율은 특히 신문의 강력한 견제에 직면하게 된다. 당시 신문들은 일제히 텔레비전 프로그램의 저질화 현상을 맹렬히 비난하고 불륜, 저질의 쇼와 드라마를 정화하여 프로그램의 건전화를 꾀하라는 기사와 논설을 쏟아내기 시작한다. 이러한 신문의 비판은 다시 정부의 텔레비전 방송 규제를 정당화해주는 여론으로 작용하는 양상을 보이게 된다. 정부의 실질적인 개입 의도는 물론 정부의 뜻에 맞는 메시지와 내용으로 텔레비전 프로그램을 채우고자 하는 것이었다. 이것이 1970년대 텔레비전에 쏟아졌던 저질시비의 이중성으로 이보다 특징적인 것은 그럼에도 불구하고 텔레비전 방송의 관행에 큰 변화가 보이지 않았다는 점이다. 그것은 물론 갈등의 지점이고 모순의 지점이겠는데 자세한 논의는 다음 절에서 하기로 한다.

2. 텔레비전에 대한 이원적 인식
: 미디어인가, 메시지인가

　다음의 인용문은 당시 신문과 지식인들이 가지고 있었던 텔레비전과 텔레비전이 만들어내는 대중문화에 대한 태도를 상징적으로 보여준다. 1970년대 중반 자본주의 제도가 안착하면서 나타나는 일련의 사회적 문화적 변화들에 대한 태도와 그 핵심에 있던 텔레비전에 대한 냉소를 나타내고 있는 것이다.

　무식해지거라 캄캄해지거나 오밤중만 되거라 눈뜬 장님이거나 냉가슴도 앓을 수 없게 마음도 없어지거라 벙어리도 되지 못하거라 텔레비젼이나 보거라 텔레비젼만 보거라. 잡지 한 권 남기지 말고 책이란 책은 씨를 말려라 동대문이나 청계천이나 통문관이나 문정서림 송가에게나 아무에게나 가져다 팔면 돈도 준다 돈으로 고기를 사다 먹어라 고기를 사다 먹을 줄 아는 그런 머리만 남기고 텅텅 비워내거라 돈으로 술을 마셔라 술을 마실 줄 아는 가슴이나 남기고 텅텅 비워 내거라 돈으로 뜨거운 살을 사라 뜨거운 살을 사다가 저승까지 빠지는 그런 관능만 남기고 텅텅 비워내거라 굴복하거라, 굴복하거라. 못한다, 나는 못한다. 오, 캄캄한 싸움의 이 무서운 통로를 걸어 내려가면 마지막 당도하면 터지는 팡파르, 퍼얼펄 흰 눈이 쏟아져 흰 눈이 쏟아져 내려 축제의 한 마을이 너를 기다리고 있으리라. 쌀 보리 콩 조 수수 옥수수 가득가득 시민의 창자의 빗장도 벗기어 놓고 딸랑딸랑 종을 울리는 우리들의 아저씨, 퍼내어 가세요, 퍼내어 가세요, 외치는 우리들의 시장님 시장님은 회중시곗줄을 기일게 늘이시고 조끼를 입으셨으리라. 회중시계와 조끼는 가장 소중한 믿음이라고 해석할 필요도 없다 그것은 고전이다. 딸랑딸랑 종을 울린다. 무식해지거라 오밤중만 되거라 왜 버티니! 왜 버티니! 텔레비젼은 외친다. 그것이 풍요의 식탁이라고. 굴복하라, 굴복하라고. 못한다. 나는 못한다. 위 증즐가 태평성대 위 증즐가 태평성대.(정진규, "텔레비전", 동아일보, 1974. 8. 30, 5면)

텔레비전의 사회적 영향력이 크다는 인식이 형성되고 그에 대한 관심의 눈길이 늘면서 텔레비전의 역기능에 대한 보고가 많아지게 된다. 그것은 텔레비전이 긍정적으로 변화시키길 기대했던 농촌과 텔레비전의 주 시청자 층으로 부각된 어린이, 청소년, 그리고 주부와 가정에 악영향을 준다는 것이었다.

또한 텔레비전이 가족을 한자리에 모이게 한다는 초기의 기대와는 달리 1970년에 들어서면서 텔레비전은 가정의 유해물로 등장하게 된다. 우선, 텔레비전처럼 순순히 받아들여지는 매체가 없고 또한 시청자의 해석을 텔레비전은 요구하지 않기 때문에, 텔레비전 시청으로 말미암아 무감각증, 무분별, 현실유리감, 개인소외감 등을 경험하게 되며 가족끼리도 서로 어울리지 않게 하고 대화의 큰 방해물이 되었다는 것이다(동아일보, 1972. 11. 28, 5면). "이젠 내 고향도 매운 모깃불 대신에 모기향을 피워놓고, 가족들 간의 정다운 대화 대신에 텔레비전 화면에 정신을 팔고 있다"는 한탄이 나오기도 한다(임덕규, 1979, 16쪽).

1970년대 초반만 해도 텔레비전을 어떻게 하면 농촌에 빨리 보급할 수 있을까가 문제였다. 때문에 텔레비전이 도시에 집중해서 농촌의 좌절감을 확대하는 현상이 비판대에 오르면서 "교육 텔레비전이 더 필요한 곳은 도시보다 농촌이지만 그 농촌에 텔레비전은커녕 전화시설이 없다"는 것이 지적되기도 했었다(동아일보, 1972. 9. 16, 5면). 그러나 농촌에 텔레비전이 보급된 후 기대했던 결과는 나타나지 않았다. 1978년 2월 25일 경북 영양군 석보면 원리 1동 4반 주민들이 반상회를 통해 텔레비전 프로그램의 시정을 건의하고 나섰던 것이다. 이들에 의하면 텔레비전 프로그램이 대부분 사치스런 도시생활을 소재로 삼아 농민들에게 열등의

식을 심어주고 이농을 부채질하는 등 악영향을 끼치고 있다는 것이다
(동아일보, 1978. 3. 3, 7면). 이는 텔레비전 프로그램의 대부분을 차지하
고 있는 드라마의 인물과 배경이 중상류 이상인 데서 온 것으로 곧바로
텔레비전 연속극이 위화감을 조장하고 있으니 시정해야 한다는 압력으
로 나타나게 된다. 결국 텔레비전이 서민이나 대중보다는 일부 호화로운
상태를 그리기에 바빴고 건전보다 쾌락을 방송하고 근면보다 낭비를 방
송했다는 것으로, 이러한 비판은 국민총화와 근면 절약하는 생산적인 기
풍에 역행하는 것이라는 정부의 비판과 바로 연결되는 것이었다.

> 대화없는 가족, 대화없는 친구, 대화없는 이웃, 텔레비전에 세뇌
> 된 인간들은 서로 만나서 대화하기는커녕 화면에만 열중한다.……
> 인생은 연속극이나 노래나 코메디가 아니다. 인생은 인간이 자기가
> 개척하는 엄연한 삶이다. 이 귀중한 삶을 무분별하게 텔레비젼 상
> 자에 바친다니 그들이야말로 진짜 바보가 되어가는 것이다. 이 프
> 로에 매달리면 자연히 지식은 적어지고 놀기만 좋아하는 바보 인
> 간이 되는 것이다. 특히 손님이 왔을 때 그 손님과 대화를 제쳐놓
> 고 TV나 봅시다 하는 세태가 일반화된 것은 한심하다.(송우, 1979,
> 22쪽)

텔레비전이 이렇게 된 이유는 텔레비전의 내용이 잘못되었기 때문이
고, 텔레비전의 내용이 잘못된 이유는 상업적으로 운영되기 때문이라는
등식이 성립되었다. 당시 텔레비전에 대한 비판은 이러한 등식에서 한걸
음도 나아가지 못하고 같은 말만 되풀이하는 양상을 띤다. 상업적으로
운영되기 때문에 오락성을 추구하고 오락성을 추구하면 자연히 내용이
저질이 된다는 것이다.
　1970년대 동아일보에 나타난 텔레비전과 관련된 기사 제목을 훑어보
면 이러한 천편일률성을 쉽게 알아볼 수 있는데 그 내용은 다음과 같다.
"TV는 가정의 유해물"(1972. 11. 28, 5면), "방송오락프로 저질일관; 모

두 삼백여건이 저촉, 퇴폐 외설로 정서 해쳐"(1971. 9. 7, 5면), "TV프로가 이농 부채질"(1978. 3. 3, 7면), "저질 못 벗을 새 TV 프로: 시간단축 따른 대증요법 정도"(1973. 11. 26, 5면), "TV드라마 저질의 원인: 작가에 60%, 방송국 30%"(1974. 5. 28, 4면), "오락의 들러리 못 면한 교양프로"(1974. 10. 5, 5면), "TV연속극 위화감 조장"(1978. 3. 6, 5면), "메마른 아동프로"(1970. 5. 6), "저질 못 벗을 새 TV 프로"(1973. 11. 26, 5면), "오락 치중하는 무개성 TV"(윤용, 1975. 3. 22), "TV 프로의 저질화"(사설, 1975. 5. 19, 2면), "TV 프로의 신풍을"(사설, 1975. 6. 17, 2면), "연속극 위주 저질 여전"(강현두, 1977. 12. 23, 5면), "TV 악영향 없애려면 계도프로 많아져야"(1978. 10. 13, 5면), "저속프로는 방송국 책임"(1978. 11. 17, 5면), "TV 방송의 건실화"(1978. 3. 4).

그런데 이러한 저속·저질 시비의 기준은 텔레비전이라는 매체가 어떤 것인지에 대한 고민에서 나온 것이 아니라 그 내용의 도덕성에 대한 것이었다. 즉, 비윤리적이고 불건전하며 퇴폐적인 내용이 저질이라는 것이다. 비도덕적인 내용은 텔레비전이 상대하고 있는 판단력 없고 무식한 대중들을 비도덕적으로 이끌 가능성이 크기 때문에 저질이라는 것이고, 따라서 이 문제는 그 내용을 건전한 것으로 바꾸면 해결될 수 있는 것이라 여겨졌다. 건전한 내용은 물론 당시의 시대적 상황이 요구하는 국가적 목표에 종속될 수 있는 것이어야 한다. 이것이 정부 개입의 논리이자 정당성이었다.

더욱이 한국은 인쇄미디어의 바탕이 희박하기 때문에 저질적인 전파미디어의 영향이 더 클 수 있다는 절박함도 작용한다. '비합리적인 대중 → 텔레비전의 강한 영향력 → 건전한 내용의 필요성'이라는 논리가 지배적이었던 것이다. 저질적인 텔레비전은 국민의 정신을 흐리게 하고 병들게 하기 때문에 이를 정화해야 한다는 주장이 나온 것도 자연스러운 결과였다.

서로 닮은꼴의 프로그램을 경쟁적으로 편성하고 있기 때문이다. 과연 이들은 커뮤니케이션의 근원적 기능인 계도, 전달, 연결의 소임을 다하고 있는가. 이들은 오히려 오락에 치중하고 있다. 적은 시간을 교육이나 교양에 할애하지만 대부분이 시청률이 낮은 시간대이므로 별로 가치가 없다. TV 방송국들은 오락이라는 공해를 무책임한 광고의 이익과 교환하고 대중의 TV對면역은 위험도를 훨씬 넘고 있다.

채널권은 가정부나 사회참여도가 낮은 주부에게, 모성애의 보장을 얻고 있는 어린이에게 맡겨져 있고 재미있지도 않은 오락은 판을 친다. 그래서 늦게 귀가하는 아빠가 향유하는 오락과 효과만을 기준한다면 일치될 수가 있다. 아빠가 경험하는 무교동과 서울의 관광자원의 불륜은 배움직스러운 TV가 상살(相殺)해 주어야 했고 엄마의 가정경제와 자녀의 학교의 교육부재 현상과 교실, 교사, 교재의 부족을 보완, 근면, 자조를 배워야 하는 온 가족의 새마을 사업을 위한 TV의 선물은 과연 무엇이었나. 대중 도서관이 없는 것, 공해, 끽연, 음주의 위험 등을 가르쳐줘야 했고 학교 앞에는 양장점의 허영과 술집의 나태가 있어도 그렇지 않은 것도 있다는 사실 등을 TV는 보여줘야 하지 않을까. 밖에서 충족되는 오락을 TV는 안에서 반복해야만 하는가. 방송국은 커지면 커질수록 많아지면 많아질수록 핑계를 대기 좋도록 되어 있다. 민간 TV 들은 그 무거운 TV의 짐을 광고에 전가하지만 1개 단체 혹은 기업이 대 매스컴센터의 특혜로 얻은 간접이득은 과연 어떻게 계산될 것인지. 대중의 공기는 그 본래의 사명으로 환원시켜야 하고 이제 대수술이 늦기 전에 필요하다.(윤용, 동아일보, 1975. 3. 22)

1,200만 대가 넘는 라디오와 350만 대로 추산되는 텔레비젼 수상기의 보급률은 오늘날 이 나라에서 전파 미디어가 다른 미디어에 비겨 압도적인 영향력을 지니고 있음을 뜻한다. 그런데 선진사회의 문화발달의 단계는 인쇄문화의 발달을 거쳐 전파문화로 이행돼 왔기 때문에 전파미디어에 의한 일방통행적인 커뮤니케이션을 왠만큼 단편적으로 수용할 수 있으나, 인쇄문화의 바탕이 희박한

이 나라에서는 전파문화가 곧 생활환경의 전부인 경우가 많다.

……전파미디어의 기능은 오락, 보도, 교양, 교육 등 광범위하기
마련이며, 또 오늘날 같은 라디오나 텔레비젼 수상기의 높은 보급
률은 시청자가 곧 국민이라 할 수 있으므로 방송사업은 공공의 복
지와 이익에 봉사해야 할 도덕적 의무가 있다. 방송프로그램에 대
한 비판이 많은 것은 그러한 도덕적 의무에 대한 기대가 크기 때
문이라고 하겠다. 그럼에도 불구하고, 이 나라의 방송들이 얼마나
방송내용의 질적 향상을 위해 힘쓰고 있는지는 매우 의심스럽다.
(동아일보 사설, 1977. 2. 16, 2면)

건전한 내용이라는 말 외의 '저질'과의 상대 개념, 즉 저질을 벗어나
추구해야 할 내용은, 수많은 비판에도 불구하고, 매우 모호하다. 따라서
식자층의 대부분의 텔레비전에 대한 비판은 우선 텔레비전이 만화와 같
이 유치한 것이고, 지적이지 않은 사람들이 즐겨보는 것이기 때문에 '비
판'해야 한다는 당위에서 나오는 경우가 많았다. 저질의 상대 개념이 될
수 있는 '교양'은 문자적인 것으로 이성적 판단을 가능하게 하는 것이나
서양의 교양물과 같이 수준이 있는 것이어야 한다는 것이었다.

결국 그 교양이 어떤 것인지, 전통적인 가치에 있는 것인지, 서구적인
가치에 있는 것인지, 교양을 구성하는 저변이 매우 희박했다. 다만 확실
한 것은 텔레비전이 펼치는 오락과 문화는 교양과는 거리가 먼 저질이
라는 것뿐이었다. 가령, 일일연속극은 저질인데 그것은 선진국에서는 이
미 방송초기에 없어진 것이므로 그것을 유지하고 있다는 것은 후진적인
것이라는 식이다.

대중사회와 매스컴의 관계에 있어서 전파매체는 오락적 내용이
시간적으로 대량으로, 제공되는 동시에 이성의 판단보다도 감각적
공감에 의해 수용된다는 특성 때문에 대중문화의 저속화를 초래하
기 쉽다.

……선진국보다 20년이나 뒤늦게 출발된 한국 TV방송이 선진국

에서 초창기에 시도하다가 곧 폐지해 버린 연속극을 아무런 검토도 없이 그리고 가장 역점을 둔 프로로 제작 방영을 계속해 왔다는 것은 커다란 시행착오가 아닐 수 없다.(정일몽, 1978, 85쪽)

TV드라머 즉 일일연속극은 우리나라밖에 없읍니다. 그것이 아직도 성행하고 있다는 것은 후진성을 말하는 것입니다. 하루 빨리 이것을 벗어나야 할 것이라고 생각합니다.(신문과 방송, 1973. 11, 138쪽)

최소한 영국에서는 TV미디아의 출현으로 예술성이 잠식된다는 요란한 저항이 없다. 국가적 영웅으로 간주되는 배우들을 동원, BBC는 이미 수많은 세익스피어의 극을 TV드라마화하여 방영했고, 전쟁과 평화같은 명작도 연속 TV드라마로 각색해 냈다. 우리는 어려서부터 배트맨, 원더우먼식의 프로그램에 중독되어 살아왔다. 우리 시청자의 원래의 생리라기보다는 자각없이 이런 프로그램만을 제공한 마약제공자의 책임이 더 크다.(이근삼, 1978, 27쪽)

우리나라는 미국이나 일본의 상황과는 달리 원래의 시청자들이 중산층이상이라는 것은 사실 좋은 기회였어요. 왜냐하면 이질적인 것이 그만큼 줄어들고 교육정도도 높아지는게 어느 정도 양질의 개선이 가능했었다는 얘기죠. 그런데 이렇게 되고 보니까 그 사람들은 소외되어졌고 이제 구제하기 어렵게 됐다는 것입니다.(월간방송 1971. 6/7, 68쪽)

지식인의 이러한 태도가 텔레비전의 저질화를 방치했다는 지적도 없지 않았다. "방송에 대해서 얘기를 하면 점잖지 못한 사람으로 취급을 한다든가 방송을 보면 정말 할일이 없는 사람으로 몰아친다든가, 방송기피증이라고 할까 이런거"를 가지고 있으면서 방송에 대해 제대로 비판을 할 수 없다는 것이다(신문과 방송, 1974. 3, 96쪽). 이러한 종류의 비판을 방송에 대한 진지한 비평으로 받아들일 수 없다는 주장도 제기되었다.

사실 1970년대까지 방송에 대한 진지한 비평은 찾아보기 어렵다. 1972년 매스컴 세미나에서 "방송드라마도 작품이냐"는 문제가 나와 논란을 일으킨 적이 있다. "무턱대고 인쇄매체의 내용은 수준이 있는 것이고 그것이라야 평론의 가치가 있다는 사고방식은 버려야 하며", "방송을 단순한 흥미물 정도로 가볍게 인식하고 취급하는 것은 위험한 사고"라는 점이 지적되기도 했다(신문과 방송, 1974. 3, 96-97쪽).

진지한 애정과 고민이 없는 피상적인 비판은 문자적인 지식인이 방송에 대해 갖는 본능적인 거부감이었을 수도 있고, 더더구나 텔레비전이 신문을 압도하는 상황에서 인쇄매체가 전파매체에 갖는 경계였을 수도 있다. 이 때문에 이러한 종류의 비판에 대한 거부감 또한 만만치 않았던 것도 사실이다.

> 그리그리 하여서 어찌어찌 하다가 발언할 기회가 있는 사람들은 앞을 다투어 "1일 *개의 홍수", "저차원", "비생산적인 시간낭비", "TV중독", "사회교육적 문제", "통속사극으로 전락" 등등 스포츠 중계방송을 하듯이 열렬히 떠들어대 마지 않는다. 그러니까 그 여론과 중론이 파급되어 전체국민의 소리로 표현되고 민감한 행정당국에서는 "아, 이러면 안 되겠다" 싶어 주무장관이 친히 "TV드라마"를 줄이도록 하라고 진기하기 짝이 없는 성명을 발표하기에 이른 것이다.
>
> ……대중매개체라는 점에서 드라마는 한국의 식자층에게 일단 만화라는 인식을 뿌리깊게 박고 있기 때문이다. 그래서 그러한 풍토위에서 감상과 비난과 비평이 형성되기 때문이다. 더 형편없이 보잘것 없고 더러운 윤리, 더러운 가치관을 다룬 것이 대부분의 신문연재소설인데 일찌기 그런 작품에 대해서는 저질논란 한마디 없었다. 그러면 신문이 그처럼 대중매개체로서의 자격이 결여되어 있었다는 얘기가 된다. 과연 그것이 옳은가 신문은 일부 전문인에게만 읽히는 것이, 방송만이 전 가족에게 개방되는 것이란 말인가. (김광남, 1974, 106쪽, 109쪽)

TV에 관한 이야기만 나왔다 하면 바보상자 운운을 비롯하여 마지막 비판에는 드라마 작가의 부재니 양식이니 큰 탈이니로 이야기가 맺어지는 상 싶다. 신문이고 잡지고 어디서고 TV자만 봐도 또 그 얘긴가 외면하게 된다. TV드라마 평론이라는 게 가끔씩 신문에 나는데 이것도 내 작품이고 남의 작품이고 간에 읽고 나서 즐겁지 않은 예가 더 많다.

……모두들 그런 식으로 그 나름대로 사명감을 갖고 글을 쓰고 있는 것이다. 우리가 사명감을 갖고 일하는 만큼 평자도 애정을 갖고 평론에 임해야 마땅한 게 아닌가. TV가 바보상자라 해서 거기에서 일하는 사람들까지 바보취급을 해서는 안될 것이며 방송에의 근본적인 애정이 없는 사람은 평자의 자격도 없다.

물론 우리가 평자를 위해서 글을 쓰는 게 아닌 만큼 이런 글로 원고지를 더 메울 필요조차 없겠으나 가만 보자하니 우리 측은 언제나 동네북이 되어 마땅하고 북이나 두들겨 맞아 마땅한 것으로 알고 자기 그날 기분에 따라 마구 신경질을 내고 꼬집고 할퀴는 게 못마땅한 거다. 그러고 보니 나도 제법 신경질을 부린 셈인데 모든 것에 대한 사랑이 부족한 탓이다. 신경질쯤 받아주고 맞는 소리 할 때 정신 좀 차려주고 좋은 얘기해줬을 때 즐거우면 될 것을.

그러나 한 마디하고 싶은 사발팔방 휘돌아 보아라. 방송드라마 작가만이 부재인가. 가슴 뻐근하게 우리가 정말 감동할 만한 작품들이 어디 어느 구석에 그리도 많단 말인가.(동아일보, 1977. 10. 25, 5면)

1970년대에 텔레비전에 쏟아졌던 수많은 비판과 저질시비의 성격은 이후의 전개에 있어 몇 가지 중요한 영향을 지닌다. 우선 비판을 하는 사람이 진지하지 않았던 탓에 그 비판을 받아들이는 쪽도 진지하지 못했다는 것이다. 이는 강제력이 행사될 경우 그것을 최소한으로 수용하기는 하겠지만 그 비판이 현실성을 감안한 것이 아니기 때문에 전면적으로 받아들이고 공유하는 태도를 불러일으킬 수는 없었다는 점이다.

둘째로, 평면적이고 피상적인 비판은 다만 '비판이 많다'는 여론으로 전환되어 정부의 개입에 대한 어떤 반론도 제기할 수 없는 정당성을 부여했다.

셋째로, 비판의 초점이 텔레비전 프로그램의 도덕성에 맞추어져 있었던 까닭에 '텔레비전의 내용 즉 메시지만 제대로 만들면 된다'는 인식을 제공하여 텔레비전이 최고의 미디어로 자리 잡은 이후에도 텔레비전 매체에 대한 성찰을 할 수 있는 기회가 없었다는 점이다. 결론적으로 빗발치는 비판 속에서도 텔레비전 매체 자체는 문제가 없는 것으로 여겨졌고 그 메시지만 통제한다면 애초에 텔레비전에 걸었던 근대적 매체로서의 역할을 충실히 수행할 수 있을 것이라는 담론이 지배적이었다는 것이다.

텔레비전에 대한 비판은 텔레비전 방송이 자리를 잡아가고 더욱이 3사의 경쟁구도로 굳혀지면서 나타났다. 텔레비전이 애초에 기대했던 방향, 즉 국가의 경제발전에 충실한 매체로 안주하지 않고, 기대하지 않았던 효과를 나타내면서 다른 길로 가는 모습에 대한 견제였다고 할 수 있다. 물론 신문이 이를 주도한 것은 광고시장을 놓고 텔레비전이 위협적으로 성장했기 때문이었고, 지식인들의 비판은 텔레비전 자체를 진지한 비판의 대상으로도 여기지 않는 공허한 것이었지만, 이러한 비판들은 다른 길로 커져나가는 텔레비전에 대한 정부의 우려와 맞아 떨어지는 것이었고 이후 정부의 규제에 대한 더할 나위 없는 정당성을 부여했다는 점에서 중요하다.

이러한 맥락에서 텔레비전에 대한 비판은 텔레비전과 우리 사회의 관계에 대한 진지한 성찰로 이어지기보다는 저질적인 내용을 고쳐서 다시 바른 길로 인도해야 한다는 논의로 되돌아갔다. 그것이 어쩌면 텔레비전에 대한 중요한 성찰의 기회가 되었을 수도 있는 텔레비전에 대한 비판과 문제제기를 '미디어는 여전히 문제없고 메시지가 문제'라는 애초의 시각으로 되돌린 것으로 보인다. 메시지에 국한된 비판은 자연스럽게 메시지를 교정하려는 정부의 규제로 나타난다.

텔레비전의 저질시비의 핵심은 아무래도 드라마였는데, 드라마를 둘러싼 논란은 대체로 무엇 때문에 드라마의 내용이 저질적으로 되었고 그 책임을 누가질 것인가 등을 중심으로 한 것이었다(동아일보, 1974. 5. 28, 4면; 1977. 10. 26, 5면; 1979. 2. 24, 5면).

드라마 비판론, 드라마 책임론 등에서도 보이는 재미있는 사실은 드라마의 저질스러운 내용을 문제 삼고 있지 드라마 자체를 문제 삼지는 않는다는 것이다. 드라마 내용의 수준을 높이면 된다는 생각이다. 물론 주간극과 일일극을 포함한 드라마의 편수가 너무 많아 그 수를 제한하기는 했지만, 드라마를 두고 계속되는 방송사와의 실랑이에도 불구하고 드라마를 부정한 적은 없었다. 오히려 정부는 저질스러운 드라마에 맞서 저질스럽지 않은 드라마를 만들 것을 요구했었고 그것이 '반공극', '민족사관정립극', '새마을 드라마' 등으로 나타났던 것이다. 코미디가 저질이라는 비판이 일자 코미디 자체를 없애려고 했던 시도와는 큰 차이를 보여주는 대목이다.

일반 대중을 동원하는 데 텔레비전이 가장 강력한 매체라고 여겨졌듯이, 바로 그들과 소통하는 데 드라마라는 형식이 가장 유용하다는 현실을 인정할 수밖에 없었던 것이라고도 여겨진다. 그 상대편에는 열악한 조건 속에서도 결코 포기하지 않고 승부수를 드라마에 두었던 방송사들과 저질, 퇴폐, 획일성 등의 수많은 비판을 등에 업고 벌였던 그들 간의 치열한 싸움이 있었다. 정부의 의도는 바로 그 드라마 속에 자신이 원하는 메시지를 담고자 하는 것이었다.

비단 70년대의 텔레비전 비판론에서뿐만 아니라 텔레비전 도입 때부터 시종일관되게 경직된 사고패턴과 일종의 이분법이 존재해 왔던 것 같다. 그 하나는 텔레비전은 강한 것이며 따라서 사용하기에 따라 천사도 악마도 될 수 있는 것이라는 생각이다. 텔레비전이 어떤 것이며 무엇을 할 수 있는 매체인가라는 생각은 극히 드물었다는 것이다. 이것은 자연스럽게 텔레비전 위의 어떤 목적을 위해 텔레비전을 수단시하기도 하고 또 그 목적을 위해 텔레비전이라는 매체와 그 메시지를 분리시키기도 한다. 또 이러한 분리는 텔레비전이 자기실현을 위해 담고자 하는 다양한 내용들을 일종의 표준화된 샘플로 제한하기도 하고 텔레비전과는 전혀 어울리지 않는 내용을 담게 하기도 한다.

이것은 일종의 아이러니를 낳는다. 정해진 메시지를 꽉 채워 담을 수 없는 텔레비전에 그러한 핫한 메시지를 강요함으로써 텔레비전을 부정하는 식의 것이 그것이다. 가령, 텔레비전의 본래적 특성을 오락이라 하면서 오락은 말고 교양을 하라며 텔레비전을 부정하는 것이나, 혹은 오락은 인정하되 보다 근엄하고 교양적인 오락을 강요함으로써 오락 자체를 부정하는 아이러니가 그것이다.

다시 말해서, "꾀고리를 향해 날개를, 공작을 향해 울음소리를 탓하는" 것이 텔레비전에 대한 근엄한 분들의 힐책이라는 것이다(이어령, 1968, 46쪽). 오락과 교훈을 나누어 이것 아니면 저것이라는 태도가 유희, 즉 플레이(play)의 잠재력에 대한 몰이해에서 나온 것이라며 한국의 오락방송이 플레이가 되지 못하는 것이 오히려 문제라고 지적하기도 한다. "한국의 연예 오락방송은 건실하게 만들려고 할 때에는 지나친 교훈성이, 반대의 경우에는 차마 볼 수 없는 도덕적인 오락성이 그대로 노출"된다며 "오락적 요소와 교훈적 요소를 다 같이 초월한 데에 비로소 선악을 초월한(어린이다운) 순수한 즐거움이 있는 것인데 우리의 그 프로엔 천사의 놀이 아니면 악마의 놀이에서 벗어나지 못하고 있다"는 것이다(앞의 글, 47쪽).

결국 메시지를 향한 도덕적인 비판은 과녁이 잘 조준되지 못한 것일 수 있다. 이는 메시지를 개선하려는 시도가 실질적인 성과를 거두지 못했다는 점에서도 알 수 있다. 텔레비전 메시지에 대한 비판은 텔레비전에 대한 비판이 아니었다는 말이다. 가령, 모든 매스미디어는 궁극적으로 사람들을 개인적인 직접체험으로부터 소외시키고 있는데 한국에서 텔레비전에 대한 비판의 주 내용이 인간의 소외나 수동적 행동자세에 관한 것보다는 도덕적인 측면에 집중된다는 것이 지적되기도 하였다(임상원, 1978, 265쪽). 이것은 "텔레비전 매체의 전반적인 성격에 대한 것이기보다 텔레비전 매체 자체는 긍정적으로 인정하면서 단지 그 내용의 일부분을 비판하는 한정된 성격의 것"이고, 다른 말로 하면 대중문화 비판이 "대중문화 자체에 대한 것이 아니라 그것은 인정하면서 대중문화의 수준이 너무 낮은 것을 비판하는 것"이라는 것이다(앞의 글, 265-267쪽).

앞에서도 논의했듯이 미디어와 메시지는 분리할 수 있는 것이 아니다. 그것이 "미디어는 메시지"라는 말의 의미이다. 텔레비전이라는 매체는 아무런 악영향을 미치지 않는데, 그 안에 담긴 내용이 저질이어서 텔레비전 문화가 저질적으로 된다는 말이 맞지 않는다는 것이다. 반대로 텔레비전이라는 매체는 정서적 소구력을 지니고 있기 때문에 거기에 소기의 목적을 충족시키는 메시지를 핫하게 밀어 넣기만 한다면 그 정서적 소구력과 핫하게 채워진 메시지가 결합하여 엄청난 효과를 나타낼 것이라는 기대도 맞지 않는 것이었다. 핫하게 메시지가 채워졌을 때 텔레비전의 정서적 소구력은 더 이상 발휘되지 않고 엉뚱한 것이 되어버리기 때문이다.

텔레비전은 그 자체로 미디어이자 자신이 자연스럽게 발화하는 메시지이다. 그 둘은 유기적으로 결합되어 있어서 어느 하나를 분리하거나 변형할 경우 자신의 본래의 성격을 유지하지 못하는 그 어떤 것이다. 가령 스피치를 할 때의 "격(decorum)"이라는 것이 이에 대한 적절한 비유가 될 것이다. 조문을 할 때나 축하를 할 때, 혹은 야단을 칠 때나 칭찬을 할 때 각 상황에서 그에 적절한 말, 즉 스피치의 수행은 그에 적절한 형식과 내용이 결합될 때만 성공적으로 이루어진다. A라는 격의 형식으로 B의 내용을 말할 때 그것은 이도 저도 아닌 엉뚱한 것이 되어버린다는 것이다. 분리할 수 없는 것을 분리하여 다른 성격의 어떤 것으로 만들고자 한 시도와 그것의 어긋난 결과는 다음 절에서 살펴볼 것이다.

3. 핫(hot)한 메시지와 쿨(cool)한 미디어 간의 갈등: 텔레비전 규제의 성격(Do와 Don't)과 그 결과

1) 핫(hot)한 텔레비전 만들기

(1) 유신체제의 성격과 텔레비전 규제의 특징

1970년대는 정부가 텔레비전의 소위 '저질 프로그램' 단속에 적극적으로 나섰던 시기이다. 1970년대는 또한 국면적으로 유신체제의 폭압적인 시기이기도 했던바 유신체제의 성격은 텔레비전에의 강력한 개입의 배경논리를 이룬다. 간략히 설명하면, 유신체제는 "국가―〉국민으로 이어지는 수직적 커뮤니케이션이 지배하는 매우 경직된 국민동원체제였고, 협소한 기술합리성으로 일원화된 폐쇄적 체제였다. 따라서 언론정책은 각 미디어 간 세부적 차이는 있었지만 이러한 체제이념을 적극 뒷받침하는 형태로 이루어졌고 그 결과는 이후의 구조에도 큰 역사적 강제력으로 남게 되었다"(조항제, 1994, 45쪽).

유신체제는 1971년 12월에 선포된 국가비상사태로부터 시작하여 유신헌법을 전후하여 나온 일련의 법 개정과 공공정책들에 구체화된 체제운영의 새로운 방식(한상진, 1988, 129-30쪽)이라 할 수 있다. 그 정치적 사회적 결과로 제3공화국까지 제한적으로나마 유효했던 의회민주주의의 원리들이 부정되었고, 대통령의 장기집권과 절대 권력이 제도적으로 확보되었다. 독점자본의 경제 지배력이 더욱 확대되었고 사회의 군사화와 아울러 안보이데올로기가 더욱 강화되기도 하였다.

언론 및 방송정책과 관련하여서는 유신체제의 사회정책의 성격을 짚어볼 수 있겠는데, 국가보위법에서부터 민중부문의 집단적 행동을 금지하는 입법을 취하면서 사회갈등을 엄격히 규제하였다는 것이 가장 큰 특징이라 할 수 있다. 즉, '민족중흥에의 길'은 오직 경제성장과 국민총화로만 달성될 수 있기 때문에 이를 해치는 사회적 잡음과 혼란을 극소화하고 정치적 낭비를 제거한다는 것이다. 이로써 대단히 경직된 사회분위기가 형성되었다.

아울러 유신체제는 비대화된 기술합리성의 필요와 정당성 결여의 강박관념으로 끊임없이 국민을 동원해야 했고, 여기에 인위적인 권장체계를 설정하였다. 국민총화, 한국적 민주주의, 주체성의 회복을 통한 전통적 규범문화의 창달 등이 그것이다. 따라서 "유신체제는 한편으로는 민중의 수평적 연대체계를 전혀 허용하지 않으면서 다른 한편으로는 인위적으로 국민을 동원해야 했던 매우 비탄력적인 국민동원체제였다"(앞의 글, 48-49쪽). 이러한 상황조건은 한편으로는 도구적 합리성의 극대화로 치닫고 다른 한편으로는 비합리적 동원이 요구되는 패러독스한 것이었다.

유신체제의 구현은 신문과 방송의 경우 상이한 정책과 결과를 낳게 된다. 신문의 경우 보도내용의 규제와 기자 자격심사 및 취재제한 등의 통제, 그리고 신문면수 제한 등은 이 시기의 대체적인 신문축소 정책과 함께 신문 활로의 변경을 낳는다. 즉, 신문에 대한 통제의 테두리가 정치적인 면에 대해 만들어진 것이었기 때문에 신문은 그간의 존재이유이자 기능이었던 정치적 실천으로부터 방향을 선회하여 상업화의 경향으로 나아가게 된다. 신문의 상업화 경향은 정부가 유도한 것이라는 평가를 받기도 하는데, 어쨌든 정부의 통제와 신문의 활로모색의 타협점이었다는 점은 틀림이 없는 것 같다.

텔레비전의 경우 당시 보도기능이 매우 미약했고 의견기능이 인정되고 있지 않았던 터였다. 설사 보도, 의견기능이 인정되었다 하더라도 한국에서의 방송국의 태생적 성격과 국영방송이 엄존하고 있던 상황에서 정치적인 면에서 텔레비전을 규제할 필요성은 거의 없었다. 정부가 개입해 들어온 부분은 오락부분으로 이것이, 신문과는 달리, 텔레비전의 시장 내 자기실현과 갈등을 야기하는 특징을 갖는다.

신문과 방송에 대한 유신체제의 상이한 정책 및 결과는 1970년대에 동전의 양면처럼 공존했던 모순적인 문화적 풍조를 상기케 한다. 한편으로는 상업화의 길로 내몰면서 다른 한편으로는 그것을 제한하고 교양을 강조한 것이 바로 그것이다. 엄숙주의에 가까운 문화적 담론의 한편에서 향락주의라는 1970년대를 대표하는 문화적 풍조가 함께 자리하고 있었다는 사실은(김승현/한진만, 2001, 57쪽) 조화롭지 않은 생경한 풍조의 병치라는 이 시기의 기이한 분위기를 잘 설명해 준다.

(2) 한국방송공사법과 방송법 개정

1972년 12월 30일 유신체제하의 비상국무회의는 한국방송공사법을 공포하여 정부 직할 체제이던 KBS를 공영화하고 한국방송공사를 발족시킨다. 윤주영 문공부 장관은 이러한 결정에 대해 "국영이기 때문에 야기되는 현 KBS의 불합리하고 비능률적인 요인을 시정하고 보다 우수한 프로를 제작하여 방송의 시대적 사명과 문화향상에 이바지하기 위해 공사로 개편한 것"이라고 밝힌 바 있다(동아일보, 1972. 12. 23, 1면). 그러나 윤장관의 발표에서도 알 수 있듯이, KBS 공사화의 의미는 관청식 경영의 문제를 해결하기 위한 결정이었지 KBS의 성격을 국영에서 공영방송으로 바꾸고자 함은 아니었다.[42]

실제로 방송공사법은 민주당 시절에 발의되었다가 '비민주적'이라 해서 방송계의 총반격을 받고 결국 유산된 〈방송관리법안〉과 그 내용이 비슷했다. 일본 NHK를 지향한다 했지만 NHK나 BBC의 최고 의사결정기관인 경영위원회와 같은 기관은 아예 없었고, NHK나 BBC의 경우는

---

[42] KBS의 조직과 경영의 문제가 계속 지적되면서 KBS를 국영으로 놓아둘 것인가에 대한 논의는 계속 있어 왔다. 그러나 공영화를 내놓고 주장하는 사람은 없었고 KBS 실무자 차원에서 나온 안이 전매청과 같은 '방송청' 설치안 정도였다. 윤주영 문공부장관의 대담한 발상으로 공영화가 착수되어 국가비상사태가 선언된 직후인 1971년 말 별다른 관심도 논란도 없이 공포되었다(정순일, 1991, 207-209쪽).

경영위원이 사장을 임명하게 되어 있지만 KBS 사장은 문화공보부 장관의 제청으로 대통령이, KBS 이사는 사장의 제청으로 문화공보부 장관이 임명하게 되어 있었다.

결과적으로 1973년 3월 3일 서둘러 출범한 한국방송공사는 국영방송의 기업화라는 것에는 틀림없었지만 제도상의 공영화와는 동떨어진 것이었다. 우선 공적으로 선임된 의사결정기관이 없었고, 인사의 독립성이 마련되지 못했다. 또한 출자, 운영, 예산 등 재원 및 경영활동의 모든 측면에서 문화공보부의 감독과 규제를 받게 되어 있었다. 따라서 편성과 프로그램 제작 일부, 하위직 인사 정도를 제외하고는 자율성이 전혀 없는, "국가가 대리인을 통해 운영하는 일반 공기업"과 차이가 없었다(조항제, 1994, 83쪽).

따라서 KBS의 변화는 정부의 통제력을 줄이지 않는 가운데 조직 내부의 효율화, 전문화를 통해 시청자에 대한 공영방송의 영향력을 강화한다는 목표에서는 크게 벗어나지 않는 것이었다. 실제로 KBS는 1975년 3월 개편에서 연예 오락프로를 30%에서 11%로 줄이는 한편 정부시책홍보방송을 28%에서 45%로 크게 늘린 바 있다. 이는 이원경 문공부장관이 박대통령의 문공부 연두순시에서 보고한 내용으로 안보와 유신체제의 확립을 위한 필요에서 나온 것이라며 반공프로 및 경제적 난국해결, 새마을운동, 그리고 주체적 민족사관 확립을 위해 KBS를 활용하겠다고 밝혔다(동아일보, 1975. 2. 22, 5면). 공영화한 위상과는 무관하게 당시 전(全) 텔레비전 방송에 대한 정부의 방침을 가장 먼저 그리고 가장 쉽게 펼 수 있었던 것이 KBS이었다.

1973년 2월 6일 비상국무회의는 헌법위원회 법안 등 12개 법안을 각각 의결했는데 그 가운데 방송법 개정안도 들어있었다. 개정된 방송법의 골자는 ①각 방송국에 심의실을 두고, 사전에 반드시 프로그램을 심의한 뒤에, 한달에 한번씩 문공부 장관에게 보고해야 하고, ②방송윤리위원회를 구성해서 방송된 프로그램을 철저히 심의하고 방송의 질을 높여야 하며, ③각 방송국이 방송윤리위원회의 심의 결정을 이행하지 않을 때는 문공부 장관에게 그 이행을 위한 시정 명령권을 부여해서 방송국이 이 시정 명령을 이행하지 않을 때는 3년마다 행하는 방송국 재허가를 유보할 수 있도록 규정하고 있다. 이 밖에 과다한 광고방송을 규제하기 위해 광고방송 시간과 회수를 대통령령으로 제한할 수 있게 하고 벌칙을 대폭 강화했다(정순일, 1991, 214쪽).

주목할 일은 당시의 일간지들이 "……이번에 개정된 방송법이 방송 프로그램의 윤리적·교육적 내용의 규제를 강화한다는 데에는 원칙적으로 이의를 제기할 사람은 없다고 본다. 그러나 문제가 되고 있는 프로그램 내용이 국기나 국시를 흔드는 정치적·이데올로기적인 측면이 아니라 주로 연예·오락 및 사회 풍속적인 측면에 관한 것임을 볼 때에 이에 대한 규제는 외부로부터의 강제적인 법에 의한 규제보다는 진정 방송계 내부로부터 자발적·자율적인 규제가 적합하며 먼눈으로 볼 때에는 그것이 더욱 효과적임을 잊어서는 안 될 것이다"라고 두리 뭉실하면서 원칙적으로 받아들이는 논평을 하고 있었다는 점이다(앞의 글). 물론 이에 대해 왈가왈부 할 수 없었던 당시의 시대적인 상황이 있었지만 이로써 1970년대 정부의 방송개입의 법적 정비가 마무리되었고, 문공부의 의지 하에 있었던 방송윤리위원회의 활동을 통한 방송의 규제가 펼쳐진다.

1973년의 방송법 개정은 우선 편성기준의 측면에서 기존의 교육·교양방송을 교양방송으로 단일화하고, 교양방송의 구성을 20% 이상에서 30% 이상으로 상향조정하였다. 프로그램 분류에 있어서는 기존의 '삼분류'를 그대로 따르면서 교육방송 부분만 없앴다. 프로그램 분류의 기준해설(방송법 시행령 제9조)을 보면 교양방송의 경우 "민족문화의 계승발전을 목적으로"를 따로 덧붙이고, 오락방송에서는 "국민정서의 함양"을 부가하여 방송의 목적을 보다 분명히 했다. 이러한 목적의식적 명확성은 방송윤리기준, 연도별 방송윤리심의방침, 개별 프로그램의 정화기준 등 하위기준에도 연속적으로 반영됨으로써 방송프로그램의 표현의 한계와 권장사항을 고취하였다.

그러나 이러한 프로그램의 분류는 그 기준이 모호하고 방송사의 자의적 분류가 가능하기 때문에 그 실효성을 갖기 어려웠다. 보도·교양·오락으로 프로그램을 삼분하여 명문화하는 것도 그렇지만 삼분된 프로그램의 일정한 편성을 강제하는 것은 "특정 유형의 프로그램이 편중되어 편성되는 것을 법적으로 규제"한다는 목적과는 이율배반적이게도 그 분류기준이 "너무나 포괄적이고 애매모호하며 어떤 의미에서는 채널별로 특성화를 추구하는 것을 법적으로 규제"하는 모순을 안고 있는 것이었다(한진만, 1989, 7쪽). 이후의 시청률 경쟁으로 인해 각 방송사들은 종종 이러한 프로그램 비율을 어기기 일쑤였고, 이 때문에 방송법 개정 이후에도 프로그램에 대한 각종 조치가 뒤따르게 되었다.

임의단체에 불과했던 방송윤리위원회는 방송법 개정과 함께 법정 자율단체로 일정한 강제성을 발휘할 수 있게 되었다. 법정 자율단체라는 '방윤'의 존립근거는 법이 스스로 설치하고 그 활동을 감시한다는 것으로 그 활동이 자율성이나 독립성을 가지기 어려운 것이었다. 정부의 시책에 동조하고 이를 충실하게 수행하는 역할이 처음부터 주어져 있었던 것이다(조항제, 1994, 98쪽). 문공부의 각종 지침과 방윤의 심의준칙이 서로 갈등하지 않은 데에는 이러한 바탕이 있었다.

방송윤리위원회는 우선 1973년 기존의 방송윤리규정을 개정하고 1975년에는 그간 결정되었던 사항들을 묶어 다시 심의준칙을 발표한다. 이 심의준칙은 그간 심의의 주요 결정사항들을 묶어 방송윤리규정 형태로 성문화한 것이라 할 수 있다. 1970년대에 있었던 방송윤리위원회의 방송윤리심의에 관한 주요 결정사항은 아래의 표와 같다.

<표 7> 방송윤리위원회의 방송윤리심의에 관한 주요 결정사항
(1973. 4 - 1979. 5)

번 호	연 월 일	결정 사항
	1973. 3. 30	**개정된 방송윤리규정 발표**
	1975. 4. 29	**방송윤리심의준칙 발표**
1	1976. 1. 22	방송금지가요(월북작가의 작품)에 관한 권고 결정
2	1976. 1. 30	대마초 관련 연예인 제재에 관한 결정
3	1976. 4. 16	방송출연 정지 작가의 작품 방송금지 결정
4	〃	방송금지가요의 기악연주(경음악)에 관한 권고 결정
5	1976. 7. 8	방송출연자의 장발 심의기준 결정
6	1977. 5. 19	방송프로그램 제공 아나운스멘트 및 상품소개 내용에 관한 권고 결정
7	1977. 6. 24	방송극의 방송기준 결정
8	1977. 9. 8	어린이 프로그램의 개선을 위한 권고 결정
9	1977. 12. 15	방송극 정화를 위한 권고 결정(혼전동거, 혼외임신 등)
10	1978. 3. 9	호화사치성 방송내용의 억제 권고 결정
11	1978. 7. 6	방송언어 순화를 위한 권고 결정
12	1978. 11. 2	운동경기 방송용어 순화에 관한 권고 결정
13	1979. 2. 15	건전방송 강화를 위한 권고 결정
14	1979. 3. 2	방송에서의 사투리 정화를 위한 권고 결정
15	1979. 5. 10	수사물 방송드라마(특히 라디오) 정화에 관한 권고 결정

*고딕은 포괄적 기준
*출처: 제일기획(1980, 549-552쪽)

방송위원회의 심의기준과 결정사항들은 주로 '오락프로그램에 대한 도덕적인 결정'이라는 데 그 특징이 있다. 도덕적인 결정이라 함은 1970년대에 있었던 문공부의 각종 지침들의 연장선상에서 텔레비전 오락프로그램이 "해야 할 것", 즉 권고사항과 "하지 말아야 할 것", 즉 표현의 한계를 정해주는 것이라는 의미이다. 이러한 기준을 정하는 당국의 의도는 물론 당시의 국가적인 지향과 목표에 부응하는 사회의 이미지만을 제공하겠다는 것이라 해석할 수 있다.

그러나 텔레비전이라는 매체를 통해서, 그것도 텔레비전의 전반적인

프로그램이라 할 수 있는 오락프로그램을 총괄하면서 그것을 실현하고
자 한 의도는 애초에 아귀가 맞지 않는 것이었다. "하지 말아야 할 것"
들을 모두 피해가면서 "해야 할 것"을 담는다는 것은 텔레비전의 상업
성을 부정하는 것일 뿐 아니라 텔레비전 매체 자체의 특징을 부정하는
것이었다. 텔레비전은 정해진 테두리 내에서 정해진 메시지를 담는 핫한
매체일 수 없다는 의미에서 그러하다.

　가령 1977년의 방송극 정화기준은 방송드라마에서 다음의 사항들을
금지하는 것이었다(정순일/장한성, 2001, 107-108쪽).

① 무분별한 남녀간의 애정관계나 환락, 윤락가의 일들을 소재로 하거
　나 지나치게 묘사 부각시키는 내용
② 가정의 고부간, 부부간, 기타 가족성원 간의 갈등을 지나치게 묘사
　함으로써 혼인제도와 가정생활을 해칠 우려가 있는 내용
③ 등장인물을 무절제하게 비생산적인 것으로 묘사하거나 지역 간, 계
　층 간의 감정을 유발케 하는 내용
④ 범죄 수사물을 흥미위주로 다루거나 관능적인 남녀관계, 치정, 지
　나친 폭력 등을 묘사하는 내용
⑤ 어린이와 청소년의 품성과 정서를 해칠 우려가 있는 방송극에 그
　들을 배역하거나 소재로 하는 내용
⑥ 사치스런 무대, 장치, 소품, 의상 등으로 호화스러운 생활을 묘사하
　는 내용

　위의 내용 가운데 ①, ④, ⑥은 방송극을 규제하는 거의 모든 기준에
서 반복되고 있다. 1979년 건전방송 강화의 경우는 이 밖에 출연자의 의
상, 동작, 자태, 방송용어, 방송극 및 코미디, 게임프로그램 등에서의 여
러 금지사항들을 재확인하고 있다.

　이는 광고방송에도 적용되는 것으로서 방송윤리위원회가 발표한 1976

년의 '광고방송물 정화', 1979년의 '건전생활화 광고기준'은 포괄적으로 광고방송의 지침을 정하는 것이라 할 수 있다. 이러한 기준의 특징은 상품거래질서의 차원에서가 아니라 광고에 있어서까지 공덕심의 함양과 생활기풍의 건전화를 꾀하고 있다는 것이다(조항제, 1994, 97쪽).

따라서 사치스러운 의상, 자극적인 동작, 호화스러운 무대 등 광고의 표현 하나 하나까지 규제하고 있다. 여기에 더하여 광고문안 및 광고화면에 반드시 소비절약 캠페인을 위한 슬로건이나 자연보호 캠페인 등을 삽입해야만 방송될 수 있다는 조치도 함께 취해졌다. 이 캠페인은 낭비, 사치억제, 근검절약, 저축, 절전, 유류절약 등을 주제로 하였다. 이렇게 제작된 광고물은 1개 프로그램당 4-10등분에 판매되어 한 프로그램에서 똑같은 메시지가 10-15초 단위로 반복되는 결과를 가져왔고, 본 프로그램 중에 자막삽입이나 ID 화면, 공공스파트를 통한 방송국 자체의 캠페인까지 겹쳐 온 방송이 절약, 절전 캠페인 일색이 되는 지경에 이르기도 했다.(제일기획, 1980, 220-221쪽)

이러한 방송윤리위원회의 기준들은 대부분 정부의 홍보 슬로건을 반복하는 것이었다. 이에 비하여 방송윤리위원회의 구속력은, 그것이 당국의 매개를 거쳐야 한다는 데서, 또 그 결정이 자율적인 준수를 요구한다는 측면에서, 그렇게 크지는 못했다. 더욱이 당시 텔레비전 시장의 성격이 이러한 도덕적 결정사항을 충족시킬 수 없는 형편이었기 때문에 방송윤리위원회의 결정은 벌금형이나 재허가 유보 등 법으로 규정되어 있는 것을 따르기보다는 당국의 편성 및 프로그램에 대한 여러 법외적 조치들을 결과하였고, 결국 당국의 방송사에 대한 보다 구체적인 개입의 근거를 제공해주는 데 그치게 되었다(조항제, 1994, 99쪽). 텔레비전이 제도화되는 과정에서 방송사 차원이나 자율기구의 차원이 배제되고 정부의 방송정책이 직접 개입될 수밖에 없었던 사정이 여기에 있었다.

(3) 법외적 조치들

텔레비전을 포함한 방송프로그램에 일종의 지침격의 법외적 조치가 처음으로 취해진 것은 1971년 6월 16일 윤주영 당시 문공부장관이 취임 후 가진 첫 기자회견이었다. 윤장관은 "최근 일부 방송프로가 조속한 외래풍조를 무분별하게 받아들여 퇴폐풍조를 확산시키고 있다는 국민의 지탄을 듣게 된 것은 유감된 일"이라고 말하고, "이러한 불건전한 프로는 배격되어야 할 것"이라고 강조했다. 특히 "외국에서도 병든 사회계층으로 암적 존재가 되어 있는 히피족을 일부 텔레비전 방송에서 출연시키고 있는 것은 개탄스러운 일"이라고 지적하면서, "이 같은 퇴폐적이고 사치성향이 높은 외래 풍조에 감염되지 않고 온 국민이 성실하고 근면하며 협동 단결하는 국민성을 함양해야 할 것"이라고 말했다(동아일보, 1971. 6. 16).

이와 함께 윤장관은 "방송이 전파매체라는 특성과 영향력때문에 어떤 다른 매체보다도 건전한 윤리관을 확립하여 정신근대화의 전위적인 사명을 다해야 한다"며 다음과 같은 방송정화방안을 제시했다(월간방송, 1971. 7/8, 11쪽).

〈방송내용의 품격 향상안〉(방송정화방안)
1. 국가와 민족의식
   ① 올바른 국가관과 민족관 고취
   ② 사익보다 국가이익의 우선
2. 문화품격 향상
   ① 민족문화의 전승발전
   ② 외래문화의 무분별 도입방지
   ③ 대중가요의 외국어 가사사용 억제
   ④ 저속, 저질 프로의 배제

3. 사회윤리 정립
　　① 공서양속 및 사회질서의 존중
　　② 히피, 광란 등을 추방하여 사회환경 정화
　　③ 퇴폐사조의 불식
　　④ 지나친 소비성향의 억제
　　⑤ 음난 또는 선정적 묘사방지
　　⑥ 성실, 근면, 협조, 단결심의 앙양
　　⑦ 사회명랑화 조성
4. 방송용어
　　① 바르고 고운말 보급으로 언어순화
　　② 사투리의 사용으로 지방감정 유발 방지
　　③ 지나친 외래어의 사용 억제

1971년 12얼 비상사태 선언과 함께 방송도 "언론의 사명을 다하고 확고한 국가관의 정립으로 국민총화의 선도적 역할을 다하기 위하여" 다음과 같은 방송의 기본적 자세를 선언하였다(월간방송, 1972. 1. 15쪽).

1. 방송보도
　　① 무책임한 안보논의로 국제적 화평무드를 오판하는 일이 없도록
　　　하자
　　② 안보문제에 대한 외신인용보도는 진중을 기하자
　　③ 군, 관, 민의 단합에 기여하도록 하자
　　④ 총동원체제 확립에 기여하는 안보언론의 자세를 확립하도록 하자
　　⑤ 정부와 국민 간의 일체감을 조성하는 데 기여하자
　　⑥ 대안없는 정책비판을 삼가하자
　　⑦ 각 지역 간의 소득격차 해소와 균형발전정책을 이해시키는 데
　　　노력하자

2. 경제
① 자립경제달성을 위한 대열에 국민이 참여하도록 선도하자
② 확실한 조사자료에 의한 보도를 원칙으로 하자

3. 사회
① 사회불안을 초래하는 과장보도를 지양하자
② 부정부패와 사회부조리의 일방적 폭로를 지양하자
③ 계급의식을 고취시키는 내용을 억제하여 국민총화에 기여하자
④ 명랑한 사회건설을 위해 계도적 보도에 치중하자
⑤ 퇴폐풍조 일소에 앞장서자

4. 제작
① 방송의 체질을 개선하여 오락방송에 있어서도 안보위주의 새 가
  치관을 확립하는 데 노력하자
② 퇴폐풍조와 안일무사주의를 추방하자
③ 소비성향을 지양하고 근면, 절약, 저축심을 고양하자
④ 불안요인을 제거하고 국민총화를 이룩하는 데 힘쓰자
⑤ 드라마에서는 빈부의 차이, 계급 간의 대립을 부각시키거나 지나
  치게 화려한 가옥이나 의상노출을 피하자
⑥ 코미디 프로에서는 공서양속을 해치는 내용을 지양하고 사투리
  로 지역감정을 유발시키지 않도록 유의하자
⑦ 음악방송에서는 눈물, 한숨, 광난, 히피 등의 저속하거나 퇴폐적
  인 내용은 일절 지양하자

　1972년 10월 유신 이후 방송사의 '자율적인 조치'를 통해 다음과 같은 구체적인 규제가 가해진다. ①프로그램의 주제 설정에 있어 국민정신이나 공서양속, 사회질서를 문란케 할 우려가 있는 것, ②음악에 있어 광란적 리듬이나 선율이 담긴 것, 과도한 노출의 쇼와 저속한 언행, 부도덕한 내용을 담은 것, ③내용이 퇴폐적이고 비관적인 것, ④비능률적인

요소가 담긴 것, ⑤폭력이나 살인, 선정적인 내용으로 청소년에게 악영향을 끼칠 우려가 있는 것 등을 피하는 것이 그것이다.

이에 따른 각 부문별 세부지침도 세워졌는데, 드라마부문에서는 ①멜로물의 삼각관계, 불륜, 가정파탄의 소재를 피할 것, ②사극에서는 흥미본위의 작품을 지양하고 역사적 사실의 왜곡이나 탄식, 비애, 체념 등을 담지 말 것, ③현대극은 중류 이상의 가정을 배경으로 삼는 것을 피하고 방언 등을 남용하지 말 것, ④다큐멘타리는 국론통일을 저해하는 정치적 사건의 소재를 다루지 말 것. 공개 쇼 프로그램 부문에서는 ①고고나 사이키 등 광란적인 가무, ②주체성을 외면하고 외국풍만 모방한 노래, ③장발족 출연 등을 극력 피할 것. 코미디 부문에서는 ①억지웃음을 강요하는 유치한 언행, ②애드리브에 의한 저속한 대화, ③아동교육에 악영향을 미칠 수 있는 작위적 언행을 피할 것. 음악부문에서는 ①눈물, 한숨, 체념을 노래한 대중가요, ②왜색가요, ③외국가요, ④광란적인 곡과 노래, ⑤특정 곡에 대한 계속적인 선곡을 지양하고 신청곡 전화는 받지 말 것 등이다(문화방송, 1992, 360-361쪽).

이와 함께 방송인들은 '비상방송회'를 결성하고 모두 유신방송에 나서야 하기도 했다(한국방송공사, 1977, 353쪽). 1972년 10월 17일부터 11월 21일까지 한 달 동안 문공부에서 모니터한 통계에 따르면 각 텔레비전의 유신관련 프로그램 회수는 678회에 이른다.

1973년 7월 16일 윤주영 문공부 장관이 다시 담화를 발표하고 "개정된 방송법의 취지가 충분히 반영되지 못하고 있다"고 지적하면서, 각 방송국은 일일연속극의 수를 감축 조정하고 문예물 및 시사교양물 등을 일일 한 편 이상 편성할 것 등 6개항을 조속히 실천하도록 촉구했다(동아일보, 1973. 7. 16, 7면). 또 "방송내용의 개선을 위한 담화"를 발표하고 현재 텔레비전 일일연속극이 도합 50여 편에 이르고 있으며 음악 연예물 등에도 퇴폐적인 경향이 남아있는 등 방송프로그램 편성에 개선해야 할 점이 많다고 지적하면서, ①명랑하고 건전한 사회기풍 조성을 선도하는 보도의 강화, ②문예물, 시사교양물 등을 1일 1편 이상 편성하고 방송법에 규정된 30% 이상의 교양방송에 충실, ③현재 방송중인 일일연속극의 수를 줄이고 그 제작의도를 시청자에게 공포하며 ④음악, 쇼, 공개방송 등에서 저속, 퇴폐요소를 배제하고 ⑤아침시간의 만화방송 등 어린이 교육에 해로운 편성을 지양하고 어린이 대상의 방송프로를 대폭 증설, ⑥각 방송국은 각자 심의실의 기능과 운영을 강화하고, ⑦농촌을 대상으로 한 드라마의 강화 등을 요구하게 된다.

이후 이러한 지침의 하달은 1974년 초기부터 문공부 주관 하에 재경 각 방송사 편성책임자들의 모임인 '새마을방송협의회'[43] 월례회의를 통해 이루어졌다(조항제, 1994, 109쪽). 이 회의에서는 방송법에 명시된 방송프로그램 종류별 비율의 준수와 아울러 이 같은 방송내용의 정화가 각사의 자율적 재량 하에 이루어지도록 하였다. 보다 구체적으로는 유신정책 및 안보총력 홍보를 위한 방송의 협조, 반공방송의 강화, 청소년 선도를 위한 각종 프로그램의 설정과 각종 방송캠페인 실시 등에 관한 협의가 이루어졌다.

1975년에 이르러 5월 23일에는 방송정화 및 언론부조리를 자율적으로 제거하겠다는 방송협회의 결의가 있었고 이와 함께 '방송정화실천요강'을 제정 발표하였다. 이는 1972년의 방송자율규제 지침을 보다 포괄적으로 정리한 내용으로 ①국가안보 위주의 방송편성 지향, ②공공질서 유지를 위한 방송의 선도적 역할, ③국민 상호간의 상부상조하는 정신을 진작시킨다는 기본편성방침하에 ①국론분열, ②주체성 저해, ③경제질서나 노사분규의 유발, ④전통적인 사관의 왜곡, ⑤퇴폐풍조의 조장과 같은 실천사항과 금지사항을 명시하고 있다(한국방송협회, 1997, 514-515쪽).

---

43) 이보다 앞서 1972년 4월 1일에 KBS가 새마을 방송 전담기구를 설치하여 새마을 홍보에 앞장을 섰고, 뒤이어 TBC와 MBC도 새마을 방송에 역점을 두던 중 문공부에서 '새마을 방송의 편의를 위해' 각사 관련국장으로 구성한 새마을방송협의회는 앞서 논의한 것과 마찬가지로 방송통제기구로서의 역할을 하게 된다(정순일/장한성, 2000, 89쪽).

1974년 9월 7일에는 추·동계 기본방송순서 개편에 맞춰 그 방향을 시달하였는데, 그에 따르면 드라마는 3편 이내로 하고 ①새마을정신의 생활화, ②퇴폐성이 가미될 우려가 있는 프로그램은 편성하지 말 것, ③텔레비전 외화 방영은 단순한 모방이나 호기심을 자극하는 내용을 지양, 건전하고 차원 높은 교양프로그램으로 강화, ④자라나는 2세들의 정서교육을 위해 어린이방송을 꼭 편성할 것, ⑤저속·퇴폐적인 라디오 대중가요를 대폭 감축하고 대신 교양프로그램을 강화할 것, ⑥방송법 및 그 시행령에 명시된 각 부문별 편성비율, 광고시간과 회수를 엄수할 것 등의 지침을 하달했다.

1975년 6월 30일에는 문공부가 긴급조치 9호에 따른 세부규정을 각 방송사에 통보하였는데, 그 내용은 방송내용의 사전심의 강화, 방송원고 녹음은 1년간, 녹화는 1개월간 보관토록 한 것이었다. 이 결과로 일일극이 다시 3편으로 줄고, 외화부문의 장발출연자 커트 등 일부 방송내용이 제한되기도 한다(문화방송, 1991, 372쪽).

1976년 1월 12일에는 프로그램 개편의 행정지도를 발표하고 세 방송사 모두 저녁 8시대에 20분짜리 사회교양프로그램을 신설할 것을 의무화하였다. 그 프로그램의 주제로는 ①반공, ②젊은이 선도, ③새마을운동, ④군의 사기양양, ⑤경제발전 등이었다. 이러한 행정지도의 이유는 지금까지 방송법 시행령 9조가 규정한 방송순서의 편성기준을 각 방송사가 지키지 않았다는 것이고 한 방송국에서 일일극이 하루에 4편 이상이나 되는 현실에 대한 제동이라 알려졌다.

이어 1976년 4월 12일에는 '국민교육매체화방침'(시간대 편성지침)에 따라 춘계 프로그램 개편 행정지도가 다시 단행되어 아예 편성표가 하달되었다. 이 방침은 종전의 10시 뉴스를 9시로 앞당겨 편성하고, 오락은 뉴스시간 이후로 하며 어린이 프로를 대폭 강화하고 7-8시 띠는 사회교양프로로 편성, 일일극은 2편 이내로 축소하는 것을 골자로 하고 있다.

〈표 8〉 1976년 문공부의 텔레비전 프로그램 편성지침

시 간 대	방송프로그램 종류
오후 6시	어린이 시간으로 통일
오후 7시	뉴스, 가족이 함께 볼 수 있는 건전 오락물로 편성(연예인 출연은 억제)
오후 8시	사회교양 프로그램과 건전 홈드라마 및 국난 극복의 영웅이나 명인을 주제로 한 시대 교양 드라마(소위 민족사관정립극, 민방의 경우) 또는 다큐멘터리(KBS)로 통일
오후 9시	30분간 뉴스로 통일. 9시 30분부터는 연예, 오락(일일극, 외화, 주간극 등), 일일극은 1일 2편만으로 제한
주 말	자유재량으로 한다

*출처: 정순일/장한성 2000, 115쪽

이외에도 이 지침에는 방송사 측에 대한 당국의 협조요청 사항이 포함되어 있었는데, 그중 중요한 것은 ①초저녁 6시대의 어린이 프로그램에 역사·교양물 편성을 의무화한 점과 ②건전가요 보급을 목적으로 하루 2건 이상의 건전가요를 의무적으로 방송하도록 한 점 등이다(이환의, 1976, 110쪽).

이 지침은 1977년 춘·하계 개편 시에 다시 8시대의 '민족사관정립극'을 반공이나 새마을을 주제로 한 현대물로, 7시대의 프로그램 중 하나를 국사교양물로 바꾸는 방침으로 다시 대체되었다. 또 1977년 추·동계 개편 시에는 코미디 프로그램을 편성중지하도록 지시하기도 하였다.

이러한 법외적 조치들의 성격은 추구해야 하는 방송의 이념적 가치로부터 편성, 프로그램의 종류, 프로그램의 세부적인 내용에까지 사실상 텔레비전의 거의 모든 장르를 규정하고 '규격화'하고자 한 것이었다. 집중적인 규제대상이었던 오락프로그램 속에는 드라마, 코미디, 외화, 음악, 쇼, 공개방송, 어린이 대상 만화 등 정책적 교양물을 제외한 사실상의 모든 텔레비전 장르들이 망라되어 있다. 1970년대의 많은 조치, 결정, 기

준들에 나타난 금지사항들은 '그것만 빼고 다른 것은 해도 된다'가 아니라 실질적으로 모든 프로그램의 내용을 부정하는 수준에 이른 것이었다. 그 금지사항들 대신에 들어가야 하는 권고사항들은 국가관, 민족혼의 제시, 새마을, 반공 등 한정된 이념적 메시지를 담고 있는 것이었다.

이러한 이념적 메시지들은 작게는 정권의 유지로부터 크게는 근대화 드라이브의 유지를 위해 구성된 것들이었다. 이념적 메시지들을 텔레비전에 담는 방법도 제시되었는데, '이러한 주제를' '어떠한 형식으로' '어떤 것을 소재로' '어떤 방향으로' 그리고 그러한 내용을 '언제' '얼만큼' 담아내며 '그 외의 이러저러한 다른 것들은 담지 말라'는 식의 핫한 방식으로 강요되었다.

마치 특정한 종류와 비율의 "투입(input)"으로 특정한 공정과정을 거쳐 특정한 "산출(output)"을 만들 수 있다는 식의 생각이었던바 그것은 분절적이고 기계적인 시각화된 사고방식과 일맥상통하는 것이었다. 이러한 메시지들로 텔레비전을 핫하게 채움으로써 텔레비전에 밀착되어 있는 일반대중들을 정부의 의도대로 이끌어갈 수 있다고 생각한 것이었다.

그러나 핫한 메시지의 강권은 텔레비전과의 관계에서도 또 일반 시청자와의 관계에서도 의도했던 결과를 낳지 못했다. 그것은 텔레비전이 핫한 매체가 아니었기 때문에 핫한 공정과정을 거쳐 만들어진 "산출물(output)"이 애초에 기대했던 효과를 낳을 수 없었기 때문이며, 또 일반 시청자들이 핫한 공정으로 만들어진 재미없고 텔레비전적이지 않은 텔레비전을 원하지 않았기 때문이다.

2) "해야 할 것(Do)"의 결과

(1) 교양편성 비율

개정된 방송법의 기본적인 주문은 교양방송을 강화하라는 것이었고,

70년대에 지속된 각종 조치들의 명분도 방송법이 규정한 교양방송의 비율을 지키지 않는다는 것이었다. 방송법 개정 이전에도 정부의 주문은 언제나 교양방송의 강화였다.

그러나 교양방송이나 그것이 기반하고 있는 이념적 근거인 공공성 등에 대한 인식이 명확하지 않은 채 계속 막연한 지시만 내렸기 때문에, 방송국들은 오락프로그램에 교양적 목표를 가미한다던가, 아니면 적극적인 홍보 프로그램의 편성으로 얼버무리는 식이었다. 실제로 KBS조차도 70년에는 오후 6시대의 어린이 시간대를 〈말과 소년〉 등 외화와 만화 〈손오공의 모험〉이 대부분을 차지했고, 교양프로그램은 오후 10시 대에 〈원탁의 대화〉, 〈생활백과〉, 〈인간승리〉, 〈TV응접실〉 등을 편성하고 1971년에는 〈총리와의 대화〉, 〈정책을 듣는다〉 등의 홍보프로그램의 고정편성으로 얼버무릴 정도였다(정순일/장한성, 2000, 98쪽).

10월 유신 이후 공사로 전환한 KBS는 편성의 방향을 정부시책의 홍보와 교양 프로그램의 강화, 재방송 프로그램과 외화의 대폭 감축, 새마을 사업 현장을 소개하는 대형 프로그램 제작의 강화로 잡고, 〈100억불의 고지〉, 〈민족이 걸어온 길〉, 〈명작의 고향〉 등을 신설하는 동시에 프로그램 사이에는 대통령 찬가를 배경음악으로 〈대통령 어록〉을 방송토록 했다(앞의 글, 99쪽). 민방인 TBC와 MBC는 교양프로그램을 밤 10시대에 몇 개 고정 편성하는 식의 소극적인 대응으로 임했다.

방송공사법에 의한 문공부의 감독권으로 골든아워에 교양방송 편성을 명령하여 오후 9시대에 각 부처 대변인이 소속 부처의 정책을 해설하는 〈오늘의 국정〉이 편성되기도 했으나, 각 부처의 준비부족에다 민방의 오락프로그램의 와중에서 KBS만 시청률 면에서 핸디캡을 안게 된다는 측면이 고려되어 얼마 안가서 폐지되었다.

1970년대 들어서는 모든 방송사들이 교양과 오락의 줄타기라는 상황에 직면하게 되었지만, KBS의 경우는 공사화 되기 이전 국영방송시절에서부터 이러한 줄타기가 이어져 오고 있었다. 국영이라는 존립양식을 지

172

닌 KBS조차 교양이라는 핫한 프로그램으로 방송을 끌어가기 어려웠다는 반증이기도 하다.

> 자, 앞서도 말했지만, 직업적인 방송인치고(정도의 차이는 있지만) 시청률 올리는 비결을 모르는 사람은 없다. 'KBS는 국민의 방송, 교양방송을 강화'하라는 위의 방침이 서면 열심히 질 좋은 교양방송을 편성, 골든아워에 역사 프로그램이나 농사 프로그램도 당당히 방송된다. 이러다 보면, 시청률은(삼척동자도 예언할 수 있듯이) 바닥을 기게 된다. 이렇게 되면, 반드시 나오는 비판이 있다. "보아주는 사람이 없는 KBS는 매체로서의 가치조차 이미 상실했다. 우선 사람이 보아주어야 할 것 아닌가?"
> 그러면 KBS에서는 열심히 매체가치 회복운동이 전개된다. 당연히 시청률은 서서히(경우에 따라서는 급속도로) 상승한다. "요즘 KBS, 재미있어졌지?"하는 말이 심심치 않게 들릴 때쯤 되면, 다시 기다렸다는 듯이 들려오는 지시가 있다. "왜 KBS가 본연의 사명을 잊고, 정신없이 민방과의 시청률 경쟁에만 열을 올리고 있는가?" (정순일, 1991, 160쪽)

위의 인용문에서 볼 수 있는 사실은 KBS의 경우 프로그램 편성이 양극단 사이를 시계추처럼 오가는 현상을 보였다는 것이다. 교양의 강제가 전체 프로그램을 조화롭게 교양화하지 못하고 오락프로그램과 생경하게 맞붙어 있는 현상을 자아낸다. 사실 교양과 오락이라는 이분법 자체가 자의적인 구분이고 이러한 프로그램 기준에 부합하는 내용을 만들라는 주문 자체가 매우 핫한 발상이다. 교양과 오락이라는 양극적 상황에서 교양의 강제는 그 강제의 나머지 부분을 더욱 오락으로 채우고자 하는 반동적인 현상마저 자아내는 것이다. 1970년대 교양의 강제는 대체로 이처럼 '상반되는 논리의 생경한 조합'이라는 성격을 텔레비전에 부여했다. 우선 1970년대 시간대 편성지침이 발표되기 이전의 KBS의 두 가지 편성유형을 보자.

〈A유형〉은 매체가치를 높이기 위해 대중성을 의식한 편성이다. 뉴스를 10시대로 몰아내고 프라임타임 대에서는 민방과도 큰 차이가 없을 만큼 유사한 편성포맷이다. 프라임타임 대에서 10분단위의 캠페인 드라마와 〈새마을 수첩〉을 제외하고는 사회교양프로그램을 찾아볼 수 없다. 드라마의 시간량은 오히려 민방보다 많고 프라임타임 대에서는 TBC보다 105분이나 더 많이 편성된다(손용 외 1975, 100). 이에 비해 〈B유형〉은 일일극도 전부 정책홍보성이며 포맷만 달리한 채 목적성을 지닌 프로그램들이 대부분의 방송시간을 차지한다. 이 유형에서는 새마을 고정 프로그램이 〈A유형〉의 3배에 이르는 18개가 편성된다(조항제, 1994, 139쪽).

〈A유형〉이나 〈B유형〉 모두 바람직한 것이라 보기는 어렵다. 소박하게는 다양성의 차원에서 그러하고, 자유로운 상태에서의 텔레비전 장르 및 편성의 모색과 시도가 제한받아 강박적인 목표 추구를 위한 도구로 텔레비전이 협소화된다는 차원에서는 더욱 그러하다. 문제는 방송시간을 교양프로그램으로 채우라는 강제의 성격이 사실상 방송의 시장성을 저해하는 것이었고 이에 대한 반동으로 방송은 기회가 닿으면 더욱 극렬한 시장성을 추구하게 되었다는 점이다. 결과적으로 텔레비전 방송은 획일적인 〈A유형〉이나 획일적인 성격의 〈B유형〉을 오가거나 두 가지 종류의 획일성이 융화되지 못한 채 병렬되는 양상을 보이게 되었으며 이것이 핫한 메시지의 강제가 귀결한 결과였다.

<표 9> KBS 편성의 두 유형

구 분	KBS 〈A형〉 (1974년 춘하계 개편)	KBS 〈B형〉 (1975년 춘하계 개편)
7시대	뉴스 일일연속극	뉴스 연속만극 〈천생연분〉
8시대	공개가족 오락프로 일일연속극 주간드라마, 외화	공개가족 오락프로 현장에 가다 일일연속극 〈꽃피는 팔도강산〉
9시대	새마을 수첩/일기예보 캠페인드라마 〈형님 아우님〉 일일연속극	새마을 수첩 종합뉴스 오늘의 국정
10시대	종합뉴스 사회교양 및 정책프로 사회교양 및 정책프로 마감뉴스	일일연속극 〈실화극장〉 오늘의 역사 한국사 강좌 사회교양 및 정책프로그램 마감뉴스

*출처: 한국방송공사(1987, 별책: 340쪽, 342쪽)

위의 사례는 결과적으로 한국 텔레비전 방송의 획일성 혹은 동질화 현상을 말하는 것에 다름 아니다. 그러나 그것은 하나의 논리가 지배하는 전체적인 획일성이 아니라 두 가지 논리가 팽팽하게 맞선 가운데 그것이 프로그램의 다양화로 가지 못하고 서로 다른 종류의 동질화된 프로그램 편성 사이를 오가게 됨을 의미한다. 한진만(1989)은 채널 간 동질화의 원인을 두 가지 차원의 동질화 과정의 동시적인 진행으로 설명한다. 그 하나는 '정부의 획일적 규제·방송국내의 중앙집권적 구조 → 방송전문직의 자율성 결여 → 프로그램 내용과 형식의 획일화 현상 → 채널 간 동질화'의 과정이고 다른 하나는 '공영방송에 대한 인식부족·소수독점 → 방송국 간의 과다경쟁 → 동시간대 유사프로그램 편성, 프로그램 모방 → 채널 간 동질화'의 과정이다(24쪽).

어떤 방식으로 설명하든 결과는 다양한 프로그램 유형을 강제한 결과가 다양한 프로그램으로 귀결되지 못하고 두 가지 종류의 획일화 혹은 동질화 과정의 중첩적인 진행으로 나타났다는 것이다.

(2) 시간대 편성지침

하나의 논리의 강제가 다른 논리와 조화를 이루지 못하고 대신 두 가지 논리가 병렬하게 되는 양상은 시간대 편성지침의 경우에도 나타난다.

시간대 편성지침은 앞서 언급한대로 KBS에만 교양을 부과하는 불공평을 시정하려는 의도와 함께 프라임타임대가 아닌 시간에 교양프로를 채워 교양비율을 맞추는 것이 별 효과가 없다는 판단에 따른 것이었다. 이에 따라 프라임타임 대는 '보도시간 - 가족시간 - 정책시간 - 보도시간'으로 연결되는 편성으로 채우게 되었다. 시간대 편성지침 이후 각 사의 편성은 〈표 10〉에 나타난 것과 같이 9시 30분을 경계선으로 전혀 다른 두개의 논리가 펼쳐진다.

더욱이 시간대 편성지침조차 강경했던 초기가 지나가게 되면 명시적으로 철회되지 않은 채 일정 정도 강제성을 상실하게 된다. MBC의 경우 1977년 추·동계 개편에서 8시 20분 정책시간대에, 가정드라마라는 캐치프레이즈가 붙어 있었지만 사실상 멜로물인, 〈빨간 능금이 열릴 때까지〉를 다시 편성한다. 이것이 별다른 규제를 받지 않자 이 시간대는 이후 〈남풍〉, 〈주인〉 등의 현대 멜로 시간대로 다시 복귀했다가 1978년 추·동계 개편 시 '정책시간대' 원래대로의 캠페인 단막극 〈알뜰가족〉으로 바뀌었다(문화방송, 1991, 384-5쪽).

〈표 10〉 1976년 시간대 편성지침 실시 이후의 텔레비전 편성표(평일)

구 분		KBS	TBC	MBC
7시	30분	오늘의 뉴스 영농, 해외	TBC 뉴우스 해외토픽	종합뉴우스 해외소식
		가족대상프로 새마을잔치, 퀴즈, 백일장	가족대상프로 〈장수만세〉, 퀴즈, 쇼, 권투	가족대상프로 〈묘기대행진〉, 퀴즈, 게임쇼
8시	30분	정책홍보프로 〈북의 진상〉 등	정책홍보프로 〈인간만세〉	정책홍보프로 〈증언〉 등
		캠페인드라마	민족사관정립극 〈풍운백년〉	민족사관정립극 〈예성강〉
		민족사관정립극 〈왕도〉	캠페인드라마	캠페인드라마
9시	30분	〈KBS 종합뉴우스〉	종합뉴우스 〈TBC 석간〉	종합뉴우스 〈뉴스데스크〉
		해외화제 뉴우스해설 명곡을 찾아서	일일연속극 〈셋방살이〉	일일연속극 〈내일이 오면〉
10시	30분	일일연속극 〈실화극장〉	일일연속극 〈별당아씨〉	일일연속극 〈윤진사……〉
11시	30분	다큐멘타리 (외화2, 자사1) 주간극, 논단	주간극 2 스포츠 외화 2 등	주간극, 쇼 시사해설, 외화 등
		마감뉴우스		마감뉴우스

*고딕체는 시간대 편성지침
*필기체는 일일연속극
*출처: KBS는 한국방송공사(1987, 별책 347)(1976. 10. 11)
　　　MBC는 문화방송(1991, 375)(1976. 4. 12)
　　　TBC는 한국방송공사(1987, 별책 380)(1976. 4. 12)
　　　조항제(1994, 178쪽)에서 재인용

민족사관정립극으로 설정된 8시 40분에서 9시 시간대에도 초기에는 비교적 정책방향에 충실했던 〈예성강〉, 〈사미인곡〉, 〈거상 임상옥〉, 〈정화〉 등을 방송했으나, 시간이 지나면서 사극멜로물인 〈옥녀〉 이후 〈정부인〉, 〈연지〉, 〈안국동 아씨〉 등으로 이어졌다(앞의 글, 383-385쪽).

결과적으로 시간대 편성지침은 의도했던 결과를 낳지 않았다. 이무렵 오후 8시에는 스위치를 일단 끄는 가정이 점점 늘어갔다. "TBC는 〈역사의 고향〉, MBC는 〈역사의 인물〉, KBS는 〈교양국사〉와 〈한국의 재발견〉……약속이나 한 듯 비슷한 프로그램을 골든아워에 방송했으나 만드는 사람도 신이 안나니 보는 사람도 드물었다"는 것이다(정순일, 1991, 232쪽). 오락 프로그램이 밤 9시 30분 이후로 이동하자 시청자들은 정부가 유도하는 방향대로 마냥 수상기를 켜놓고 유신체제를 홍보하는 "교양방송"을 보지는 않고, 일단 수상기를 껐다가 오락 프로그램에 맞추어 다시 켜는 생활습성이 생기기도 했다. "바꿔 말하면 현재 상태의 부담스러운 교양 프로의 제작 수준이 계속되는 한 국내 시청자는 TV를 통하여 교양을 얻는 데 별 기대를 않는다"는 결론이다(일간스포츠, 1973. 2. 5).

더욱이 일일연속극의 같은 시간대 중복 편성은 1970년대 초의 각 텔레비전국의 시청률 경쟁을 또다시 불러일으킬 위험하저 내포하게 되어 모든 방송을 획일적으로 만들겠다는 시도는 애초에 의도한 결과를 얻지 못하고 말았다. 동종 동 시간 편성정책에 의해 주말에 비해 평일의 텔레비전 접촉률 자체가 떨어지고, 시청자가 TBC에 몰리게 되거나 평일 저녁의 시청시간을 텔레비전 시청 외의 생활로 전환시킨 의외의 결과가 나타나게 된 것이다(정순일/장한성, 2000, 120쪽).

물론 저질 오락이 판을 치던 이전에 비해 차라리 지금의 획일화된 상태가 '무해'하다는 점에서 오히려 질적으로 한걸음 성장한 것이라는 아전인수격의 해석도 있었다.

그러한 규제의 결과로 해서 프로가 너무 획일화된 점도 없지 않다고 봅니다. 이것이 무해하다는 점에선 장점이 있으나 과연 국민정신문화창달이란 점에서 이런 획일적 내용들이 얼마나 기여할 수 있었느냐는 데에는 문제가 있습니다.

……75년 이전, 난맥상(?)을 이루었던 우리 방송이 자의든 타의든 간에 이래선 안 되겠다는 자성과 정부의 행정지도가 믹서되어 이제는 드라마, 쇼, 사회교양 등 어떤 면을 보든 다른 어느 나라에 비유해서 손색이 없을 정도로 질적인 향상을 꾀해왔으며 일부 지탄을 받는 프로가 아주 없는 것은 아닙니다만 70년대 한국방송의 질적 문제에 있어서 만큼은 이제 신경과민적이고 소아병적으로 걱정할 필요가 없지 않겠느냐는 개인적 생각입니다.(방협회보, 1979. 9. 15, 제16회 방송의 날 기념 특별 좌담)

한걸음 더 나아가 민방이 정신을 차릴 때까지 이러한 족쇄를 채워두고 각 방송국 간의 분업까지 밀어붙여야 한다는 의견도 있었다.

우리 TV가 목표해야 할 이상적인 편성상은 A-TV는 교육프로그램을 B-TV는 오락 프로를 중점적으로 연구 개발하여 제작 방송함으로써 3TV가 각기 전문적인 방송분야를 일사불란하게 개발시켜 나가는 것이라고 하겠다. 그렇지만 그와 같은 이상상은 여러 단계를 거친 먼 훗날의 표상이고 여기서는 그 1단계의 청사진을 그려보자는 것이다. 먼저 KBS TV를 모든 제약에서 해방함으로써 우리의 TV방송을 이원화해야 한다. KBS TV는 애당초 제약에 묶일 범인이 아니었을 뿐더러 민방들과는 그 사명이 다르며 또 최근 삼사 년간의 도저히 철창 속에서는 주체하지 못할 만큼 그 능력이 경이적으로 성장했고 비대해졌다. 따라서 이 이상 KBS TV를 도매금으로 묶어 놓는다는 것은 정책의 현상으로 볼 수밖에 없다. 그리고 KBS TV엔 하루 방송 시간량을 세 시간쯤 더 늘여줘서 실질적으로 민방사관 정립·교양·계몽·오락하고 있는(한국의 재발견)(맥)(전설의 고향)(실화극장)(민속백일장)그 밖에 숱한 좋은 프로그램들을 한 번 마음놓고 만들어보도록 해 주었으면 하는 것이 어찌 필자 한 사람의 생각이라고 할 것인가?

다음은 민방 TV들인데 오늘의 제약·철창이 바로 두 TV가 자초한 것인데도 아직 딴 마음을 버리지 못하고 표리부동한 제작(사극간판 밑에 방송하고 있는 (상노) (운지) 등을 일삼고 있으니 좀 답답하겠지만 분별력이 설 때까지 두 TV는 그 속을 지켜줘야겠다. 한편 감시당국은 철창에 가뒀으니 제가 어쩌랴 식으로 몰인정하게 굴지 말고 다음과 같이 용의주도한 작전을 펴야 하겠다. 그 구속 속에서나마 두 TV에게 전문분야를 개척해주는 것이다. 한 TV는 뉴스와 쇼프로그램에 국력을 기울이고 또 한 TV는 드라마와 스포츠에 최선을 다하는 따위이다. 그렇게 잘 길들여지면 민영 TV들이 생리적으로 안고 있는 경박, 무의미한 경쟁심리가 금지되면서 그들의 중단된 전진은 다시 발을 내딛게 된다. 이상이 일 단계 청사진이다. 그 청사진이 실제로 우리 TV에 옮겨 심어지는 날 우리의 불행한 현실은 최소한도 알뜰한 현실로 탈바꿈할 것을 의심치 않는데 감히 누가 이를 마다할 것인가.(오순정, 방협회보 1978. 11. 10, 5면)

시간대 편성지침이 가져온 편성권의 반납이라는 사태에 무기력하게 대응할 수밖에 없는 방송인들의 저간의 사정을 한탄하면서, 이러한 사태를 야기한 텔레비전의 저속논쟁은 이러한 식으로 해결될 수 있는 것이 아니라 애초에 시청률 경쟁이라는 원죄를 부여한 상업방송구도를 전환해야만 해결될 수 있는 것이라는 의견도 개진되었다.

어떻게 보면 다원채널의 부정이요, 편성권의 회수임에도 불구하고 방송계는 별 쓸모없는 전쟁상태에서 기다려지던 중재자가 나타났을 때처럼 TV3국은 어떤 대안이나 주장도 제시함이 없이 편성권의 반납으로 무장해제를 하고 주어진 제자리에 아무런 의사발표도 없이 물러서고 말았다.

……이번 문공부지침을 불러일으키게 한 요인은 한마디로 텔레비전의 저속논의에 기인했다고 볼 수 있겠다. 연속극수의 제한이나

180

오락시간대의 조정과 교양의 강화 등 모두가 저속프로그램이 텔레
비젼을 둘러싼 문제의 초점으로 되어 있다.

……매년 개편 시기에 발표되는 각국의 편성표에는 일종의 살기
같은 긴장관계가 팽팽히 서린다. 편성상으로 보는 방송사는 각 시
기에 있어서의 긴장관계의 역사요, 성공과 실패의 역사, 영고성쇄
의 역사이다. 시청률은 경쟁상업방송제도하에서는 편성제작자의 양
식만으로는 처치하기 어려운 전파미디아의 원죄 같은 속성이다. 원
죄가 면해지기 전에는 방송의 저속논의는 쉽사리 그치지 않게 되
어있는 것이다.(최창봉 1976, 33-38쪽)

어찌 되었든 시간대와 프로그램 내용까지를 지정한 당국의 편성정책
은 방송내용 정화에는 효과가 컸을지 모르나, 각 텔레비전 방송국 간의
개성 있는 편성을 오히려 불가능하게 했고 같은 종류의 프로그램 편성
의 획일화 현상을 초래했다는 점에서 이에 대한 연구 검토의 필요성이
제기되기도 하였다. 결국 텔레비전이 재미없어졌다는 사회여론이 고개를
들어 텔레비전 정책의 문제가 제기되기도 하고, 또 "동종의 프로그램을
동시간대에 편성하거나 프로그램을 모방하는 경향 등은 국민 소유의 제
한된 전파의 낭비일 뿐 아니라 시청자의 선택권을 박탈하여 사상의 공
개시장의 형성을 저해하고 있다"는 비판이 일기도 하였다(정창기, 1997,
67-74쪽). 그럼에도 이러한 편성패턴은 1979년까지 계속되었고, 한국의
텔레비전 문화에 큰 흔적을 남기게 되었다.

(3) 교양프로그램의 내용

편성에 있어서 교양과 오락이라는 두 가지 논리의 생경한 조합은 교
양을 담은 프로그램 내용에서도 볼 수 있다. 앞서 논의했듯이 각 방송사
는 교양의 비율을 맞추기 위해 오락프로그램에 교양적 목표를 넣거나
그러한 색깔을 가미해 이를 교양으로 분류하기도 하였다. 아니면 오락프

로그램에 대한 비판과 규제를 피하고자 교양의 목적을 저버리지는 않는 다는 제스츄어를 쓰기도 하였다. 그 결과는 매우 우스꽝스러운 것이었으며, 그러한 생경함과 우스꽝스러움은 위의 편성의 생경함과 우스꽝스러움을 더욱 직접적으로 보여준다. 극단적이기는 하지만 그 한 예를 제시하면 다음과 같다.

　　여기서 잠시 프로그램 하나를 보고 넘어가자. 〈TBC-TV의 게임쇼〉. 어느 날 프로던가. 드라마 탤런트 가수 코미디언 등등이 편을 나누어 게임도 하고 노래도 하는 그런 공개방송이었다. 과연 그를 가리켜 코미디언이라고 불러야 할지 아니면 자신도 그렇게 부르고 또 이웃에서 그렇게 부르니까 코미디언이라고 불러주는 게 당연할지 분간하기 어려운 이 모 씨의 사회로 진행된 이 쇼를 본 사람이면 웃음을 웃고 나서는 두세 번씩은 혀를 차지 않을 수 없었으리라. 사회자의 마스크 자체가 풍기는 역한 뉘앙스도 뉘앙스지만 진행방법하며 매너가 첫째 한심할 뿐 아니라 게임 내용이라는 게 기찬 것이다. 다른 몇 가지도 물론 유치하고 꼴사나운 것이었지만 두 사람이 또는 집단으로 엉덩이를 쾅쾅 부딪쳐 원 밖으로 밀어내기 게임을 하는 데 이르러서는 쓴 입맛을 다시다 못해 신음이 나올 지경이다. 남녀칠세부동석이라는 고루한 관념이 남아있어서 꼴사납게 보이는 게 아니다. 적어도 이건 상식의 선에서 수긍이 안 가는 것이며 아마 어느 나라 TV에서도 이런 따위를 놓고 소위 게임이라고 하고 있지는 않을 것이다. 점입가경이라고나 할까? 이처럼 유치하고 치사한 분위기속에서 느닷없이 태극기가 물결치는 것이 아닌가. 출연자들이 부르기 시작한 〈통일이여 오라 ─〉 노래에 맞추어 방청객들이 합창을 하면서 미리 나누어 받은 태극기로 박자를 맞추며 흔들기 시작한 것이다. 아닌 밤중에 홍두깨라더니 저능아들이나 멋모르게 히히덕거리며 뛰놀법한 게임들을 질탕하게 벌이다가 그 엄숙한 통일을 노래하고 태극기가 튀어나오고, 이쯤 되고 보면 쓴 웃음도 기막힌 한숨도 무색할 뿐, 한 바탕 울음이나 터뜨려야 속이 후련해질 판이니. 아무리 전파가 일방통행이라고 하지만 시청자를 너무 얕보고 너무 우롱한다 싶어 정말 눈물이 날 지경이 되지 않을 수 없다.(김찬식, 여원 1974. 1, 313쪽)

시청자들이 교양프로그램을 외면하는 이유는 물론 제작진의 능력 문제도 있겠지만 기본적으로 텔레비전이 의도적인 메시지와 작위적인 내용을 그럴듯하게 담기 어려운 매체라는 데 있다.

소위 민족사관정립극이나 새마을드라마, 또는 반공드라마 등은 드라마라는 대중적인 형식을 빌려 특정한 이념을 주입시키고자 하는 발상이다. 이러한 생각은 텔레비전을 발전과 계몽의 매체로 여겨온 도입 초기부터 있어 왔고 계속 시도되었으나 큰 효과를 보지 못했다. 1962년 〈금요극장〉의 고향의 아침 같은 경우도 이러한 계몽극이었는데, 계몽극의 효과는 매우 회의적인 것으로 평가되었다.

금요극장, 장국진 작. 이기하 연출 「고향의 아침」은 이미 귀에 익은 구호들을 복수로 묶어서 풀이한 수훈의 계몽극이었다. 고리채 정리의 계몽. 군인가족을 돕자는 얘기, 군인생활 PR, 영화 「뚝」의 한 「컷」을 「인서트」한 마을의 협동 정신 고취, 그리고 끝에 가서는 병역기피자의 국토건설단 자원을 통한 새 출발 등등, 심지어는 밑에 깐 「로맨스」마저 수자를 가르듯 잘라 처리하고 있을 정도로 철저하게 교훈들로써 가득한 작품이었다. 그 대신 극적 감흥은 거의 찾을 길 없었고. 주어진 교훈이란 취할 자만이 취하는 것, TV시청자수와 그 성분을 상식적으로나마 고려해 본다면 이러한 작품의 효과란 극히 회의적인 것이다.
……TV무대(화요일) 이영동작·정소영 연출 □□주머니돈이 쌈지돈□□은 소위 「엿가락 늘임」식의 한 「쌤플」……. 돈지갑을 주워서 유혹을 물리치고 파출소에 계출했더니 결국 그 돈지갑은 자기 처가 잃은 것이었다는 것. 반사적인 선행의 보수를 가르친 교훈적인 토막 「에피소드」를 30분간의 「플롯」으로 강행시킨 것은 아무리 잔기교를 가미시켰어도 「엿가락 늘임」식은 처음부터 면할 수 없는 계

산이었을 것 같다. 딸(조회자분)의 역할이 한 예다. 무의미한 존재
인 채 경극「무드」를 위해 무리하고도 지나친 독연을 강요당하고
있었던 것이다. 좀 더 알찬 얘깃거리가 적절한 양만큼 필요하다.
연출은 대과 없었다, 고 말할 수밖에 없다. 그러한 작품을 구상화
하려니 말이다.(동아일보, 1962. 10. 25)

일반 교양물의 경우도 마찬가지로 1978년 9월 KBS의 〈교양국사〉는
"텔레비전의 화면적 성격을 고려할 때 너무 많은 메시지를 담고 있어
쫓기듯 시청자가 내용을 전부 소화할 수 있겠는가"라는 지적을 받고 있
고, MBC의 〈역사의 인물〉은 드라마 필름, 나레이션, 해설자를 통한 토
크 등 다양한 형식을 결합했는데 이 경우에는 잡다한 형식으로 프로그
램을 토막화한다는 비판을 받고 있다(동아일보, 1978. 9. 4, 5면). 적절한
형식에 교양의 내용을 담기가 그만큼 어려웠다는 것이다.

교양물이 성공하는 경우는 그 목적이나 작위성을 약화하는 경우였다.
1978년 11월 새마을 프로그램의 하나였던 KBS의 〈인간승리〉, 〈내고장
만세〉, 〈내일에 산다〉 등은 새마을 프로의 성장의 기미를 보여주는 것으
로 평가받은바 있다(동아일보, 1978. 11. 20, 5면). 이 프로그램들의 특징
은 도시 및 지역주민에게 단순히 새마을운동을 소개하고 보급하던 의도
를 벗어나 그 주제가 정치, 경제, 사회, 문화 전반에 걸쳐 방송의 가치를
고양시키고자 한 데 있다. 예를 들어 정년퇴직한 실재인물들의 적극적인
사회참여와 봉사하는 의욕적인 실화를 소개한다든지, 시청자에게 저축심
을 심어주기 위해 가난한 부모를 위로해가며 내일의 꿈을 키워가는 성
실한 어린이의 갸륵한 집념을 소개하는 등은 새마을이라는 목적보다는
하나의 인간드라마로 화할 수 있었던 것이다.

목적극으로 큰 성공을 거둔 경우는 1974년 4월 15일에 시작하여 1975
년 10월 5일 398회 방송을 기록한 KBS의 〈꽃피는 팔도강산〉이다. 이 드
라마는 일일연속극 사상 최장수 기록을 돌파했다는 점과 텔레비전 드라

마로서는 처음으로 유럽 현지 로케를 단행했다는 등 몇 가지 새 기록을 남겼다. 민지환, 한혜숙, 김자옥 등의 삼각관계가 바닥에 깔려서 시청자를 흡인한 멜로드라마였지만, 이제까지의 통념을 깨고 정책홍보드라마가 비로소 인정되었다는 점에서 부상된 작품이다(한국방송공사, 1987, 539-40쪽). 팔도를 유람하는 다양한 볼거리와 호화로운 캐스트, 또 삼각관계라는 멜로적 요소 등 대중을 끄는 텔레비전 드라마의 장치로 주제의식을 무마하는 데 잘 활용하였던 경우라 할 수 있다. KBS로서는 총력을 기울였던 이 드라마도 그러나 '주제의식의 과다노출'이라는 비판을 면하지는 못했다.

> 영화나 텔레비전을 막론하고 주제에 대한 의식이 지나치게 강조되면 이를 보는 사람들이 식상에 빠질 수가 있다. 멜로드라마의 전개과정은 처음부터 줄거리가 뻔한데도 거기에 빨려 들어가기 마련이고 사극 또한 부녀자들의 눈물과 비애를 즐기는 바람에 채널을 노치 않는다.
> 그러나 처음부터 드라마가 설정해 놓은 목적극의 경우는 목적에 투철한 나머지 본말이 바뀌는 예를 가끔 본다.
> 한동안 각 TV국이 열의를 보였던 방송극들에서 그런 예가 많았었는데 최근 KBS TV가 내고 있는 꽃피는 팔도강산 역시 구태여 지적한다면 그 범주에 넣을 수 있겠다. 꽃피는 팔도강산은 새마을을 주제로 한 장기 연속드라마로 한 방송국이 드라마 한 편에 이토록 총력을 기울이기도 쉽지 않은 작품이다.
> 탤런트를 동원하고 있는 꽃피는 팔도강산은 제작비만도 일반 드라마의 거의 두 배를 쓰고 있어 비교적 짜임새 있는 연출을 하고 있고 특히 노부부의 호강하면서도 소박한 연기가 주목을 끌고 있다. 그렇지만 팔도를 누비는 김노인의 움직임은 관광이나 새마을산업에 관한 주제의식이 과다 노출되는 때가 너무 잦다.(동아일보, 1974. 7. 20, 5면)

3) "하지 말아야 할 것(Don't)"의 결과

(1) 일일연속극

1970년 TBC의 〈아씨〉로 시작된 일일연속극의 돌풍은 시청률 경쟁을 가속화시켰고, 한편으로는 프로그램의 저질화 현상을 초래하고 있다는 비난을 받다가, 이윽고는 1971년 정부의 규제와 간섭을 받게 된다. 그럼에도 불구하고 각 사는 일일연속극을 하루 4편으로 늘리고 주간극을 줄이는 방향으로 줄달음쳤다. 신문이 앞장선 일일연속극에 대한 비판은 저질, 퇴폐적인 일일극을 줄이라는 여론을 불러일으켰지만 일일연속극의 바람은 1972년 KBS의 〈여로〉, MBC의 〈새엄마〉, 1974년 KBS의 〈꽃피는 팔도강산〉 등으로 이어졌다.

일일연속극에 대한 당국의 규제는 이중적이었다. 당국의 첫 번째 요구는 우선 일일연속극의 수를 줄이라는 것이었고, 두 번째는 저질, 퇴폐성을 없애라는 것이었다. 두 번째의 경우는 실제로 문제가 된 일일연속극의 조기종영으로 이어지기도 했다. 그와 동시에 일일연속극의 대중성을 십분 활용하여 〈꽃피는 팔도강산〉이나 〈실화극장〉과 유사한 테마를 하달하거나 소재의 지침을 유도하기도 했다.

먼저 일일연속극의 수를 둘러싼 줄다리기이다. 1970년대 일일연속극의 편성 편수 추이는 〈표 11〉에 나타나 있다.

일일연속극은 〈아씨〉의 성공으로 4띠가 늘어 거의 모든 시간대를 점령하다시피 한다. 방송법 개정이나 문공부장관의 담화 시에 한편씩 줄었다가 다시 늘어나는 양상을 1970년대 중반까지 계속 보이고 있다. 또 구체적으로 편수제한이 들어왔을 때는 일일연속극 한편을 줄이는 대신 1974부터 20분에서 25분으로 러닝타임을 연장하는 한편 주간 회수도 5회에서 6회로 확대하는 것으로 대응하였다(조항제 1994, 184쪽). 또 프라임타임 대는 대부분 일일연속극이 차지하였다.

〈표 11〉 일일연속극의 편성 편수 추이(1969-1978)

연 도	편 수	증 감	비 고
1969	각 1	-	
1970	3	+2	〈아씨〉의 성공
1971-72 말	5	+2	
1973. 4	4	-1	방송법 개정
1973. 9	3	-1	문공부장관 담화
1974. 12	4	+1	스파트 광고회수 증가. 1974년부터 토요일까지 방송연장, 방송시간 25분 연장
1975. 10	5	+1	
1976. 1	4	-1	'정책시간대' 등장
1976. 4	3	-1	'가족시간대 편성지침'(민족사관정립극 1)
1976. 11	2	-1	
1977. 11	3	+1	가정극 편성
1978. 8	2	-1	

*출처: 이상회(1979, 294)를 문화방송(1991)으로 보충
　　　조항제(1994, 184쪽)에서 재인용

1976년 시간대 편성지침에 따라 TBC는 토요연속극으로 시작했던 〈결혼행진곡〉을 가을철부터 주말(토. 일) 연속극으로 바꾸었다. 그것이 인기를 모으게 되자 그 효과가 다른 방송에도 파급되어 나가기 시작했다. 1977년 MBC도 주말의 자유로운 편성을 이용해서 〈왜그러지〉, 〈후회합니다〉 등을 주말연속극으로 내보재기 시작한다(표재순, 1992, 45쪽). 이로써 주말연속극은 세 텔레비전의 새로운 주전장이 된 것이다. 따라서 이때부터 멜로드라마는 주말극으로 옮아가게 되고, 일일연속극은 홈드라마의 성격을 띠면서 퇴조하게 된다(정순일/장한성, 2000, 107쪽). 이후 TBC는 1979년 가을 개편에서 주간드라마를 한회 더 연장한 목금드라마를 신설하였고, MBC도 1980년 춘·하계 개편에서 주초연속극(월화)을 방송하였다.

일일연속극의 수를 제한하자 새로운 포맷을 개발해가면서 드라마를

지속시키고자 했던 것인데, 여기에는 시청자들의 기호가 중요한 역할을 한 것으로 평가된다. 즉, 평일의 시간대 편성지침에서 자신의 시청권을 빼앗긴 시청자들의 욕구가 비교적 편성·제작의 자율권이 남아있는 영역인 주말로 이동했다는 것이다(한국신문연구소, 1978, 267쪽). 이러한 주간 2회의 포맷을 개발했던 주말극은 "압제하의 상업성 추구"의 전형적인 예로 꼽히고 있다(조항제, 앞의 글, 189쪽). 일일연속극의 수 및 소재에 대한 제한과 강제가 방송사의 상업성 추구를 완전히 압도하여 그것을 포기하게 할 수는 애초에 없었다는 이야기이다.

편성 편수에 있어서의 제약과 함께 일일연속극에는 퇴폐라는 비판과 조기종영이라는 규제 또한 뒤따랐다. 저질적이고 퇴폐적인 내용을 담지 말라는 것이었다. 그 첫 번째 타자는 1969년 MBC의 최초 일일연속극이었던 〈개구리 남편〉이다. "개구리는 뭍에서도 살고 물에서도 산다. 댁의 남편은 어디서 살고 있죠? 조심하세요, 개구리 남편"이라는 프롤로그로 시작하여 밤 9시대의 본방송과 아침 7시 30분대의 재방송으로 공세를 폈다. 주부들의 관심을 모으면서 100회를 넘기던 이 드라마는 '가정생활의 순결성과 건전한 생활풍조를 저해한다'는 비판을 받고 방송윤리위원회가 방송사에 대한 경고와 작가에 대한 근신처분까지 내리자 도중하차하고 말았다(정순일/장한성, 2000, 102쪽).

1975년 4월부터 방송되던 TBC의 〈아빠〉는 20대 여자와 40대 유부남의 사랑을 묘사한 것이 가정윤리를 해친다는 지적에 따라 방송한 지 한 달 만인 28회로 중단되었고, MBC의 〈안녕〉은 가정교사인 여대생과 유부남의 묘한 심리적 갈등을 그려 사회윤리에 어긋난다 하여 78회 만에 중단되었으며, MBC의 〈갈대〉도 방영회수를 단축하여 예정보다 빨리 방송을 끝냈다.

저질 일일연속극에 대한 문공부의 규제에 대한 반발이 없었던 것은 아니다. 문공부의 지시가 '텔레비전 드라마는 전부가 저질이다. 그것은 스탭들의 능력이 없기 때문이다. 그래서 기왕 저질이 나올 수밖에 없는 풍토이다. 따라서 줄일 수밖에 없다, 고칠 수 없으면 없앤다'는 발상이라는 것이다. 결국 문공부의 지시는 드라마를 줄이고 농촌 프로를 만들고 교양물·문예물을 만들라는 것인데, 농어민들이 텔레비전을 살 때엔 농민 상담을 보려고 사는 게 아니라는 것이다(김광남, 1974, 107쪽). "훈계조, 설교조, 좌담화, 르포 이런 것들이 저질을 추방하는 것이 아니라 채널선택권을 가진 시청자들을 더욱 서둘러 저질의 늪으로 몰아 쫓는 것"이라며, "무조건 농촌이 좋다고 떠들어 대는 것은 대표적인 저질행정이고 저질작품"이라고 독설을 내뿜는다. 아래의 인용문을 통해 당시의 난무하던 드라마와 무 기준한 저질시비, 또 막무가내의 교양강조와 규제가 어떤 우스꽝스러운 형상을 자아냈으며 또 이것이 어떻게 냉소적으로 받아들여졌는지 느낄 수 있다.

> 하루 15개의 일일극이 뭐가 많은 것인가? 한국에는 지금 일간지가 16개이고 기타 전문지, 주간지를 합하면 상업적인 신문만 해도 30여종이 넘고 월간 잡지는 또 몇 10이 넘는다. 여기에는 모두 제각기 연재소설, 연재만화 등이 실려 있는데 어떤 일간지에는 연재물도 4, 5종이나 되어 방송드라마와 거의 엇비슷하다. 내용도 사실 소설과 드라마의 차이점을 빼놓으면 엇비슷한 수준이다. 그런데 걸핏하면 신문소설이 음란하다고 윤리위원회에서 경고를 잘 받긴 해도 누가 신문소설 너무 많다, 줄이라고 하는 사람은 못 보았다. 누구 말대로 소설은 무조건 문학이고 예술이기 때문인 것인가? 훌륭한 소설과 훌륭한 드라마의 감동은 비중에 있어서 조금치도 차이가 없는 것이다.
>
> ……정부당국자에게 가로되 저질은 어떻게 판결하는지 묻고 싶다. 무조건 회수가 길면 그것이 저질인가? 불구자가 나오면 또 그것도 저질인가? 애정의 파탄이 섞이면 또 그것이 저질인가? 그래서 늠름하고 씩씩한 새마을의 청년이 나와서 무조건 날마다 일만 하고 있으면 그것이 바로 고질이란 말인가?(김광남, 1974, 108-109쪽)

(2) 코미디

1969년 MBC-TV가 개국하면서 등장한 것이 텔레비전의 코미디이다. MBC의 〈웃으면 복이 와요〉와 TBC의 〈좋았군 좋았어〉, 〈코미디 극장〉 등이 높은 시청률을 기록하면서 인기를 모았다. 코미디 프로그램 또한 엎치락뒤치락하는 슬랩스틱과 천박한 대사가 비판의 대상이 되어 왔다.

1977년 10월 들어 텔레비전 방송에서 코미디가 없어질 것이라는 발표가 있었다. "방송공사의 텔레비전은 이미 코메디를 없앴고 동양방송과 문화방송의 텔레비전도 11월부터 방영할 가을철 프로그램 개편에서 코메디를 모두 없애기로 하였는데 이는 문공부의 종용에 따른 것"이라는 것이다(동아일보, 사설, 1977. 10. 28, 2면). 어떻게 하면 질을 높일 것인가에 대한 아무런 고려도 없이 덜커덕 장르 자체를 없애라는 명령이 떨어진 것이었다.

이러한 배경에는 역시 코미디 프로의 저질시비가 존재한다. 즉 코미디가 시청자들에게 건전한 오락을 제공하기보다는 해를 끼치는 면이 많았다는 것이다. "그토록 많은 텔레비전 비평에서 지적되고 각계각층에서 비난을 받고 여러 차례에 걸친 당국의 내용 정화 종용을 받으면서도 또 그토록 많은 수익을 올리면서도 방송국들이 시청률이 가장 높은 코메디의 질을 높이기 위해서 각별한 노력을 기울였다고 떳떳이 말할 수 있겠는가"(앞의 글)라는 것으로, 이렇게 될 정도로 저질이었다는 점을 인정하고 있다.

코미디에 전격적인 규제가 가해진 데는 코미디의 수가 늘어난 것이 한 원인이기도 하였는데, 이처럼 코미디 프로가 범람하게 된 것은 1976년 일일연속극을 한편씩 줄이라는 당국의 종용의 여파라고 전해진다(동아일보, 1977. 10. 28, 5면). 즉, 줄어든 일일연속극을 교양이 아닌 코미디로 보충하려 했다는 것이다.

아무튼 한 번의 개선의 노력도 없이 "방송도 한 사회의 문화현상인데

이 문화현상을 행정력을 가지고 한 종류의 프로그램을 완전히 없앤 것
은 잘못"(앞의 글)이라는 여론이 적지 않았다. 결국, 김성진 문공부 장
관은 기자회견에서 "텔레비전 코미디 프로그램의 존폐는 방송국이 알아
서 할 문제지 정부가 개입할 일이 아니라고" 밝혔고, 방송국에서는 코미
디를 계속하기로 방침을 정했다(정순일, 1991, 240쪽).

드라마의 경우처럼 "줄인다, 그리고 고칠 수 없으면 없앤다"라는 논리
가 적용된 사례였다. 드라마와는 달리 계몽과 교양을 담을 수 있는 그릇
이라 여겨지지 않았기 때문에 고치려는 시도보다는 빨리 없애겠다는 쪽
으로 나아갔던 것이었는데 그 의도를 실현시키지는 못한 셈이다. "코미
디는 멸종의 위기는 면했지만 잘못하다가는 이 땅의 방송 코미디언이
자취를 감추고 ≪기네스북≫에 코미디언이 한 사람도 없는 나라로 등록
될 뻔했다"(정순일, 1991, 240쪽).

제6장 한국 텔레비전 문화의 상징
: 텔레비전 드라마

1. 텔레비전은 오락매체: 통속성과 구술성

1) 텔레비전의 구술적 양식과 통속성

한국에 텔레비전이 도입될 당시부터 텔레비전에는 발전과 계몽, 교양의 무거운 짐이 지워져 있었지만, 텔레비전은 언제나 오락매체였고 이 때문에 비판받아 왔다. 텔레비전이 가진 잠재력을 생각할 때 텔레비전은 오락매체에 국한되어서는 안 되고 보도와 교양의 역할을 해야 한다는 것이었다. 사실 한국에서의 텔레비전에 대한 기대와 비판 모두는 텔레비전이 '말의 매체'라는 사실에 기인한다. 텔레비전의 대중에의 영향력은 그것이 차갑고 어려운 문자가 아니라 쉽고도 친근한 말로 소구하기 때문이었고, 텔레비전이 오락화 하기 쉬운 것도 그것이 모든 것을 말로 풀어내기 때문이었다.

텔레비전, 대중, 오락성, 통속성 등은 쉽게 한 덩어리로 묶여지는데, 이들을 한 덩어리로 묶어 평가하는 기준은 다분히 문자적인 것이고 아울러 계급적인 분리 또한 들어있는 게 사실이다. 텔레비전을 비판하는 데 쓰이는 많은 형용사들은 사실 대중예술 혹은 대중문화 일반에 대한 비판에서 공히 나타나는 것들이다. '말초적', '경박한', '진부한', '선정적', '비판의식을 마비시키는', '환락의', '값싼', '감상적', '외설적', '폭력적인' 등등이 그것이다. 텔레비전의 경우 특징적인 것은 텔레비전이 만들어내는 내용 전반에 이러한 비판이 해당된다는 점이다. 가령 순수문학과 대중문학 또는 예술영화와 대중영화의 분리는 존재하지만 순수텔레비전과 대중텔레비전의 분리는 존재하지 않는다. 텔레비전이라는 매체는, 그것을 다른 문예의 경지에 끌어올려야 한다는 끊임없는 주장에도 불구하고, 언제나 대중적이고 따라서 통속적인 매체였다.

대중성과 통속성은, 한국에서 텔레비전이 그러했듯이, 하나의 역설적인 의미구조를 지닌다. 즉, 대중문화는 거의 모든 이들에 의해 소비되는 문화 산물이란 의미에서 대중적이라고 평가받으면서도 동시에 지적으로나 정서적으로 열등한 인구 다수를 위해 생산된 문화 산물이라는 의미에서 통속적이라고 취급되는 것이다(박성봉, 1995, 177쪽).

텔레비전의 통속성은 한편으로는 사회적 계층이나 교육적 수준에 제한됨이 없이 사회의 거의 모든 이들에게 호소하고, 다른 한편으로는 사회의 낮은 지적 수준과 부족한 정서적 수용력을 갖고 있는 대다수의 소위 저급한 사람들에게만 수용되는 떳떳치 못한 것으로 간주된다. 텔레비전에 대한 '승인'과 '부인'이 동시에 발생하는 것인데, 이러한 양가성의 불편함을 해소하고자 한 시도가 텔레비전의 교양화, 계몽화, 문예화의 시도였음은 앞에서 살펴본 바 있다. 다시 말해서 텔레비전을 고급화해야 한다는 것인데, 이로써 텔레비전이 통속성을 벗어나 진지성을 갖게 될 것이기 때문이다. 진지성은 문자예술의 중요한 특징으로 텔레비전의 경우 이러한 진지한 문자적 메시지로 텔레비전을 핫하게 만들면 통속성을 벗어날 수 있다고 여겨졌다.

문화적 체험과 취향의 차별화는 흔히 문자적 교양의 유무라는 기준으로 이루어진다. 그 기준에 집착하지 않을 때 통속성은 진지성에 비해 열등한 것이라는 차원을 벗어나 그것이 갖는 독자적인 체험의 의미를 주장할 수 있게 된다. 문자적 구분 자체를 받아들일 때 통속성은 문자적 교양이 없는 사람들의 문화적 체험양식이라 할 수 있다.

문자적 교양이 없다 함은 구술적이라는 의미이다. 문자적 교양인의 문화체험이 일상적인 삶의 영역으로부터 고양된 순수한 정신적 체험이라 할 때, 구술적 문화체험은 일상적인 삶의 영역과 삶의 언어에 닿아있는 것이라 할 수 있다. 삶이 통속적인 만큼 그것에 닿아있는 문화도 통속적인 것이다.

〈대영백과사전〉의 "대중연극" 항목에서 윈터 버텀(G.W.Winterbottom)은 "대중연극은 거의 항상 지성 또는 영혼의 즐거움과 구분되는 육체적 즐거움 그리고 환희와 같은 흥분의 표현을 야기한다"라고 말한다(박성봉, 앞의 글, 197쪽). 한나 아렌트(H.Arendt)는 "문화는 사물에 연결되고, 세계의 현상이다. 오락은 사람들에 연결되고, 삶의 현상이다"라고 말한다(앞의 글, 299쪽). 지금 우리가 진지한 문화로 여기는 엘리자베스 시대의 세익스피어 연극 또한 당시에는 대중적이고 친근한 경험양식이었다.

> 그들 극장은 부랑아, 장인들, 도둑놈, 말 도둑놈, 창녀, 쿠즈너, 토끼잡는 사람, 반역의 계획자, 그리고 게으르고 위험한 방랑자들이 서로 만나는 그런 장소이다. 그들 극장은 일이 없는 도제나 하인들을 그들의 평범한 노동자 생활에서 벗어나게 하고, 또한 모든 사람들을 설교로부터 해방시켜 준다. 기독교인들은 특히 종교적 환상과 상업적 거래의 시달림으로부터 벗어나 적절한 여유를 가질 수도 있게 된다.(A. Harbage, 1941, pp.84-5)

그렇다면 문제는 대중과 텔레비전 사이에 무엇이 소통되는가, 그들 사이의 친화력은 무엇으로부터 오는가 하는 것이 될 것이다. 텔레비전이 사람들을 진지한 삶의 문제로부터 도피하게 하는 통속적인 오락에 불과하다고 간주하고 끝낸다면, 그토록 광범위하고 대중적이며 강렬한, 텔레비전과 우리들 사이에 일어나는 일에 대해 더 이상 이해할 수 없게 되기 때문이다.

통속성은 쉽게 이해된다는 것이며 쉽게 이해되기 때문에 재미있는 것이다. 한 시대, 한 사회의 통속성은 따라서 그때 그 공간에서 익숙하고 내면화된 가치규범, 인간적 흥미와 관심사, 낯익은 형식과 내용에 뿌리를 두지 않을 수 없다(유선영, 1992, 290쪽).

텔레비전이 지적인 매체가 아니라면 그것은 기본적으로 텔레비전이 말의 매체이기 때문에 쉬운 매체라는 사실에 기인할 것이다. 텔레비전이 말의 매체라 함은 그것이 말의 문화에 익숙하고 적합한 형식과 친화력이 있고 그러한 형식 속에서 가장 텔레비전답고 재미있게 느껴진다는 의미이다. 텔레비전에서 느끼는 재미와 텔레비전에 대한 비평이 어긋나고 있다면 그것은 문학을 비평하는 문자적인 잣대로 텔레비전을 평가하고 문학의 수준에 텔레비전이 따라올 것을 전제하기 때문일 것이다.

텔레비전은 문학과는 상이한 소통양식을 지닌 매체이다. 피스크와 하틀리는 텔레비전을 글의 약호보다는 말의 약호에 가까운 구술적 매체라 규정한다(J. Fiske & J.Hartley, 1978, p.19). 문자언어 특히 인쇄된 언어가 '일관성', '보편성'과 '추상성', '명료함', 그리고 목소리의 '단일한 어조'를 통해 작동하는 동시에 이러한 특성을 증대시키는 데 반해, 텔레비전은 양식상 '일시적'이고 '삽화적'이고 '특정'하며 '구체적'이고 '극적'이라는 것이다. 텔레비전의 의미는 '모순되는 기호들의 병치와 대조'에 의해 만들어지며, 그 논리는 구술적이다. 텔레비전이 갖는 친근함과 매혹은 그것이 말하는 양식이 우리가 일상생활에서 말하는 양식과 유사하다는 데 있다.

구술적인 텔레비전은 형식논리의 구조를 통해서가 아니라 말로 된 담론과 시각적 이미지의 결합장치를 통해서 그 의미를 낳는다. 따라서 텔레비전은 논리의 일관성이나 하나의 어조를 유지하지 않는데, 이것은 텔레비전의 결함으로 취급될 것이 아니라 비문자적이고 구술적인 소통양식으로 이해해야 한다.

형식논리 즉 불변의 비인격적인 담론의 양식이라는 개념이 생겨난 것은 알파벳 문화가 널리 보급된 초창기였다(J. Goody & I. Watt, 1962, p.331). 이에 비해 텔레비전 담론은 그 본질상 불변의 비인격적인 것이 아니며, 그 양식은 문자논리 혹은 형식논리와 반대되는 수사학의 양식이다(J. Fiske & J. Hartley, 1978, p.127). 가령, 텔레비전 메시지는 삼단논법의 연역적 필요조건에 의해 정당화되는 것이 아니라 그 메시지의 문맥과 요소들의 대립에 의해 정당화 된다. 다시 말해서, 구술문화에서는 어떤 사실을 구체적인 맥락에서 추상화된 순수한 사실로 인식하려 하기보다는 구체적인 맥락 속에 들어왔을 때 그 맥락 속에서의 의미로 인식하려 한다는 것이다. 구체적인 맥락이란 일상적인 삶의 맥락이고, 삶의 맥락에서 일어나는 이야기를 통해 세상사를 이해하고 적응하고자 하는 것이라 할 수 있다.

문자 이전의 문화는 구술문화였고 그러할 수밖에 없었다. 활자화된 문자가 사람들에게 내면화된 엘리자베스 시대 이후로 '단지 생각하고 말하고 노래하고 놀며, 땅을 경작하고 짐승을 길들이고 물통이나 쟁기나 방앗간을 만드는' 사람들과 이러한 것과 더불어 '읽고 쓰고 기록하고 다시 언급하고 비판하며 문제의 진실과 그것에 대해 어떻게 해야 하는가를 다른 사람에게 말하는' 사람들 간에 문화지체가 존재해 왔다(P. Laslett, 1971, p.207). 이후로 비문자적 논리는 항상 문자적 논리에 열등한 것으로 무시되었다. 말이 그러할진대 이러한 말에서 표현양식을 이끌어내는 매체가 그러한 이유로 비판받고 무시되는 것은 당연하다고 볼 수 있다.

여기서 더 나아가 피스크와 하틀리는 텔레비전이 타인과의 접촉을(환유적으로) 전달함으로써 과거에 사라졌다고 이야기되는 '이야기꾼', '사제', '현인', '연장자' 등을 문화적으로 가시화하고 문자 양식에 대한 구술 양식의 우월성을 회복시키고 있다고 주장한다(앞의 책, p.135). 다시 말해서 텔레비전은 영화에서처럼 개인에 의해 표현된 것을 놓고 벌이는 해석게임이 아니라, 개인을 넘어서는 사회적 제의의 기능을 수행한다는 것이다. 이를 통해 수용자들은 텔레비전이 벌이는 사회적 제의에 개입하는 집합적 자아와 의사소통하게 되고 이런 의미에서 텔레비전이 현대적 음유시인으로 기능하게 되었다고 주장한다(앞의 책, p.94).

이와 함께 피스크와 하틀리는 재미있는 지적을 하고 있다. 텔레비전이 비평가들로부터 그렇듯 적의를 받는 데는 그것이 다만 문자적 규범을 따르지 않는 열등한 매체일 뿐 아니라 어떤 문제를 다루더라도 비문자적 형태로 환원하는 매우 교만한 습관을 가지고 있기 때문이라는 것이다(앞의 책, pp.130-131). 이러한 지적이 시사하는 것은 우선 문자적 규범에 맞는 메시지를 텔레비전에 넣었을 경우 텔레비전이 그것을 구술적이고 비문자적인 방식으로 해체해버리기 때문에 애초의 진지한 의도를 성취하기 어렵다는 것이다. 두 번째는 그렇다면 텔레비전은 구술적 양식을 지닌 자신의 매체적 특징과 친화력을 갖는 메시지의 형식을 선호할 것이라는 점이다. 가령 말을 말답게 사용하는 구술적 문화양식이 텔레비전을 통해 가장 효과적으로 소화되고 표현될 수 있는 양식일 것이라는 점이다.

2) 저널리즘, 이야기, 드라마

한국에서 텔레비전은 강력한 매체로 인식되기는 하였으나 신문에 비해서는 (그 질에 있어) 열등한 매체로 인식되었다. 방송 초기부터 방송과 언론을 분리해 생각하는 경향이 있었는데, 이는 우선 방송을 강력한 매체로 만들어주는 속성이 언론 즉 저널리즘에는 부합하기 어려운 것으로 여겨진 때문이었다. 즉, 방송의 속성이 객관적 보도를 보장하기 어렵다는 것이다.

신문에 비해 방송이 가지는 장점이 속보성과 직접성인데, 이 두 가지 모두가 객관적 보도를 보장해주지 못한다는 지적이다.

> 방송은 프리보스트가 지적한 대로 특히 보도방송에 있어서 몇 가지 위험한 경향을 나타내고 있다. 즉 그 하나는 과잉표현 취향이며 또 다른 하나는 지나치게 대담한, 때로는 그 리얼리티를 말살하기까지 하는 생략이다. 분초를 다투는 나머지 보도는 각색이 되고 거두절미되어 원형마저 잃는 때가 비일비재하다.(신영철, 1968, 36쪽)

속보성의 문제는 속도라는 무기의 포로가 되어 갖가지 부작용과 해악을 불러일으킬 수 있다는 것이고, 직접성의 문제는 전달자가 전달내용에 감정을 불어넣게 되어 객관적인 보도를 저해하고 사람들을 오도할 수 있다는 것이다. 실제로 1967년 9월 6일 밤 매몰광부 양창선 씨가 구출되기 전에 KBS와 MBC가 하루 앞서 양씨가 타지도 않은 헬리콥터에 타고 서울로 향했다는 성급한 보도를 한 것이나, TBC가 굴속에 갇혀있는 양씨를 구출되었다고 앞질러 보도한 것 등이 지적된다(신영철, 앞의 글, 37쪽). 또 방송의 직접성은 상업방송의 강요에 의해 감정을 함부로 조작할 우려가 있는 것으로 위험시 되었다.[44]

물론 보도에 있어서 방송의 열등성은 당시의 열악한 취재여건에 있기도 했지만 '방송보도'가 저널리즘과 방송이라는 두 영역에 걸쳐 있는 까닭에 이 둘을 소화하기 어려웠던 점도 있다. 당시에는 신문기사를 받아서 아나운서가 읽는 것이 방송보도라고 인식되고 있었기 때문에 굳이 방송기자의 독자성을 인정해주지도 않았다. 방송기자를 인정해 주려면 그가 우선은 말하는 기자가 되어야 하는데, 그 기자는 말하는 데는 서툴고 쓰기만 하면 된다고 생각한다는 것이다. 이래저래 방송기자는 신문기자에 비해 서열상 뒤쳐졌고, 그래서 "(방송보도의 경우) 시간을 늘리는 것보다는 방송도 신문과 마찬가지로 언론이 되어야 하는데 그 예로 여론을 조성하는 해설적인 사설적인 칼럼의 역할 등을 해야 한다"는 것이 대체적인 지적이었다(방송문화, 1968. 4, 70쪽).

그러나 기자가 뉴스 해설을 할 경우 "해설 장면을 보면 원고를 보고

---

[44] 당시에는 국가의 방송지배보다는 자본의 방송지배 즉 상업화를 훨씬 경계했다는 느낌을 여러 곳에서 받게 된다. 보도에 있어서 방송이 신문보다 우월할 수 있을 때는 상업방송들이 존재하지 않고 국영방송만 있을 경우라는 생각도 보인다. 즉 신문은 정치적인 색채를 띠워 보도의 왜곡, 오보, 허위에 가까운 것이 있으나 정부가 관할하는 방송국은 정확한 보도의 면에서 제일이지만, 만약 신문사와 같이 많은 사설 방송국이 있었더라면 국론통일에 적지 않은 지장을 초래했을 것이라는 견해 등이 그것이다.(변시민, 1959, 12-13쪽)

읽는 식이어서 아나운서가 하는 것과 무엇이 나을까 하는 의구심을 자아내기도 한다. 기자는 어디까지나 기자에 충실해야지 결코 화자가 아니라는 것을 말해두고 싶다”는 비판과 “비록 그 알맹이는 있을지언정 언어의 구사력이 너무도 형편없고 딱딱하고 판에 박은 듯한 말씨여서 몇 십분 동안이나 듣고 있으려면 짜증이 난다”는 비판이 동시에 나타나는 형편이었다(김원태, 1972, 42-43쪽).

결국 문자적인 양식과 구술적인 양식 간의 갈등인데, 저널리즘 즉 언론은 문자적인 양식 속에서 그 객관성과 합리성을 보장받을 수 있다는 인식이 지배적인 것이었기 때문에 1960년대는 물론 1970년대까지도 방송이 독자적인 저널리즘의 역할을 할 수 있다는 것을 인정받기 어려웠다.

1960년대 후반 방송기자에 대한 사회적 인식이 어떠한 것이었는지는 아래의 인용문에 잘 나타나 있다.

> 방송국에 있다면 으레 아나운서냐? 아니라면, 그럼 가수냐? 이거 미치는 얘기예요. 몇 년 전만 하드라도 어떤 장군 인터뷰하는데, 이 양반 얘기가 방송국에도 기자가 있습니까? 한단 말입니다. 농담이나 죠크였는지 모르겠으나 앗찔한 얘깁니다. 정치하는 사람들도 마찬가지예요. 인터뷰 같은 것을 해보면 신문과 통신만 앞세우고 방송 얘기는 하나도 없어요. 아나운서가 문제가 아니라 우선 신문기자와 싸워 이겨야 할 것 같습니다.(방송문화, 1968. 4, 70쪽)

> 우리사회에서 언론의 자유 하면 곧 신문의 자유가 그 전부인 것처럼 인식되어 있고 언론인의 권익 하면 신문인을 안중에 두고 논리를 전개되는 일은 많으나 방송에 대하여 언론의 자유가 문제되고 방송인의 권익이 신문인의 그것처럼 사회에게 크게 소구되지 못하고 있는 것도 선뜻 이해하기 힘든 일이 아닐 수 없다.(이병용, 1969, 12쪽)

일반인의 머리속에서 방송인을 생각할 때 언론인이란 생각이 즉
각적으로 떠오르지 않으며, 방송인과 언론인이란 두 이미지가 중복
은 되면서도 딱히 들어맞지는 않는 형편에 있다는 것뿐이다.(남재
희, 1969, 15쪽)

이러한 사회적 인식은 신문보다 방송이 시간적으로 늦게 나온 매체라
는 사실에서 연유하기도 하지만, 한국방송의 역사적 특성에서 배태된 방
송과 방송인의 기질적 특성에 연유된 것이라는 시각도 존재했다.

방송인들은 같은 언론종사자이면서도 신문인들과는 그 체질을
근본적으로 달리 하는 것 같다. 신문인들은 보다 적극적이고 외향
적이며 투쟁적인 데 있다면 방송인들은 그와는 정반대로 소극적인
몸가짐이어서 내향적이고 온건한 타협적인 인품의 인사가 대부분
인 것처럼 느껴진다. 이것은 신문은 민간지에서부터 시작했고 본질
적으로 정치 신문으로 본질을 삼았는 데 그 이유가 있는 데 반하
여 방송인은 일제하에서 관영방송에서부터 비롯되었고 프로의 대
부분이 연예오락을 주 대상으로 하는 문화적 분야에 주로 봉사하
는 미디어로서 성장하여온 차이가 오늘날 신문인과 방송인의 기질
의 상위점을 가져온 것이다.(이병용, 1969, 12쪽)

이런 분위기에서 1966년 1월 전파관리법의 개정을 추진 중에 있던 주
무장관이 "방송은 언론이 아니다"라고 말하여 방송이 언론이냐 아니냐
라는 문제가 물의를 일으킨 일이 있었다(이덕근, 1969, 61쪽). 이 사건은
'방송이 언론이 되려면 어떻게 해야 하느냐'로부터 '방송이 언론이 아닌
이유는 무엇인가', 또 '방송이 언론이 되는 것이 좋은가'에 이르기까지 일
련의 논쟁을 일으켰다.
우선 방송이 언론 대접을 받지 못하는 이유는 크게 세 가지로 압축된
다. 첫째는 방송기자의 취재방식이 방송의 특성을 못 살린다는 것이다.
한 예로 1971년 남북한 적십자사 전화개통이 지적된다.

지난번 남북한 적십자사가 전화개통 때 방송기자들이 취재하러 왔는데 녹음기에 픽업장치를 해온 사람이 하나도 없드군. 그런데 신문기자가 픽업장치가 있는 녹음기를 가지고 나왔더군. 이러한 현상은 뭘 애기할 수 있읍니까? 그 신문기자가 녹음기에 마이크 코드를 out에 꼽아서 녹음이 안되었을 뿐이지, 녹음기를 가지고 나왔다는 것은 가상한 일이 아닙니까? 그런데 방송기자가 그런 생각도 못한 이유는 무엇이며, 녹음기를 휴대하지 않은 이유는 보도경쟁에 있어서 전파매체의 특성을 살릴려는 노력이 너무 결여되어 있는것 같읍니다.(월간방송, 1971. 11, 27쪽)

더욱이 텔레비전 뉴스의 경우는 그것이 "눈으로 보는 뉴스라는 점"과 "현장의 사실성을 좇는 뉴스라는 점"이 특징일 터인데 "어제 방영된 필름이 아무런 주석의 슬라이드도 없이 오늘의 속보뉴스에서 재방영되는 현실"이고 "심지어는 스포츠 뉴스에서 어제의 게임 실황이 오늘의 속보뉴스에서도 그대로 방영되어 시청자로 하여금 승패의 인식에 혼란을 가져오게 하는" 일들이 너무 많다는 것이다(최원, 1968, 59쪽). 다분히 보도(문자)에 치우쳐서 방송(말)을 살리지 못한 결과일 것이다. 다시 말해서, 취재와 보도라는 저널리즘은 이미 수립된 문자적 양식으로 수행하는 것이라는 지배적인 인식 속에서 수행한 결과 방송이라는 매체와 충돌하게 된 것이다.

두 번째는 역사적으로 방송이 정권에 종속되어 있었기 때문에 현실비판이라는 언론의 기능을 제대로 수행하기 어려웠다는 것이다. 즉, "한국 방송이 걸어온 길은 일본식민통치와 미군정하에서 그리고 자유당 정권 하에서 제대로 언론기관의 구실을 하지 못하고 있었으며, 그 후의 사정에 있어서도 기본적인 차이를 발견할 수 없기" 때문에 "방송미디어가 갖는 우수한 표현가능성이나 전달능력에도 불구하고 그것은 상대적으로 활자미디어에 비해서 언론일 수 없었다"는 것이다. 방송이 언론이 아닌 유일한 까닭은 "사회 환경의 올바른 전달이나 과감한 현실비판을 하지 못한 데 그 원인이 있다"는 지적이다(이상희, 1971, 17쪽).

세 번째는 방송이 신문과 같은 사설을 하지 못한다는 사실이다. 1960년대 후반에서 1970년대 초반에 걸쳐 '방송에서 사설이 가능한가', 즉 '자기 주장을 내세울 수 있는가'에 대한 논란이 있어왔다. 사설을 허용해야 한다는 입장은 "방송사설을 허용치 않음은 방송의 의견기능을 마비케 하여 공공적 책임을 다할 수 없게 하는 것이며 공중에게 참으로 매우 필요한 토론을 봉쇄하는 것"이라는 것이었고(이덕근, 1969, 71쪽), 반대하는 입장은 "방송국 수가 많아서 자유롭다던가 공정을 기할 수 있는 장치가 있다면 몰라도 방송사설이 함부로 시인될 수는 없고 그것을 주장하는 학자들의 이론은 이상을 바탕으로 한 것이라 어디에나 들어맞을 수는 없는 노릇"이라는 것이었다(윤병일, 1971, 110쪽).

방송보도나 방송사설이 문제가 되었던 것은 사실 방송의 정서적인 호소력이 대중에게 '함부로' 영향력을 행사할 것을 저어한 까닭이었고, 방송의 정서적인 호소력이란 다름 아닌 그것이 말의 매체라는 사실에 연유하는 것이었다. 언론과 방송은 이처럼 무언가 합치될 수 없는 것으로 여겨졌다. 즉, 언론은 객관적인 문자적 인식의 영역이고 방송은 총체적인 구술적 인식의 영역이기 때문에 둘 간의 조화가 어렵다는 것이다.

파크(Park)는 앎의 형태를 '일정의 목적을 가지고 관찰에 의해 체계적, 과학적으로 접근하여 알게 되는 〈knowledgq about〉'과 '모든 감각기관이 반응함으로써 알게 되는, 장기적인 일련의 경험이 축적되어 있으며 종합적이어서 분절하거나 전달할 수 없는 앎 〈aquaintance with〉'으로 구분한다. '과학적 객관성'과 '대상에 대한 상상적 참여'라는 두 가지 인식방식이 뉴스에 혼합되어 있는데 후자, 즉 〈aquaintance with〉의 인식이 지배적인 곳에서는 뉴스가 지성보다는 감성에 호소하게 된다고 했다(G.Whitby, 1980, pp.21-25). 방송의 경우는 후자의 방식을 가지기 때문에 더욱이 정서적인 호소력이 위력을 가지는 혼란기 한국의 대중에게는 한층 위험한 것으로 여겨졌던 것이다.

그리고 이미 일정한 객관적인 틀 위에서 이해되었던 언론 즉 저널리즘과는 어느 정도 상치되는 것으로 여겨졌다. 언론과 방송을 어느 틀 위에서 이해하고 조화시킬 것인가는 그만큼 골치 아픈 문제로 여겨졌다. 때문에 "방송은 부자유스럽다", "방송은 독과점의 대상이 될 수 있다", "방송은 남의 것을 전달해주는 매체에 불과하다", "방송은 사명감이 없다"는 점을 들어 방송은 언론이 아니라는 주장이 제기되기도 하였고(윤병일, 1971 109-110쪽), 이러한 주장의 바탕에는 "방송국 또는 방송인 중에 방송이 언론이건 아니건 무슨 상관이 있느냐 하는 눈치였고, 정말 언론인가 반신반의하는 사람도 있었으며, 언론이라는 것이 도리어 골치 아프다고까지 하는 측도 있었던"(이덕근, 1969, 61쪽) 혼란스러운 분위기, 차라리 언론이 아닌 게 낫다고 생각하는 분위기가 있었다.

이러한 분위기는 다른 시각에서 해석할 수도 있다. '저널리즘의 객관성'이라는 것이 뭐 그리 대단한가'라는 전제가 깔려 있을 수도 있다는 것이다. 소위 '언론은 객관적이어야 한다'라는 명제가 성립되어 있었지만, 우리의 경우 사실을 꼭 사실 그대로 보도해야 한다는 사실확인과 진위여부에 그리 집착하지는 않았던 것 같다. 오보는 물론 해서는 안 되겠지만 '오보가 나면 나는거지 또 어쩌냐'는 정서가 깔려 있었다는 것이다.

사실에 부합하는 뉴스를 항상 제공해야 한다는 저널리즘적인 인식은 당시로서는 비교적 최근에 확산된 것일 터였다. 일제시대 방송 초기 9시 뉴스에서는 "9시 뉴스를 보내 드리겠습니다. 오늘 뉴스는 없습니다. 이상으로 뉴스를 마칩니다" 해도 그만이었다. 방송 자체가 느슨해서 방송 원고를 읽던 아나운서가 빠뜨린 원고를 찾으러 "잠시만 기다려 주십시오" 해놓고 사무실에 가서 원고를 찾아와 "오랫동안 기다리셨습니다" 하고는 계속 원고를 읽어도 그런가보다 할 만큼 방송인들도 쉬엄쉬엄 방송했고 청취자들도 넉넉한 마음으로 들었다. 마치 청취자들을 마주보고 있다가 대화를 이어가듯 했던 것이다(이내수, 2001, 91-92쪽).

방송이 언론이냐 아니냐의 문제는 결국 문자적 양식과 구술적 양식

간의 갈등과 혼란이 빚어낸 것에 다름 아니다. 구술적 인식양식이 감정이 개입되는 것이고 정서적이며 상상적 참여를 통한 총체적 느낌을 지향한다는 것은 사실을 사실로 떼어내고 추상화시켜 인식하기를 꺼린다는 이야기이다. 특정한 맥락에서 분리되어 객관화되고 추상화된 하나의 사실이, 구술적인 인식양식 속에서는, 어떤 의미를 주지 못한다는 의미이다. 오히려 그 사실은 특정한 관계 속에 구체적으로 맥락화되었을 때 의미를 전달한다. 맥락화한다는 것은 결국 그 사실을 어떤 관계 속에 집어넣어 하나의 이야기로 만든다는 뜻이다. 사실 그 자체보다는 그것이 '이야기'화된 맥락 속에서 나름대로의 진실을 감득하는 것이 구술적 인식양식이다.

구술문화 혹은 구술적 인식양식 속에서 이야기는 중요한 소통의 형식이다. 구술사회에서 지혜와 실질적인 경험은 이야기의 형태로 모아지고 전달되었다. 이야기는 유동적이고 축적적이며 그 스토리는 서사시와도 같은 것이었다. 다시 말해서 구술문화는 그 안에 있는 많은 것을 보관, 조직, 전달하기 위하여 인간 행동에 관한 이야기(story)들을 이용한다는 것이다(W. J.Ong, 1982, p.211).

이야기꾼의 능력은 특정한 경험이나 소재를 자신의 삶에 연결시킬 수 있는 것이었다. 삶에 연결된 경험이 청중과의 공감을 일으키고 전달되고 기억되는 것이기 때문이다. 이야기가 퇴조하는 지점은 개인적인 경험의 질이 무시되고 그것이 무색무취한 정보로 대치되는 지점이었다. "경험을 무시하는 세계에서 우리는 일상적인 사고, 감정, 감각들의 텍스츄어를 잃게 된다. 우리는 현대적 미디어가 제공하는 현란함으로 그것을 체계적으로 폐기할 것을 배운다. 인쇄매체 또한 이야기를 담고 있지만 그것은 살아있는 전통으로부터 나온 것이 아니라 분리된 마음들로부터 나와 분리된 마음들로 전달되는 것이다. 더욱이 그 이야기들은 흡수되고 기억되고 전달되는 것이 아니라 분석되고 판단되고 궁극적으로 순위매겨지는 것이다"(J. Stamps 1995, p.162).

이야기의 본질은 일상적인 삶의 맥락이자 그 속에서의 경험이고 이러한 이야기를 통해서 삶의 경험을 소통하고 지혜를 전승하는 것이 구술문화의 특징이다. 삶의 경험에서 추상화된 정보가 의미 없는 것은 이러한 이유에서이다.

> 도시건 시골이건 일의 와중에서 오랜 세월동안 번창해온 이야기는 그 자체가 말하자면 의사소통의 장인 형태이다. 그것은 정보나 보고처럼 사물의 순수한 본질을 전달하고자 하지 않는다. 이야기는 이야기꾼의 삶 속으로 사물을 가라앉히는데 그것은 다시 그로부터 사물을 끄집어내기 위해서이다. 이와 같이 해서 도공의 손자국이 옹기그릇에 옮겨지듯이 이야기꾼의 삶의 흔적은 이야기에 옮겨지는 것이다.(W. Benjamin, 1987, p.110)

근대사회에서 정보가 우선시되고 이야기가 퇴조되었다고는 하나 사실 정보를 정보 그대로 전달하고 소통하기는 어렵다. 이것이 근대사회에 여전히 이야기가 남아있는 이유이다. 이야기를 부정하는 과학적인 사실과 인식이 어떻게 이야기화되어 전달되는가 하는 연구도 있다(정성욱, 1996). 텔레비전이 현대적인 음유시인의 역할을 하고 이야기를 되살리는 구술매체라는 지적도 사실은 텔레비전이 말의 매체이기 때문에 나온 것이다. 말은 추상적이지 않다. 따라서 말의 매체는 구체적인 맥락을 전달하거나 말로써 그 맥락을 형성한다.

이야기성의 흔적은 구술적인 인식양식이 지배적인 사회에 더욱 강하게 남아있게 된다. 그러한 사회에서 구술매체인 텔레비전은 이야기를 담는 데 별다른 저항을 느끼지 않을 수 있다. 문자적인 저널리즘의 원리는 더욱 쉽게 무시되고 이를 이야기화 하려는 경향이 나타날 수도 있는 것이다. 얼마 전 우리나라에서는 '재연 프로그램'이 많이 등장하면서 뉴스보도에서의 사건의 재연이 논란을 일으키기도 했다. 재연프로그램을 리얼리티 프로그램의 하나로 볼 때 우리나라에서 유난히 드라마타이즈하는 재연 프로그램이 많다는 점이 지적되기도 하였다(홍석경, 1999). 뉴스, 연예 오락프로, 다큐멘터리, 시사프로 등 장르를 불문하고 그 내용을 드라마화해서 전달하려는 시도가 계속되고 있는 것이다.

이런 배경에서 볼 때, 한국에서 텔레비전 드라마가 가장 대중적이고 중요한 장르로 부각된 것은 이제 자연스럽게 보인다. 텔레비전 도입 초기 텔레비전이 활용할 수 있는 장르는 드라마, 즉 널리 알려져 있고 사랑받는 이야기였고, 더욱이 이야기라는 형식에 익숙해 있는 대중을 쉽게 끌어들일 수 있는 것이 드라마이기도 했다. 또한 이야기 즉 드라마는 저널리즘과는 달리 텔레비전이 잘 소화할 수 있는 형식이기도 했다.

한국에서 텔레비전 드라마가 본격적으로 만들어지기 이전이었던 1965년 10월 현재 텔레비전 시청률 순위는 "푸로레스링, 〈전투〉, 추리모험 TV영화, 추리모험 TV극, 사극" 순으로 나타난다(여원, 1965. 10, 316쪽). 프로레스링을 제외하면 모두가 영화와 드라마이다. 드라마 즉 이야기에 대한 선호는 이미 존재했던 것이다. 프로레스링의 경우도 그 시청 양상이 매우 몰입적인 특징을 나타내었다.

> 외국인은 푸로레스링을 그저 쇼로서 보고 즐기는 데 우리는 몰입하여 스릴에 찬 박진감을 만끽하려 든다. 우리나라의 시청자들은 사실 넌픽숀보다 픽숀을 좋아한다. 빈곤과 굶주림과 절망속에서만 살아왔기 때문에 사실은 전부가 슬픈 것들이다. 실제가 아닌 가공의 세계에서나마 행복하고 부유하게 살고 싶어한다. 따라서 이야기(픽숀)을 갈구하고 또 듣고싶어한다. 슬픈 이야기를 듣고 볼 때는 자기는 그렇게 되지 않았으며, 그래도 행복하다는 자기방위 본능에 충족감을 즐기고 허황한 가공의 세계가 그려질 때 아늑히 이것을 동경한다.(여원, 1965. 10, 316쪽)

이러한 바탕이 있었기 때문에 텔레비전 방송국은 열악한 여건 속에서도 텔레비전 드라마를 만들기 위해 사력을 다했던 것이고, 오락이 아닌 교양을 외치던 정부도(코미디에서처럼) 드라마를 없애려는 시도는 아예 하지 못하고 오히려 드라마를 교양의 형식으로 활용하려 하였던 것이다. 그렇다면 여기서 더욱 살펴보아야 할 것은 텔레비전 드라마에 담긴 이 야기들은 어떤 것들이었고 이것들이 어떠한 형식으로 소화되었으며, 그 러한 사실들은 한국의 구술적 전통을 어떻게 잇고 동시에 변형시키는 것이었는가 하는 점이다.

2. 한국 텔레비전 드라마의 구술성

1) 신파, 멜로드라마, 연속극: 한국 대중문화의 '이야기'

(1) 한국 텔레비전 드라마의 '이야기'

한국의 텔레비전에서 드라마의 지배적인 위치를 굳히고 일일연속극의 시대를 연 것은 1970년 TBC의 〈아씨〉와 1972년 KBS의 〈여로〉 및 MBC의 〈새엄마〉 등의 대성공이었다.

〈아씨〉는 흔히 한국판 여자의 일생이라 표현될 만큼 가난하게 태어나 험한 길을 헤쳐 나가면서 아내로서의 부덕과 어머니로서의 희생과 사랑 을 줄기차게 이끌고 나가는 한 여자의 일생을 그린 작품이다. 〈여로〉 또 한 저능하지만 순박한 남편을 위하여 모든 것을 희생하고 봉사하는 한 여인상을 그린다. 〈새엄마〉는 어느 복잡한 가정의 후처로 들어간 새엄마 가 가족들의 무관심과 냉대 속에서 꾸준히 참고 견디며 사랑과 희생으로 그들을 돌본 결과 가족들의 사랑을 얻게 된다는 내용이다.

특히 〈아씨〉는 70년대 초반 드라마의 하나의 표준형이라 할 수 있었 다. 〈아씨〉 이후 KBS의 〈가시리〉, 〈신부들〉, 〈파도〉, 〈봉녀〉, TBC의 〈세

자매〉, 〈마부〉, 〈동기〉, 〈사슴아가씨〉, 〈생명〉, MBC의 〈정〉, 〈왈순아지매〉, 〈학부인〉, 〈갈대의 노래〉, 〈새댁〉, 〈여심〉 등 비슷한 작품들이 1971년 이후 우후죽순처럼 명멸했다(오명환 1985, 195). 특히 1974년 TBC의 〈어머니〉는 4년 전 〈아씨〉를 리바이벌한 작품이었는데도 불구하고 여전한 인기를 누렸다.

〈아씨〉류의 드라마 외에 이 시기 드라마의 많은 비중을 차지했던 것이 사극이다. 1960년대 초반 드라마가 꽃을 피우기 이전, 그러나 드라마의 틀을 잡고자 고군분투하던 시절, 드라마는 반공극의 〈실화극장〉, 역사극의 〈화요무대〉, 문예성이 짙은 내용을 다루던 〈금요무대〉, 계몽성 홈드라마였던 〈일요연속극〉 등으로 갈래를 지워나갔다. 이들은 〈금요무대〉를 제외하고는 대체로 목적극의 테두리 속에 있던 것들이었다. 이러한 드라마들 가운데 시청률을 쉽게 얻을 수 있었던 프로그램은 역사극이었다. 그것도 정사가 아닌 야사에 바탕을 둔 흥미위주의 작품들이 노년층과 연소자층의 지지를 받았다.

김영곤 작 〈숙부인〉, 이서구 작 〈탄금대〉 등은 종전에 영화나 연극무대에서나 볼 수 있었던 왕조시대의 여인애사를 안방에서 쉽게 접할 수 있었다는 점에서 시청자의 지지를 모았다. "그것도 대부분의 출연인물이 여성들이며 한결같이 고부간의 갈등 아니면 질시와 선망으로 얼룩진 여성들의 생활이면이고 보면, 그 퇴영성은 이미 1920년대에 있었던 신파연극의 아류가 이제 다시 TV브라운관에 서서히 재현되는 조짐을 보이게 된 것"이었다(차범석, 1985, 186쪽). 이후 1970년대까지 사극은 멜로드라마와 함께 텔레비전 드라마의 양대 산맥을 형성했다. 그러나 그것이 다루고 있는 이야기의 내용은 차별화하기 어려울 만큼 〈아씨〉류의 이야기 구조를 가지고 있는 것이었다. 1969년부터 1979년까지 KBS, MBC, TBC의 세 방송국에서 방송된 작품(일일연속극) 가운데 시청률이 높았거나 좋은 반응을 보였던 작품을 살펴보면 〈표 12〉, 〈표 13〉, 〈표 14〉와 같다.

〈표 12〉1970년대 KBS의 대표적 일일연속극

작품명	작 가	방송년도	회 수	구 분
신부1년생	임희재	1969	30	현대극
이웃사촌	이경재	1970	100	현대극
북간도	안수길/김영수	1971	260	시대극
가시리	이상현	1971	160	시대극
여 로	이남섭	1972	211	시대극
파 도	곽일로	1973	270	시대극
세종대왕	이은성	1973	250	사 극
꽃피는	윤혁민	1974	320	현대극
팔도강산	김동현	1975	240	반공극
대동강	김동현	1976	169	반공극
타 향	김동현	1977	151	반공극
연락부	이남섭	1978	115	반공극
유럽특급	이은성	1979	195	현대극
기러기				

*출처: 차범석(1985, 199쪽)에서 정리

〈표 12〉, 〈표 13〉, 〈표 14〉의 드라마 가운데 사극은 11편, 시대극은 7편, 현대극은 24편이다. 사극과 시대극의 비중이 현대극과 맞먹고 있음을 알 수 있다. 이 시기 드라마에 쏟아졌던 비판은 사극, 시대극, 현대극을 가리지 않는 내용 즉 이야기의 천편일률성이다. 우선 인물 성격 면에서 여자주인공은 눈물과 한숨으로 현실에 순응하는 과거지향성 여인상과 내면적인 타당성도 없이 도전적이고 퇴폐적인 언동을 일삼는 현대 감각의 여성으로 그려지고,[45] 남성 인물은 거개가 무기력하여 여인들의 틈바구니에서 전전긍긍하는 거세된 인물로 그려지고 있다는 비판이 그것이다(신상일, 1975, 66쪽).

---

[45] 이 가운데 전자의 여인상은 〈아씨〉와 〈여로〉가 상징하듯이 폭발적인 시청률을 기록했고, 후자의 여인상이 등장하는 드라마는 퇴폐, 도시의 사치성, 불륜 등의 비난을 업고 제재를 당하기 십상이었다.

〈표 13〉 1970년대 TBC의 대표적 일일연속극

작품명	작 가	방송년도	회 수	구 분
아 씨	임희재	1970-1971	253	시대극
딸	유 호	1970-1971	329	현대극
사슴아가씨	유 호	1971	150	현대극
여보정선달	이성재	1971-1973		사 극
사모곡	신봉승	1972-1973	264	사 극
어머니	남지연	1973. 10-1974. 6. 1		현대극
달 래	김자림	1973-1974	167	현대극
연 화	신봉승	1973. 10-1974. 5. 3		사 극
윤지경	신봉승	1974. 5. 5-10. 25		사 극
맏 딸	김자림	1974		현대극
임금님의	임희재	1975. 9. 22-1976		사 극
첫사랑	조남사	1976		현대극
셋방살이	신봉승	1976. 4. 16-1977. 3. 6		사 극
별당아씨	신봉승	1977		사 극
허부인전	나연숙	1978	130	현대극
언 약	나연숙	1979	205	현대극
야 곰례야				

*출처: 차범석(1985, 199-200쪽)에서 정리

이와 함께 분위기 묘사나 언어표현의 면에서 극적 구성을 위해 부정적인 면이나 악을 그리는데 인간의 가장 원시적인 시기, 모략, 반목, 행패 등을 타당성 없이 승화됨이 없이 노출시킴으로 해서 불쾌감이나 퇴폐적인 분위기로 인간에 대한 존엄성이나 삶의 진지함을 둔화시키고 얄팍한 은어나 화술의 효과로 경박한 사회풍조를 조장한다는 비판이 동반된다. 사극의 경우도 궁중암투, 애정행각, 모략중상 등의 내용이 거개를 이루고 있어 소재나 배경만 옛것에서 취해왔을 뿐 그 내용이나 전개, 인물 성격 등이 다분히 일반 멜로드라마의 성격을 띠고 있다는 지적을 받고 있다(앞의 글).

〈표 14〉 1970년대 MBC의 대표적 일일연속극

작품명	작 가	방송년도	회 수	구 분
개구리남편	김동현	1969	100	현대극
물레방아	차범석	1970	155	시대극
정	조남사	1971	192	현대극
대원군	유주현/이은성	1972	228	사 극
새엄마	김수현	1972	411	현대극
한백년	이철향	1973	321	시대극
수선화	김수현	1974	166	현대극
신부일기	김수현	1975	216	현대극
집 념	이은성	1975	143	사 극
정 화	이상현	1977	179	사 극
당 신	김수현	1978	340	현대극
연 지	신봉승	1978-	197	사 극
행복을 팝니다	김수현	1979	173	현대극

*출처: 차범석(1985, 200쪽)에서 정리

홍수처럼 쏟아져 나온 드라머 가운데 새로운 성격이 과연 몇이나 있었던가 생각해 보자. 새로운 인간상의 부각을 위해 작가가 얼마만큼이나 고생했는가 반성해 봄직도 하다. 솔직이 말해서 우리가 대하는 드라머 속에는 사건만 있지 인간은 없었던 것 같다. 얘깃거리만 있지 인생은 없었다고 해야 할까? 말재주만 있었지 성격은 없었다는 결론이 되겠다. 사건과 인간, 얘기와 인생, 말과 성격 이 모든 것이 드라머에는 고루 있어야 했었다.

그런데 우리가 쓴 드라머는 그 가운데 절반은 있고, 절반은 없었다는 얘기가 되겠다. 그래서 방송에 대해 전문적인 지식이 없는 소시민들까지도 우리나라 드라머는 등장인물도, 사건도, 극적상황도 심지어는 이름도 엇비슷하더라는 핀잔을 퍼붓게 되었다.(차범석, 1978, 93쪽)

우리나라의 TV드라머는 아직 인간상의 부각이라는 수준에까지 이르지 못하고 있어요. 이야기를 끌고가는 형식이 왜 옛날에 이야기책을 읽는데 눈으로 보고 듣고 읽어서 그리하여, 어찌하여, 됐느니라……식

의 형태를 못벗어나고 있읍니다.(이진섭/차범석, 1973, 139쪽)

결국 텔레비전 드라마가 담고 있는 이야기의 '스토리 없음'에 대한 비판이다. 30분짜리 드라마면 거기에 담을 수 있는 이야기의 플롯 구성이 먼저 되어야 하는데, "어디서 어디까지가 발단이고 전개이고 결과인지 구분도 안 될 뿐만 아니라 어떤 특정한 씨인을 집중적으로 구축함으로써 극적인 효과를 노릴 뿐"이라는 것이다. 이는 "누가 뭐라 하건 그 시간에 울리거나 웃기는 하나의 국부적인 결정을 퍽 중요시하는 경향이다. 이것은 저속한 신파영화의 아류를 따르는 것으로 사건이나 성격에서 오는 당위성을 무시하고 그저 우연성 또는 비논리성을 범해서라도 한 장면의 비정상적인 확대를 꾀하는 예"가 된다. "TV드라마가 야담극 아니면 전근대적인 신파극을 재채색하거나 국적도 없는 시대물로 시간을 메꾸는 데 그친다"는 것은 확실히 문제라는 지적이다(차범석, 1968, 39쪽).

텔레비전 드라마의 이러한 '이야기'적 성격에 대한 비판은 그것이 어떤 소설적인 플롯 구성이나 인물 탐구 등의 진지하면서도 근대적인, 따라서 세련된 이야기로 발전되지 못하고 '많이 듣던' 혹은 '매우 익숙한' 일종의 옛날이야기를 반복하고 있다는 것으로 모아진다. 등장인물들의 전형성, 인간의 심리적 갈등이 아닌 사건의 중심적 위치, 비슷한 결말 등은 다분히 구술적인 내러티브의 특징이다.

20년이라는 세월동안 왜 이렇듯 동일한 이야기들이 텔레비전을 채웠을까라는 의문에 대한 답은 물론 여러 차원에서 접근할 수 있다. 근대화된 이야기를 담기 위해서는 우선적으로 현실에 대한 사실적인 묘사가 가능해야 하고, 근대가 낳는 인간형 및 그들의 새로운 갈등과 모순 등을 표현할 수 있어야 한다. 정치적인 소재가 제한되던 당시 분위기에서 이러한 이야기의 시도는 우선 가능하지 않았다.

우리는 지나치게 TV의 최대공약수인 대중성을 찾다보니 비극적

이고 봉건적인 과거에서만 인간을 찾고 있어요……바람직한 인간
상이란 현대에 살고 우리와 같이 호흡하며 공감을 느낄 수 있으면
된다고 생각합니다. 어떤 영웅이나 결점이 없는 인간을 원하는 것
이 아닙니다. 담담하고 꾸밈이 없는 그러면서도 현대의 우리를 대
변하는 인물이 바람직해요……우리 TV는 인간상을 찾는데 범위가
적고 도식화되기 쉬워요. 역사물을 다루자면 인간의 탐구보다는 배
경설명에 치중해야 하기 때문에 본래의 의도에 소홀하게 마련입니
다. 가령 새마을운동에 알맞은 인간상을 찾는 드라머 현상모집을
한다하면 지나치게 획일화되고 도식화될 위험성이 있기 때문에 좋
은 작품이 나올 수가 없다고 봅니다. 인간이란 같이 호흡하고 실패
도 있고 눈물도 있고 반대도 있어야 공감을 느낍니다.(이진섭/차범
석, 1973, 140쪽)

두 번째는 당시 텔레비전의 제작여건을 들 수 있겠다. 스튜디오, 카메
라, 음향, 녹화 등 모든 제작여건상 이러한 이야기를 제대로 소화하기
어려웠다. 어설픈 화면과 어설픈 음향으로 대중을 끌어당길 수 있는 것
은 그들에게 익숙하고 사랑받던 이야기 그 자체를 통해서였던 것이다.

이와 연결된 것이겠지만, 마지막으로 진지한 드라마의 시도는 대중의
호응을 얻지 못했다. TBC는 개국 초기 〈TV소설〉이라는 프로를 편성하
여 격조 놓은 세계문학작품을 주간 연속극 형식으로 방영한 바 있다.
〈젊은 베르텔의 슬픔〉, 〈좁은 문〉, 〈안네의 일기〉 등이 이 프로그램을
통해 방송되었지만 별다른 반응을 얻지 못했다.

(2) 라디오, 영화, 텔레비전: 유사한 '이야기들'

이런 이야기의 특징은 당시 텔레비전 드라마에 국한된 것은 아니었다.
초기의 텔레비전 드라마는 라디오, 영화, 그리고 연극을 모방하는 일로
출발했다. 제작진들이 텔레비전의 특성이나 기능에 대한 상식이 없었기
때문에 그러할 수밖에 없었다. 텔레비전 드라마의 제작 또한 무대와 생

방송 연기가 가능했던 연극계의 연출가 및 배우, 라디오의 작가와 성우
들의 유입을 통해 만들어졌다. 드라마 이외의 이야기 프로그램은 이미
만들어진 영화의 상영이었다.

> 초기의 TV 드라머는 래디오, 영화 그리고 연극을 모방하는 일
> 로 출발했다. 우리의 경우도 마찬가지이다. 이들에게는 전파 미디
> 아의 특성이나 그 기능에 대한 상식이 없었다. 이들은 TV방송국에
> 서 래디오 드라마, 영화, 그리고 연극을 할 수밖에 없었다. 우리의
> 경우를 보면 10여년이 지난 지금까지도 여전히 무대를 복사하는
> 일에 급급하다. 연기자들도 무대에서의 연기를 하고 있고 발성도
> 무대에서의 과장 그대로다. 우리의 연출자는 클로즈 엎 수법을 쓰
> 지 않고서는 표현을 못하며 작가들도 무대에서의 사건이 아니면
> 다룰 것이 없다.(이근삼, 1978, 25쪽)

이 가운데서도 라디오의 영향이 가장 컸다고 할 수 있는데 ,그것은 텔
레비전에서 강력한 흡인력을 집중시킨 라디오 스탭군이 작가였고 이들
을 통해 이야기가 만들어졌다는 데 기인한다. 한운사, 김영수, 유호, 이서
구, 김영신, 김희창, 이경재, 김기팔, 조남사 등 당시 기라성 같던 라디오
중진 작가들이 텔레비전 드라마의 잉태에서 초산까지를 치러냈다(월간
TBC, 1979. 8, 27쪽).

따라서 초기 텔레비전 드라마는 "듣는 라디오 드라마"에서 "보는 라
디오 드라마"로 변했다는 이상의 인식을 얻지 못했다. 왜냐하면 "텔레비
전이라는 매체와는 너무나도 생소한 라디오 드라마와 희곡작가들에 의
하여 쓰여질 수밖에 없었던 당시의 대부분의 작품들은 전연 텔레비전적
인 특성이 고려되지 않은 무개성의 멜로드라마나 홈드라마 스타일이 그
주류를 형성"할 수밖에 없었기 때문이다(유호석, 1968, 51쪽). 다시 말해
서 들려주는 데 익숙한 작가군에 보여주는 데까지 완벽함을 기대하기엔
무리가 따랐으나 엄밀히 말해서 TV드라마는 라디오극의 확장에서 개막

214

되었음이 분명했다(오명환, 1985, 187쪽).[46]

> 지금 한국 텔레비전이 시작된 지 약 10여 년 가까이 되는데 TV 시청자라는 분들이 라디오 드라마를 듣던 습성예요. 그런 식의 청취방식이 텔레비전으로 옮겨왔기 때문에 어딘지 행동 위주가 아닌 대사 위주의 범주를 벗어나지 못하고 있는 것 같습니다.(월간방송, 1971. 7/8, 121쪽)

이와 함께 당시 텔레비전 드라마에는 그 연속드라마라는 형식이 텔레비전 드라마의 소재와 주제를 제한하여 발전을 막는다는 지적이 많았다. 연속극이라는 형식은 대체로 라디오 드라마에서 옮겨 왔고 라디오 드라마는 일본 특유의 라디오 연속극에서 도입된 것이었다. 그런데 이 라디오 연속극의 내용은 신문연재 소설에서 가져온 것이라 여겨졌다. 즉, 신문소설을 청각적으로 가져온 것이 라디오 드라마이고 시청각적으로 가져온 것이 텔레비전 드라마라는 것이다(오석기, 1968, 56쪽).

결국 1970년대의 텔레비전 드라마 경쟁은 1960년대 라디오 드라마 경쟁과 그 형식이나 내용에 있어서 별다른 차이를 가지지 않는다. 드라마에 대한 비판 또한 두 매체의 경우 대동소이했다.

---

46) 당시 텔레비전 드라마 제작론에서 가장 강조되었던 점이 이 부분 즉 텔레비전은 라디오와 다르다는 점이었다. 가령 대사에 있어서 텔레비전 화면에서 보여지는 '동작'을 전제로 한 대사를 써야 한다는 주장이 그것인데, 매우 상식적인 것 같지만 당시의 라디오 작가들에게 시각과 청각의 운용의 묘를 살린 대사를 써야 한다는 것은 상당한 부담이었다. "TV극본이란 시각적인 것과 청각적인 것도 상호공조하는 것이며 서로 연결된 것이며 어느 쪽 하나만으로 성립할 수 없는 것이다. 그러므로 TV극본은 눈으로 볼 수 있게끔 만든 라디오 드라마와는 다른 것이다. 바꾸어 말해서 라디오를 부라운관에다가 투영한 것이 TV극은 아니다. 라디오와는 달리 TV에 있어서 기본적인 대사 하나만으로도 전혀 다른 동작을 부여함으로써 새로운 내용을 거기에다 부각시킬 수가 있다. 따라서 TV극이 아닌 라디오 드라마를 써오던 작가가 이 점을 식별해내야 한다는 것은 중대한 과업의 하나라 할 것이다"(차범석, 1968, 40쪽).

1960년대 각 민영방송이 연달아 개국하면서 청취율 경쟁이 본격화되었는데 이때의 경쟁 품목은 역시 드라마였다. 1970년대 드라마가 텔레비전으로 옮겨가면서 라디오에서 뉴스를 구하는 경향이 나타났지만, 1960년대 다이얼을 지배하는 절대적인 요인은 연속극, 대중가요, 그리고 뉴스의 순이었으며 특히 인기 연속극을 내보내고 있는 채널의 청취율이 크게 앞서곤 했다(한국방송협회, 1997, 401쪽). 이에 따라 저녁 이후의 황금시간대에는 방송마다 다투어 매일 연속극을 편성했다. 특히 상업라디오는 초기에 요일별로 30분씩 잘라 각종 오락물 시리즈를 편성하던 모양에서 벗어나 거의 매 시간마다 하나 혹은 둘의 연속극 띠를 편성하는 모양으로 바꿔갔다.

1968년 서울의 5개 라디오 방송국에서 나간 연속극의 총 수는 160편이었다(앞의 책). 이 시기 연속극의 주 작가군은 임희재, 김석야, 김영신, 이서구, 조남사 등이었다. 1968년의 문제작으로 꼽히는 작품들은 KBS의 〈문〉, 〈사랑의 벽화〉, 〈초록구름〉, 〈철도원〉, MBC의 〈마지막 축배〉, 〈순덕이〉, 〈야생마〉, 〈며늘아기〉, 〈난중일기〉, 〈낙엽에 새긴 이름〉, 〈갈대〉, 〈불타는 강〉, DBS의 〈이층집 새댁〉, 〈차 한잔 드실까요?〉, 〈잃어버린 겨울〉, 〈돌사자〉, 〈황혼의 종〉, TBC의 〈탄피〉, 〈능금이 익어갈때〉, 〈일본인〉, 〈한국인〉, 〈끝없는 출발〉, 〈노병과 영웅〉 등이다(앞의 책, 405쪽).

라디오 방송도 초기에는 극장의 공연을 중계하거나 외국의 희곡이나 방송극을 번역방송하면서 〈새벽종〉, 〈춘향전〉 등 우리 문학작품의 방송도 시도했었다. 1930년대에 와서 무대중계형식의 방송극에서 벗어나 장면과 행동의 설명을 위한 해설자가 없는 순수 방송극을 시도하기 시작했는데, 그 첫 작품이 김희 창작 박진 연출의 〈노차부〉였다. 1950년대 중반까지 라디오 드라마는 한 회로 끝나는 단막극들이었는데 라디오 드라마의 붐이 시작된 것은 1956년 가을부터 일요일마다 연속된 조남사 작 〈청실홍실〉로 꼽힌다(허륙, 1972, 44쪽).

일일연속극은 일요연속극의 인기가 높아지자 이에 고무되어 1957년 가

을에 기획되었는데, 그 첫 작품으로 조남사 작 〈산넘어 바다 건너〉의 제
1부 〈영화속에서〉가 매일 저녁 7시 45분부터 15분간 방송되기 시작했다.
이 작품은 뒤이어 계속된 제2부 〈푸른 성좌〉까지 합쳐 연 78회에 걸쳐 연
속되어 1958년 3월 15일에 끝났는데, 이로써 일일연속극이 일요연속극보
다 청취자에게 보다 어필될 수 있다는 사실을 입증했다(앞의 글).

이때부터 한국 라디오 방송에서 일일연속극이 오락 프로그램의 가장
중요한 위치를 점하게 되어 1958년에 11편, 1959년에 10편의 연속방송극
이 KBS를 통해 방송되었고, 1960년대 상업방송과의 경쟁 속에서 일일연
속극이 저녁 골든아워에 2-3개씩 편성되면서 소위 라디오 연속극의 전
성시대를 낳게 했던 것이다.

이들 라디오 연속극의 대체적인 줄거리는 남녀 간의 애정관계가 대부
분이었고 가족관계, 경제적인 문제 등이 그 뒤를 이었다. 애정관계에 있
어서는 혼전·혼외의 불건전한 형태 또한 많았다는 지적이다(앞의 글).
이러한 연속극의 내용들은 물론 많은 비판을 받았다. "방송극의 열렬한
팬은 식모이거나 국민학교 어린이다. 해괴망칙한 유행가사나 근거없는
사투리의 남용은 사회분열의 조성밖에 되지 않는다"(박남수, 1964, 129
쪽)나 "우리나라 연속방송극은 그게 그거예요. 어떤 멜로드라마는 한두
번 들으면 다 내다 볼 수가 있다는 얘기죠"(방송문화, 1969. 2/3, 54쪽)
등에서 볼 수 있듯이 텔레비전 드라마에 대한 비판과 거의 동일하다.

재미있는 것은, 사실, 부도덕한 내용 자체보다는, 그것이 문제가 되는
이유가 라디오 드라마를 온 가족이 함께 듣는 데서 기인한다는 것이다.

> 라디오는 현재로는 우리 안방의 이야기꾼인 것이다. 이 놈이 삼
> 가는 일 없이 아무 이야기나 마구 지꺼려대는 데는 실로 골치다.
> 방송은 제한도 틀도 없이 예측할 수 없이 그 내용이 토해진다. 의
> 붓아버지가 딸을 겁탈하려는 내용이 불시에 말해지는 것이다.(박남
> 수, 1964, 131쪽)

　　예를 들어 TBC의 7시 20분 연속극에서 남녀의 첫날 밤 대화가 결작입니다.
　　남: 당신의 몸을 다 알고 싶다.
　　여: 그럼 불을 꺼요.
　　남: 불을 키고 봐야 당신의 몸을 환하게 알게 아니오.
　　이런 노골적인 대화가 거침없이 나오는데 그때는 가족들이 다 같이 저녁상을 받고 있는 시간인데 이거 낯이 뜨거워 어디 들을 수가 있어야죠.(방송문화, 1969. 2/3, 52쪽)

　　그런데 라디오 방송극이 이처럼 퇴폐적으로 가거나 최루적 내용을 일삼는 것은 "작가가 영화화를 항상 머리에 두고 글을 쓰는 데서 오는 고질"로서 "유능한 극작가들이 방송극에 손대지 않고 있는 것도 한 원인"이라 지적되고 있다(박남수, 1964, 133쪽). 이것은 한국 대중문화에 있어서 라디오, 텔레비전, 영화의 3자 사이에 볼 수 있는 긴밀한 연관관계 내지 동질성의 의식이라는 매우 한국적인 현상으로 인식된다(오석기, 1972, 38쪽).

　　방송이나 영화가 대중문화적 양상을 띠고 한국사회에 양적 침투를 하기 시작한 것은 1950년대 후반 이후라 할 수 있다. 양자가 공교롭게도 1960년대에 들어와 한국경제가 비약적으로 성장하고 대중의 생활수준이 점차적으로 상승함에 따라 급격하게 그 사회적 위력을 가중시켜왔기 때문이다. 한국 영화의 경우 일찍부터 존재하였으나 양적으로 영세성을 면치 못하고 대부분 외화에 의존해 오던 것이 1960년대에 급격한 발전을 이룩하게 된다. 그런데 이러한 1960년대 전반기 한국영화는 적어도 그 소재의 반 이상을 라디오에서 성공적으로 방송되어 인기를 얻은 바 있는 연속극에서 얻어왔다는 것이다(앞의 글, 38쪽).

　　1962년 방송극의 영화화 빈도가 높은 것은 라디오드라마의 인기의 증거로 여겨졌다. 또한 "방송극이 본질적으로 지닌 '멜로드라마성'이 제일 먼저 스크린과 손잡게 된 것도 당연"하게 여겨졌다(동아일보, 1962. 7.

21. 4면). 특히 사극영화의 유행을 재촉한 것은 〈장희빈〉(이서구작)이었다. 방송극의 영화화 이유는 극심한 '스토리 난'으로 꼽힌다. 한때 신문연재소설의 영화화가 유행이었는데, 현대작가들의 작품이 영화에서 신통한 재미를 못 보았기 때문이다.

더욱이 좋은 의미로서의 대중소설, 또는 중문소설의 「장르」가 개척되지 못하고 있는 우리나라에서는 「프로듀우서」들의 입맛을 당길 만한 장편들이 아쉽다. 오히려 「과부」(황순원 원작), 「사랑방 손님과 어머니」(주요섭 원작) 등, 단편의 영화화가 성공을 거두었던 것이 기이하다. 지금과 같이 방송극이 판을 치기 전까지는 신문연재소설이 그대로 영화화된 바 있지만 요 2, 3년 내에 영화화된 신문연재소설은 대단히 드물다. 주간물이 거의 없고 중간잡지의 판매성적도 부진하므로 고작 신문에만 발표기회를 가질 뿐인 장편소설이 방송극보다 영화판에서 푸대접을 받고 있는 사실은 안타까운 일이다.

하지만 최근 나타난 경향으로서 「멜로드라머」의 타성에 젖은 방송극들이 영화관객들을 차츰 잃고 있는 눈치가 보인다. 안이한 엇갈림이나 감상적인 넋두리로 우물쭈물 속여 넘어가는 식의 이야기에는 이제 관객들이 외면을 하기 시작했다. 방송극에도 보다 깊은 주제와 높은 격조를 바라는 청취자들의 요구가 우선 영화화된 방송극에서 반영되고 있다. 이제는 재래식 방송극으로는 영화관객들의 욕구를 만족시킬 수 없다는 생각이 영화프로듀우서들의 머리에도 트이고 있는 것은 반가운 일이다. 지식층 청취자들에게 파고든 「현해탄은 알고 있다」(한운사 작, 김기영 감독)같은 것이 15만이라는 기록적인 관객을 동원한 예를 방송극의 차원을 높이는 데 한팔 걷은 셈이다. 최근 방송극의 영화화가 서둘러지고 있는 또 한 가지 현실적 이유는 선전가치를 지니고 있기 때문에 비교적 흥행의 안전율을 가진데도 이유가 있는 것 같다. 과거 수다한 방송극 중에서 흥행의 히트가 된 영화로는 「현해탄은 알고 있다」(한운사 작), 「장희빈」(이서구 작), 「이 생명 다하도록」(조남사 작) 등을 들 수 있다.(동아일보, 1962. 7. 21, 4면)

뿐만 아니라 적지 않은 경우 라디오 드라마의 작가와 영화의 시나리오 라이터가 동일하다는 점도 지적된다. 이러한 동질성의 인식은 한국의 영화 또는 방송미디어가 그 패턴을 빌려왔다고 생각되는 미국이나 일본의 경우보다도 현저하게 강한 것으로, "한국의 대중문화가 단시일 안에 급격하게 성장하는데서, 다시 말하자면, 미디어의 침투와 성장이 외부세계와의 급격한 접촉에서 가속되고 경제성장의 속도가 소비성향을 부채질함으로써 대중문화의 오락기능을 상업적으로 촉진시킨 데서 생긴 불가피한 결과"로 풀이된다(오석기, 앞의 글, 38쪽).[47]

매체가 분화되고 그 매체를 수용할 대중들이 급격하게 늘어나는 데 비해 거기에 담을 이야기의 생산이 지체되었기 때문에 나타난 현상이었다는 해석이다. 경제성장을 통한 물리적 근대화의 성과들이 빠른 속도로 나타나는 것에 비해 사람들의 정서나 문화적 내용은 그에 걸맞게 변화하지 못한 것이 '스토리 난'으로 표현되는 어떤 갭을 만들었고, 그것을 채우게 된 것이 기존에 가지고 있던 정서구조와 그것을 표현하는 '이야기들'이었다고 볼 수 있다.

(3) 한국 대중문화의 '이야기'의 역사성

한국 대중문화의 특징 가운데 가장 눈에 띄는 것은 '특정한 이야기의 양적 과잉 현상'이라 할 수 있다. 이러한 현상은 단적으로 〈멜로드라마적 성향〉으로 표현된다. 당초 '신활극'이라고 불려 왔던 감상주의적 최루

---

[47] 이러한 한국적 대중문화 현상을 상징하는 대표적인 인물로 김수현을 들 수 있다. 김수현은 한국 멜로영화의 상징으로 여겨지는 〈미워도 다시 한번〉을 비롯해 〈필녀〉, 〈어미〉 등의 시나리오 작가였고(강영희, 1998, 164쪽), 1968년 MBC 라디오드라마 공모에서 〈저 눈밭에 사슴이〉로 당선되어 라디오 작가로 활약했던 한편, MBC 텔레비전 일일연속극 〈새엄마〉를 통해 큰 스토리 없는 일상적인 일일연속극을 개척한 이래 〈사랑과 진실〉, 〈사랑과 야망〉, 〈모래성〉, 〈사랑이 뭐길래〉, 〈목욕탕집 남자들〉 등 대표적인 텔레비전 드라마들을 만들어내면서 한국 텔레비전 드라마의 상징적인 인물이 되었다.

성 멜로드라마는 이미 1910년대부터 시작되어 매스미디어가 등장하지 않았던 당시 상업주의적 무대의 독점물이 되었다. 물론 서구적 리얼리즘의 영향으로 연극을 비판적이고 사회적이고 또한 심미적 예술의 대상으로 삼자고 하는 운동은 이미 1920년대 초에 싹텄으나, 그것은 소수의 문화적 엘리트의 테두리를 넘지 못했으며 대중을 상대로 한 포퓰러한 연극형태는 신극파의 그것이었다.

1950년 후반 한국전쟁의 참화에서 겨우 벗어나게 된 국민들에게 새로운 형태의 오락과 문화를 제공할 필요가 생겨났을 때 대중문화의 담당자는 무대 쪽이 아니라 영화요, 방송으로 옮겨갔지만 내용은 변경되지 않은 채 재래의 신파극적 멜로드라마가 쉽사리 전승된 것이다. 방송드라마와 영화 사이의 소재의 동질성 또한 이 멜로드라마적 기조위에 이루어진 것이기 때문에 좀처럼 제거키 어려웠다는 것이다(오석기, 앞의 글, 40쪽).

> ……그것은 곧 진부한 플롯과 접근방식이며 언제나 같은 극본이며 어제의 성공의 안일한 되풀며 미지의 것에 대한 공포이다. TV드라마는 꼴사납게 탐욕을 부린다. 모든 주제, 국면, 직업, 인생과 사랑의 다양스러움이 모조리 소모되고서도 프로편성자와 공중은 여전히 기갈에 허덕이는 것이다.
>
> TV드라마와 영화를 포함한 거개의 대중예술의 소재와 무대는 도시브르즈아 생활의 사이비 풍습세계가 아니면 자연주의적으로 과장된 하층 빈민생활의 도식적 환경뿐이다. 이러한 생활의 우상성을 배경으로 여전히 지배적인 것은 1930년대에 유행을 보았던 〈사랑에 속고 돈에 우는〉식의 최루적 멜로드라마의 도식인데 조작된 사랑의 3각관계, 버림받은 애인의 슬픔, 그리고 의외로 많은 부분을 차지하는 모성애의 전근대적인 센티멘탈리즘의 강조 등이 대부분의 주제와 국면을 차지하고 있다.
>
> 윤리관, 가치관, 또는 행동양식에 있어 한국의 대중예술은 흔히 전근대적이거나 기껏해야 시대적 유행의 표피만을 스치는 데 그치

고 새로운 모랄과 행동양식에 대한 적극적 추구에 있어서는 대체
로 무관심하다는 사실이다.(오석기, 1972, 41쪽)

신파적 이야기가 어떻게 방송극으로 옮겨갔을까? 라디오 드라마의 출
발은 '무대 실황중계'였다. 즉, 무대극을 귀로 듣게 해주는 방식이었다.
극장에 마이크를 가설하고 아나운서가 연극을 보면서 중계하는 것이 그
방식이다.

> 우선, 막이 오르기 전에 공연될 연극에 대해 설명한다. 줄거리,
> 등장인물과 배우, 무대장치 등등. 무대 연극을 귀로만 듣고도 이해
> 할 수 있도록 자상한 설명이 필요했던 것이다. 눈으로 직접 보면
> 간단히 해결될 장면들을 일일이 말로 설명해 주어야 하니 얼마나
> 번거로웠겠는가!
> 우선 이야기가 전개될 무대설명부터 해야 한다.
> "무대 중앙에 다 쓰러져 가는 초가삼간이 있고, 그 집 오른쪽에
> 는 감나무가 서 있는데, 그 감나무 밑에 우물이 있습니다. 한복을
> 곱게 차려 입은 아름다운 처녀가 물동이를 이고 우물을 향해 걸어
> 나오고 있습니다."
> 이런 아나운서의 상황설명이 나가고 연극배우들의 대사가 흘러
> 나오면서 이야기가 전개된다.
> 연극대사는 그대로 살려서 중계되지만, 틈틈이 연기자들의 동작,
> 표정, 무대장치 등 직접 볼 수 없는 상황은 아나운서가 설명한다.
> 귀로만 듣는 청취자들은 머리 속으로는 수많은 상상력을 동원한다.
> 그 연극의 무대상황을 떠올리며 감상하는 것이다.
> 오히려 공연장에서 직접 연극을 보는 것보다 훨씬 풍부하게 느끼
> 며 빠져들고 있었으니 청취자들이 방송극에 매료되는 것은 너무나
> 당연했다. 특히, 극장에 가지 않고도 연극을 감상할 수 있게 해준
> 방송국에 '고맙다'는 인사를 빼놓지 않았다.(이내수, 2001, 123쪽)

무대극 중계는 경성방송국 개국 한 달 만인 1927년 3월 18일에 경성

극장 무대극이 중계되면서 시작되었다. 라디오 드라마의 출발 또한 텔레비전의 그것만큼 빨랐던 것이다.

이러한 무대극 실황 중계는 후에 방송무대극으로 발전한다. 방송무대극은 1926년에 조직된 라디오극연구회를 중심으로 이루어졌고, 극단 토월회나 극예술연구회, 경성방송극협회 등의 공연도 방송무대극에 올랐다(이내수, 2001, 124-125쪽).[48] 방송무대극도 무대극중계와 마찬가지로 아나운서가 무대장치, 등장인물, 줄거리 등을 소개하면서 무대에서 실제로 펼쳐지는 연극처럼 마이크 앞에서 연극인들이 출연하여 연극대본을 읽어나가는 형식이었다.

이로부터 수년 후, 방송극 전문작가와 성우가 등장하여 본격적인 방송극을 제작하게 된다. 1933년 윤성무, 김희창 등이 발의한 '라디오 플레이 미팅'이 결성되어 이들에 의해 그 해 8월 방송극 〈노거부〉가 극장 무대극에서 벗어난 최초의 순수 방송극으로 방송된다(앞의 책, 171쪽). 연속극은 1934년 2월에 '극예술연구회'가 톨스토이의 〈부활〉을 〈카츄샤〉라는 제목으로 4회에 걸쳐 내보내면서 이를 연속라디오드라마라 이름 붙였는데, 그것이 최초의 연속극이었다.

해방이후 방송원고만 써내는 전속작가가 등장한다. 김성민, 유호, 김희창, 이익, 한운사, 최요안 등이 그들이다. 이와 함께 소설가나 무대극 작가 등 외부작가들도 자유로이 참여했는데 그들은 이서구, 박진, 진우촌, 김래성, 김영수 등이었다(앞의 책, 293-294쪽). 이들 가운데 이서구, 김영수 등은 무대극, 라디오극, 텔레비전극 등에서 두루 활약해 왔는데, 여기서도 무대극의 이야기나 라디오극의 이야기, 혹은 텔레비전 극의 이야기가 똑같을 수밖에 없었던 배경을 발견하게 된다.

---

48) 1928년 9월에 광무대극장에서 공연된 가극 〈춘향전〉이 5회 연속으로 방송되었는데 이 방송을 청취한 일본인들이 '조선의 오페라'가 탄생했다며 깜짝 놀랐다는 일화가 있다. 왜냐하면 극중 대사는 물론 창과 남도단가, 서도잡가, 무용 등이 한데 어우러져 장관을 이루었기 때문이었다.(이내수, 2001, 124쪽)

무대극 가운데서도 방송극이 이어받은 이야기 종류는 1930년대의 신파극류라 할 수 있다. 서연호(1969)는 전통극예술의 전통 속에서 신파극의 위치를 점검한다. 그에 따르면 신파극의 특징은 ①우리나라 극예술상 자각된 드라맡르기를 지닌 최초의 연극 형태였으며, ②내용 면에서 공리적이고 계몽적인 요소와 함께 오락적인 요소가 강하고, ③상업적인 요소가 두드러지며, ④극비평과 극이론적인 부분에서 신극 수립에 지대한 영향을 주면서 고답적인 예술관을 새로운 방향으로 변모시켰다는 것으로 모아진다.

김방옥(1983)에 의하면 신파극은 신소설과 마찬가지로 고대 귀족적 영웅소설과 서구 멜로드라마의 중간 교량적 장르로 가정하는데, 그에 따르면 한국 신파극은 한국연극사에서 유일하게 대중적인 연극문화의 시기를 경험한 장르가 된다. 이미원(1994)은 신파극이 전통과 사실주의 근대극을 잇는 교량적 역할을 하고 있다고 본다. 신파극은 고전소설이나 판소리의 이야기 모티브나 구성을 이어 받았으며 이러한 특징들이 사실주의극에까지 나타나고 있다는 것이다. 이와 함께 이러한 계보는 방송극의 대중 멜로물로까지 이어질 수 있다고 주장한다. 차범석(1991)은 신파극에 대한 기존의 부정적인 편견을 비판하면서 방송극과 신파극의 관련성을 입증한다.

신파극이 고전적인 대중의 통속성에 닿아있는 것이라 여겨지기는 하지만, 일제시대를 거치면서 그것이 담는 이야기에 일정한 변화가 있었고 그러한 변화된 이야기가 지금까지 유지되어 오고 있다고 보는 편이 옳을 것 같다.

1930년대 신극이 대중의 전통적 통속 취향과 동떨어진 내용을 공연함으로써 관객동원을 못하게 되자 근대 연극 자체를 홍행을 위해 통속문화 양식에 접합시켜야 한다는 자성의 소리가 잃었다(유선영, 1992, 271쪽).

> 우리 조선사회나 민중은 너무도 연극예술을 등한시 한다……우리 민중은 두 가지 조건을 회의하게 되었다. 하나는 〈재미없는 것〉, 또 하나는 〈손해보는 것〉 이 두 가지가 우리 극계에 뽑지 못할 근대를 박고 있다……여기에 연극진흥책으로 나는 두 가지를 생각하고 잇다……하나는 조선역사극을 창시할 것 또 하나는 소녀가극을 창시할 것이다……왜냐하면 그 민족의 사극은 그 민족의 전통적인 취미성을 야기키 용이한 까닭이요. 소녀가극은 창가, 무용, 노래, 춤이 혼합조화됨으로 속중의 오락에 시각과 청각을 가장 평이하게 작용할 수 있을 뿐 아니라 소녀의 무대상의 활동은 인간 본능적 이성호감의 정취를 이용할 수 잇는 까닭이다.(동아일보, 1924. 1. 1, 2면, 유선영, 1992 271쪽에서 재인용)

1920년대 대중의 취향이 전통적 통속성에 있었음을 보여주고 있는 기사인데, 이러한 전통적 통속성과 1930년대의 소위 〈사랑에 속고 돈에 울고〉식의 시대극의 이야기가 매끄럽게 이어지지는 않는다.

강영희(1989)는 신파양식의 유형을 분석하면서 신파양식의 현상적 특질들 뒤에 숨어 있는, 현실에 대한 객관적 실천적 인식의 배제, 주체의 분열적 상실 등의 성격을 밝혀낸다. 문제는 '눈물'인데 한국의 멜로드라마적 상상력이 식민지라는 상황에 부딪쳐 궁극적인 낙관주의에 도달하지 못하고 자기학대적 퇴행성의 정서로 변모했다는 것이다(강영희, 1993). 이와 함께 김용수(1996)는 신파극의 행위구조를 '기가 막힘, 회한, 미쳐 죽을 지경, 선악, 구원과 실패'라는 다섯 가지로 정리하면서 이러한 행위구조가 당대 식민지 대중의 공감을 불러일으키면서 상업극으로 자리잡을 수 있는 힘이 되었다고 주장한다.

윤석진(1996)은 1930년대 한국의 신파극이 고전소설과 신소설의 서사적 계보를 잇는 이야기 형식을 가지고 있으면서도, 식민지 현실을 반영한 비극적인 결말 구조로 이루어져 있다는 점을 지적한다. 그러나 그는 강영희의 경우와는 달리 이러한 결말구조는 울고 싶어도 울 수 없는 상황을 투사해 역설적으로 실컷 울 수 있는 상황을 만들어주고 있다는 점에서 비극과는 다른 차원에서 '눈물의 메카니즘'을 구축한다고 주장한다. 즉 1930년대 한국의 신파, 즉 멜로드라마는 당대의 현실을 반영한 통속적인 이야기를 극적인 논리로 관객에게 보여주고 들려줌으로써, 암울한 정치적 상황에서 희망 없는 식민지 민중의 한과 눈물을 대변해주는 특성을 가지고 있는 장르라는 것이다.

1930년대 신파극 이후 한국 멜로드라마의 특징은 감정과 눈물의 과잉이라 특징지울 수 있다. 그런데 이러한 과잉은 '과도한 억압'과 관계된다. 남재일(2001)에 의하면 '내러티브상의 도덕적 억압이 강할수록 주인공의 분출의 욕망은 강하게 나타나고 욕망분출의 방식은 양식의 과잉을 통해 전치된다'(59쪽). 결국 한국 대중문화의 이야기 계보가 고전적 전통소설에 이어지기는 하지만 일제시대 이후의 숨 막히는 억압과 급격한 변동 과정을 거치면서 감정과 눈물의 과잉이라는 '특수한 한국적 멜로'라는 이야기 형태로 변형되었다고 보게 되는 것이다.

> 한국의 멜로드라마에서 나타나는 과잉은 감정의 과잉이 배우들의 연기와 음악을 통해 직접적으로 드러나는 형태를 띤다. 감정의 과잉은 분명한 사회구조적 모순, 혹은 윤리적 상황을 개인적 차원, 감정적 차원으로 전치시키는 과정에서 나타난다. 물론 이러한 감정의 과잉은 멜로드라마안에서 일상적으로 나타나는 형태이지만, 한국의 멜로드라마, 특히 신파적 멜로드라마의 경우는 그 정도가 너무도 심하고 앞서 언급한 바와 같이 감정 자체가 내러티브 전체에 동기화로 직접적으로 작용하기까지 한다. 또한 이러한 감정의 과잉이 주로 배우들의 과장된 연기나 음악의 과도한 사용과 같은 방식으로 표현되며, 이러한 특징은 신파성으로 규정되면서 많은 비난을 받았고 한국멜로드라마의 특유의 양식으로 자리잡았다.(조지훈, 1996, 68쪽, 남재일, 2001, 60쪽에서 재인용)

2) 일일연속극의 구술성: '말'과 '일상'의 드라마

일일연속극의 지배는 한국 텔레비전 드라마의 기형적인 형태로서 텔레비전 드라마의 발전을 막는 적으로 여겨졌다. 우선 "일일연속극은 우리나라 밖에는 없는 것"으로 "그것이 아직도 성행하고 있다는 것은 후진성을 말하는 것이기 때문에 하루 빨리 이것을 벗어나야 한다"는 것을 전제로 논의가 전개된다(이진섭/차범석, 1973, 138쪽). 다시 말해서 라디오나 텔레비전에 있어서 한국은 일본의 영향을 많이 받았고 일본은 다시 미국의 영향을 크게 받았다고 볼 수 있는데, 막상 "문화적인 선진국은 왈가닥 루시, 도나리드쇼같은 시추에이션 드라머지 매일 끌고가는 연속드라머는 없다"는 것이다.

이는 당시의 담론 환경에서 민도라든가 지적수준, 오락성의 결여 등 복합적인 요인과 결합되어 결국 텔레비전의 저질성의 상징으로 부각된다. 그러나 아래의 강현두의 논의에서도 볼 수 있듯이, 미국에서 연속극이 없었던 것도 아니고 시추에이션 드라머가 높은 민도의 상징인 것도 아니다. 오히려 이러한 종류의 비판은 당시의 텔레비전 혹은 텔레비전 프로그램에 대한 인식의 표피성을 드러내는 것이었다. 근대가 무작정 서구 즉 미국을 따라가는 것이었던 것만큼이나 미국에는 없다는 사실만으로 일일연속극은 나쁜 것이라는 인식이 통용될 수 있었던 것이다.

텔레비전 드라마 양식에 있어서 단막극이 발전적인 형식이지 연속극은 제대로 된 형식이라 볼 수 없다는 것이 연속극에 대한 비판의 요지였다. 따라서 연속극의 문제로 지적되는 것들은 단막극과의 비교항으로 나오는 것들이다. 매끄러운 플롯이 없다거나 특징적인 인물형이 없다거나 평범하고 진부한 일상사들과 일상 언어가 주를 이룬다는 것 등이 그것이다. 연속극의 문제를 해결하는 방법은 단막극의 추구라고 여겨졌다.

한국 TV드라마의 주류를 형성하고 있는 소위 연속극이라는 형식 속에 파묻혀 시청자들로 하여금 매일 극의 한 부분씩만을 보여주면서 다음을 기다리게 하는 개운찮은 상태에서 유형을 달리하여 독립성을 유지할 수 있는 시리즈 드라마나 짜여진 단막극을 필요로 하고 있으면서도 막상 구체화시키지 못함은 그 스페이스를 합리성 있게 메꿀 수 있는 작품이 없다는 사실에 기인한다.(유호석, 1968, 52쪽)

연속드라마라는 형식으로 인하여 드라마의 소재형식이 국한되어 있다. 홈드라마에서 멜로드라마에 이르는 주로 일상적 생활, 가정관계, 가족관계, 우인관계, 약간의 사회적 요소가 끼어드는 등 일상성에 의존하는 드라마이다.(오석기, 1968, 54쪽)

매일 20분 동안 틀에 박힌 셋트에서 그 숫한 얘기들을 전개시키자니 지루할 수밖에 없고, 또 작가로서는 자기가 필요로 하는 스토리를 전개시키는 데 항시 좌절감을 느끼지 않을 수 없는 딱한 경우에서 탈피책이 없을 것이라는 사실이다. 그 방향의 일환책으로 일일연속극의 필림화와 아니면 연속극 형태에서의 탈피를 들 수 있다.(유희석, 1971, 128쪽)

사실 텔레비전 방송이 시작된 초창기부터 텔레비전을 문예화할 수 있는 양식을 전혀 생각해보지 않았던 것은 아니다. 우리 방송에서도 어려운 '시극(詩劇)'같은 것을 시도한 적이 있었는데 성공하지 못했다. "어렵다는 것이 재미와는 정반대가 된다고 생각되기 쉬우나 이해하기 어렵다, 재미가 없다는 까닭으로 통속을 벗어나지 못하는 드라마나 소설만을 계속 방송한다면 우리는 예술로서의 방송을 운위할 수도 없을 것"이라는 한탄이 뒤따랐다(박화목, 1963, 24쪽).

이 밖에 텔레비전의 예술화 방안으로 고려되었던 것이 장편소설을 TV화하는 〈TV소설〉이다. TV소설은 TV드라마와는 달리 "낭독"을 하는 것이어서 "개인에게 말을 건네는" 방송의 특성을 잘 살릴 수 있고 새로운 TV예술을 성립시킬 수 있는 것으로 기대되었다. 30분 정도의 한정된 방송시간에 스토리를 발전시키고 해결하는 것이 무척 어렵고 세밀한 계산을 요하기 때문에 단편소설을 영화화하는 TV영화 또한 텔레비전이 예술로 존재할 수 있는 한 방법으로 여겨졌다(앞의 글, 25쪽). 문학을 적절하게 텔레비전에 담을 수 있는 것만이 텔레비전 방송의 예술화로 여겨졌다.

이런 맥락에서 드라마를 만들 경우에라도 한 회 40분 정도 길이의 단막극이 텔레비전의 품격을 높일 수 있는 것이라 여겨졌다. 영화나 연극 등은 대체로 1시간 반에서 2시간가량의 이야기를 담는다. 이를 연속극으로 늘려서 40분짜리 15회를 간다면 10시간 600분 분량인데 600분짜리 드라마를 솜씨 있게 만드는 것은 불가능하다는 것이다(오석기, 1968, 56쪽). 하나의 이야기는 중심이 되는 일관된 플롯이 이끌고 가야 한다는 생각이 전제가 되어야 나올 수 있는 계산과 비판이다.

미국의 경우는 라디오의 일일연속극을 텔레비전의 단막극으로 훌륭하게 전환시킨 사례로 예시된다.

> ……이러한 일일연속극의 역기능에 대한 사회적 우려와 단회물 창작극에 대한 예술적 기대 속에서 새로운 텔리비전 미디어가 등장했을 때 미국의 시청자들은 라디오의 일일연속극 붐이 텔리비전 문화에는 없었으면 하고 바랐던 것이고 최소한 라디오처럼 일일연속물이 골든아워에는 방송이 되지 말았으면 희망했던 것이다.
>
> 이러한 사회 문화적 분위기와 당시 미국의 텔리비전 경영자들의 그래도 비교적 높았던 문화의식과 공익의식 속에서 일일연속극은 낮 방송으로 옮겨졌고 우려했던 골든아워에는 단회물 드라머 프로를 편성, 새로운 극예술의 실험을 가능케 하였던 것이다.(강현두, 1978, 117쪽)

한국이 이러한 전환에 성공하지 못한 이유로는 텔레비전 편성이 라디오의 그것의 연속으로 보았으며 이를 극복하지 못했다는 점과 텔레비전을 통한 새로운 예술을 실험케 하는 한국의 방송경영층의 지원이 약했다는 점이 꼽힌다(앞의 글, 118쪽).

종합해 보면, 일일연속극이 주가 되는 한국의 방송문화는 축적 없는 천박함과 문화적 척박함을 결과할 수밖에 없다는 주장으로 모아진다. 왜냐하면 일일연속극이 주가 될 경우, 드라마 편수가 아무리 많다 하더라도, 그것이 연속되는 것이고 보면, 종류로서의 드라마는 몇 편 안되는 것이 된다. 극히 소수의 작가만이 참여하게 되며, 이에 출연하는 연기자도 고정된 상태로 제한될 수밖에 없기 때문이다. 이에 비해 1965년 〈수요드라머〉를 시작한 BBC의 경우 1966년 한 해만 209명의 작가를 고용하였고 709편의 작품을 내었으며 그중 창작극이 거의 80%에 이른다는 점이 비교된다(앞의 글, 118-119쪽).

그러나 우리나라의 경우 일일연속극의 매너리즘을 탈피하는 방안은 단막극보다는 "연속성은 유지하면서도 개별프로가 독립성을 갖는" 시추에이션 드라마에서 모색되었다(동아일보, 1970. 3. 28, 8면). 그러나 "과연 그 같은 작품을 써낼 만한 작가가 있겠느냐"로부터 "아직 이러한 드라마에 익숙지 못한 시청자들이 이를 잘 소화할 수 있겠느냐"(동아일보, 1970. 5. 27, 6면)에 이르는 우려만큼 큰 성과를 거두지는 못했다.

모든 문화가 그러하듯이 드라마의 경우도 물론 다양한 것이 좋다. 따라서 일일연속극이 텔레비전 드라마의 전부를 이루는 것은 바람직하지 못하겠지만, 단막극에 비해서 연속극이 열등한 양식이기 때문에 없는 것이 낫다는 식의 생각은 다분히 편견에 찬 것으로 보인다. 일일연속극이 그만한 생명력을 지녔던 것은 대중이 그만큼 호응했기 때문이다. "라디오가 심어준 연속극에의 취향" 때문이라는 주장(조항제, 1997)은 일정 부분 타당하지만 완전히 맞는 말은 아니다. 앞에서 살펴보았듯이 오히려 라디오가 대중의 취향을 따라잡은 것이 드라마이자 연속극이라고 보는 편이 맞다.

하루 10여 편의 비슷비슷한 연속극이 밤낮으로 방송되는 상황은 누가

봐도 지나치고 지루하고 권태로울 것이다. 그런데 문제는, 그럼에도 불구하고, 타율적인 제재가 있기까지 그러한 상황이 지속될 수 있었다는 점이다. 그렇다면 천편일률적인 연속극의 내용에도 불구하고 연속극이 사람들을 끌어당기는, 바꾸어 말해서, 사람들이 연속극에 '매혹(fascination)'되는 것이 있기 때문이라 보아야 하고 무엇이 매혹시키는가가 주관심사가 되어야 한다.

이야기의 내용을 분석하고 주제를 정리하는 것은 이를 위해서는 별로 도움이 되지 않는다. 프롭의 러시아 민담 구조 분석에 대해 브룩스(P. Brooks)는 "그러한 식의 접근은 우리가 이야기를 읽을 때 이야기를 형성하는 시간적 역동성, 다시 말해 우리로 하여금 페이지를 넘기게 하고 이야기의 끝까지 나아가게 하는 시간 안의 욕망의 놀이적 성격을 너무 많이 무시한다"고 말한다(P. Brooks, 1984, p.xiii). 이런 점에서 박성봉은 대중예술의 이야기에 대한 접근은 "이야기 그 자체의 최면적 효과라는 감성적인 출발점"에서 시작하여야 한다고 주장한다(1995, 366쪽). 이야기가 우리를 사로잡는 것은 이야기의 주제, 줄거리, 형식적인 구조와는 별개의 것일 수 있다는 것이다. 이야기는 하나의 정서체험이라는 점에서 그 이야기가 우리를 사로잡는 지점은 우리의 정서에 와 닿는 무엇일 터이다.

한국 텔레비전 연속극이라는 이야기가 대중을 사로잡는 지점은 '플롯'이라기보다는 '말' 즉 '대사'였다. 그렇기 때문에 제대로 된 플롯이나 인물형이 없이도 말로써 시청자를 끌어당길 수 있었고, 말과 함께 엮어지는 그 맥락에 끌려들어가 그 순간 웃고 다음 순간 울고 할 수 있었던 것이다. 보여지는 그 맥락에서 슬픈 것은 슬픈 것이다. 남발되는 우연성 속에서라 하더라도 그러하다. 여기서 이야기의 일관된 플롯은 중요한 문제가 아닌 것이다. 현재의 맥락 속에의 감정적 이입과 이해는 구술문화의 중요한 특징 가운데 하나이다.

시청자가 드라마를 보고 있는 동안 자신도 모르게 그 작품 세계 속으로 휘말려 들어가는 것은 등장인물들이 주고받는 대사가 실은 자기 자신에게 던져지고 있는 것 같은 착각을 일으키게 되기 때문인 것이다.(차범석, 1968, 41쪽)

'일정한 스토리 없는 일상성', '말로 이루어지는 인간관계', '여러 등장인물들과 그들의 주변이라는 여러 가지들의 삽화적 연결'이라는 성격을 갖는 일일연속극은 사실 한국에서 기존의 드라마가 가지고 있던 특징을 극대화시킨 것이라 볼 수 있다. 더욱이 이것은 텔레비전과 무척 잘 들어맞는 형식이었다.

고전적이며 오소독스한 드라마투르기에 입각한 드라마가 닫힌 드라마라면 일일연속극은 열린드라마라 할 수 있다. 닫힌 드라마는 등장하는 주인공에게 감정이입하기 쉽게 다양한 기복이 교묘하게 엮어져 있고 클라이맥스를 향해 시청자의 감정이 고조되어 가도록 극적 사건의 배치가 효과적으로 계산되어 있는 그런 드라마이다. 이에 비해 열린 드라마라는 것은

닫힌 드라마에 비하여, 브라운관 안에서 드라마로서의 소우주를 완결시키지 않고, 자기 폐쇄적이지 않은 형식을 취하는 것이었다. 구성은 완만하고 에피소드는 잇달아 늘어선다. 병렬적이다. 드라마를 구성하는 하나의 조각이나 부분은 드라마의 클라이맥스를 위해 봉사하는 것이 아니다. 하나하나의 부분이 대등한 관계로 존재하는 것이다. 그래서 드라마의 진행에 따라서 극중의 인물이나 사건이 시청자들 사이에서 각각의 의식을 바탕으로 대화를 촉진하는 것이다. 구체적으로는 드라마를 감상하면서 시청자들이 끊임없이 드라마에 대해 감상이나 비평을 활발하게 할 수 있도록 구성하는 것을 말한다.(김포천, 1998, 28쪽)

이러한 까닭에 일일연속극은 사람들의 일상으로 쉽사리 끼어들어 온

다. 이런 점에서 일일연속극의 강점은 편안한 상태에서 쉽게 받아들일 수 있는 내용과 익숙해진 표현 방식이라는 데 있다. 일상성, 연속성, 습관성 등을 통해 사람들의 생활에 스며들게 되는 것이다. 일일연속극이라는 프로그램이 텔레비전 프로그램으로서 적절한 포맷이라는 말이 된다.

사람들의 일상은 중층적이다. 여러 차원에 걸쳐 있다는 점에서 그러하다. 하나의 중심된 이야기를 향해 다른 이야기들을 좁혀가는 것이 아니라 중층적인 이야기들이 삽화적으로 이어져 나가는 것이 일상이라 생각한다. 누구나가 살아내는 일상의 인식은 또한 대중적인 것이다. 대중적인 일상의 인식은 따라서 고정된 지점으로 농축시켜가는 것이 아니라 자연스럽게 펼쳐놓는 것이다. 이런 점에서 일일연속극은 일상적이고 또 대중적인 것이라 할 수 있다.

> 하나의 주제에 매달려 집중적으로 그 방향으로만 농축시키고, 드라마의 구축에 도움이 안 될 것으로 보이는 부분은 여지없이 잘라버려 뾰죽한 인상, 칙칙한 분위기, 난해한 진행으로만 다가온다면 일반 대중은 수용하기 어렵다. 물론 생략도 필요하고 템포도 중요한 것이지만, 덜 중요하게 보이는 부분, 어찌 보면 불필요하게 느껴질 수 있는 부분까지도 포함해서 친밀감 있는 흐름, 세밀한 표현으로 드라마를 엮어 나가는 것이 바람직하지 않겠는가 하는 것이다.(김포천, 앞의 글, 34쪽)

텔레비전, 드라마, 일상적인 인간의 심리, 그리고 대중이 서로 소통하는 미묘한 지점을 휘어잡아 성공한 작가가 김수현이다. 한국 대중문화에서 차지하는 김수현의 현재의 위치는 따라서 흔히 말하는 것처럼 그가 말을 잘 구사하는 '언어의 마술사'이기 때문이라기보다는 일상과 심리에 대한 가차 없는 관찰과 그것을 그 상태의 말로 쏟아 부을 수 있는 능력에서 온 것으로 보인다.

김수현 드라마의 특징으로 잘 알려져 있듯, 그의 드라마에서 중요한 것은 극적 구성보다는 일상 생활적인 대사이다. 김수현 문체는 극적인 형식의 일부가 아니라 그 자체가 극의 내용을 적극적으로 구성한다. 극적인 플롯은 시간이 갈수록 강화되기보다는 김수현 문체에 의해 해체된다. 플롯은 그다지 중요하지 않다. 중요한 것은 전체 이야기가 아니라 작은 부분이며 병렬적으로 연결되는 시퀀스들이다. 그 크고 작은 장면 혹은 시퀀스들을 이끄는 동력은 다시 말하지만 김수현 특유의 대사이다.(임우기, 1998, 121쪽)

김수현 문체에서 거친 속어들이 많이 나오는 것은 내면성과 일상성을 중시하는 문학의식과 관련이 깊다고 평가된다. 또한 그의 드라마에 자주 등장하는 한담이나 혼잣말, 라디오에서 흘러나오는 멘트같은 것들도 사적인 공간, 일상성의 영역, 내면성의 언어를 지향한다는 것이다(앞의 글).

김수현의 경우 드라마의 대사가 그냥 대사라 지칭되는 경우가 없이 '김수현 특유의 대사'라 지칭된다. 개성 강한 인물들이 빠르고 독하게 쏟아내는 말들이 김수현 특유의 대사를 이룬다. 그러한 대사들이 특별한 것은 김수현의 경우 그러한 말들이 보는 사람들에게 특유의 심리적 효과를 가져오기 때문이다.

김수현은 비록 텔레비전 드라마라는 제약 속에서긴 하지만 말을 풀고 말에 한껏 자유를 주는데, 그렇게 해서 그 말들에 그가 담으려고 하는 것은 삶의 복잡성과 양면성이 아닌가 싶다. 김수현의 대사는 종종 뒤집기의 연속인데, 그 뒤집기란 다르게 말하면 하나의 말이 누리려고 하는 독단과 단순성을 비판하고 삶의 복잡성과 양면성에 가 닿으려는 김수현의 방법이다.

……김수현이 자신의 말들에 집어넣는 다양한 입장과 맥락은 삶의 홈드라마, 혹은 삶의 멜로드라마가 과장된 단순화임을 미리, 앞서서 밝히고 만다. 늘 그만그만한 이야기이면서도 늘 시청자의 머

> 리를 상쾌하게 만들어주는 김수현 드라마의 힘은 그러니까, 드라마
> 를 통해 말하는 드라마적 삶/정형화된 삶에 대한 비판으로부터 나
> 오는 것이다.(정홍수, 1998, 226쪽)

연속극, 특히 일일연속극을 대상으로 한 비판은 결과적으로 드라마의 입장에서 텔레비전 드라마를 본 것이지 텔레비전의 입장에서 텔레비전 드라마를 본 것이 아니라는 결론이 나온다. "television drama의 액센트는 드라마에 있는 것이 아니고 텔레비전에 있다. 주는 텔레비전이며 객은 드라마이다. 텔레비전드라마의 본질은 드라마에 있지 않고 텔레비전에 있다"(오명환, 1994, 39쪽). 좋은 드라마의 기준에 텔레비전 드라마를 맞추어야 하는 것이 아니라 좋은 텔레비전 드라마를 만들어야 한다는 것이다. 이런 점에서 일일연속극이라는 형식이 가진 잠재력은 텔레비전과 잘 부합되는 것이고 따라서 텔레비전적이면서 좋은 드라마를 만들 수 있는 양식이다.

영화에서 카메라의 위치는 현실에 대한 작가의 위치로서 시간과 공간을 종합하는 중요한 포인트가 된다. 텔레비전은 대개 세 대의 카메라가 동시에 한 대상을 잡는다. 카메라 한 대에서 각각 10초, 15초, 25초를 취했다고 하여도 주인공의 50초는 계속 연속되어 있다. 즉 텔레비전의 컷 분할은 영화의 그것처럼 단편 단편을 하나로 통일하여 보여주는 것이 아니라 '하나의 현실을 단편 단편으로 분해하여 보여주는 것'이 되는 셈이다. 세 대의 카메라가 세 가지 다른 위치에서 하나의 사실을 평행하여 보여준다는 것이다(오명환, 1994, 96-97쪽).

따라서 텔레비전 영상은 영화처럼 추상화된 세계, 현실로부터 독립된 세계, 작가에 의해 정서와 의미를 부여받은 세계가 아니라, 현실과 결부된 채 현실의 존재감을 강력히 소구하는 힘을 갖는다. 그 현실은 구체적이고 일상적인 현실이다.

우리가 일상적인 생활에서 갖는 시선은 고정된 위치에서의 시선도 아

니고 고정된 사물에 대한 시선도 아니다. 위치도 사물도 끊임없이 변화하고 더욱이 일상적 현실 속에서는 여러 사람들의 시선이 교차된다. 이러한 시선들이 만들어내는 현실의 존재감은 영화에서처럼 사물 하나하나가 원근법적 심도를 갖고 뚜렷하게 부상하는 것을 통해 이루어지는 것이 아니라 스쳐 지나가는 평면적인 이미지들의 조합을 통해 이루어진다.

텔레비전과 일일연속극이 만나는 지점은 하나의 완성된 결과물을 제시하여 감상하는 것이 아니라 서로가 그것이 만들어지는 과정에 참여한다는 데 있다. 만들면서 보고 또 보면서 만드는 가변성이 연속극의 연속성 속에 포함되어 있다. 일일연속극은 결말을 위한 극이라기보다는 과정극이며 테마를 앞세우기보다는 시튜에이션을 강조한다. 그것은 전체로서 하나가 아니라 부분으로서 전체를 규합한다(오명환, 1994, 100쪽).

3) 드라마와 토크쇼: 구술문화와 문자문화의 장르화

한국에서 드라마의 묘미는 플롯이 아닌 말과 상황 그 자체에서 비롯된 것이었다. 그런데 그 "말"로써 프로그램을 이어가는 토크쇼는 제대로 자리잡지 못했다. 최근 오락프로그램의 중요한 장르로 부각되고 있기는 하지만 아침시간과 심야시간의 잡담이 주종이다. 1997년 대선에서 텔레비전 토론이 이루어지기는 했지만 토크 프로그램으로서 그다지 성공적인 것은 아니었다. 텔레비전에 적합한 말을 구사하지 못했다는 것도 한 원인이겠지만, 문화적으로 "구술논쟁(oral debate)"에 익숙하지 않다는 점도 한 원인이라 할 수 있다.

토크프로의 일반적인 폐단은 딱딱한 분위기와 격식적인 대화로 시종하는 것이다. 꾸밈없고 격의 없는 대담이 자유롭고 부드러운 분위기 속에서 생기있게 전개되어야만 시청자가 끌려들어가게 되는 것이다.(정일몽, 1978, 84쪽)

한국에서 토크 프로그램이 대중적인 장르로 부각되지 못했던 것과는 대조적으로 미국에서 가장 대중적인 장르는 토프 프로그램이었다. 미국은 '대담왕국(oral kingdom)' 혹은 '토커톤(talkaton: talk＋marathon)'이라는 이름으로 불릴 정도로 토크쇼가 주요한 사회적 커뮤니케이션 수단으로 자리 잡았다(하종원, 1997, 266쪽).

이를 워싱턴포스트지 기자인 커츠(H.Kurtz)는 "미국은 이야기(talk) 속에 빠져 거의 익사 직전 지경이다. 목청만 크게 높이는 이야기, 분노를 터뜨리는 이야기, 음모가 숨어있는 이야기, 저질적이고 비속한 이야기, 자기 잘난 체만 하는 이야기, 사리사욕을 채우려는 이야기, 재미있고 우스꽝스러운 이야기, 헛소문을 퍼뜨리는 이야기, 이러한 불협화음의 이야기들이 동부에서 서부까지, 꼭두새벽부터 한밤중까지 온 방송국을 채우고 있다. 언제 어디서나 온갖 종류의 이야기가 존재한다"고 묘사하고 있다(앞의 글, 265쪽). 양이 많다는 것이나 그 내용이 저질적이고 비속하다는 비판은 우리나라의 텔레비전 드라마에 대한 비판과 대동소이하다.

토크쇼라는 장르 자체는 미국에서 시작된 것으로 라디오에서 먼저 출발하였다. 이는 '대화성'을 근간으로 하는 라디오의 개인매체(personal media)적 성격을 활용한 것으로, 이후 상대적으로 낮은 제작비와 높은 대중적 소구력 때문에 얼마 지나지 않아 토크쇼는 텔레비전에 자리 잡게 되었다.

이러한 토크쇼의 인기를 미국 카네기 멜론 대학의 스턴스(P. Sterns) 교수는 제작비가 싸다는 경제적 요인뿐만 아니라 현대 사회의 사회 심리적 측면에서 찾는다. 즉 사회가 복잡해지면서 국내외의 정치, 사회적 문제에 대한 논의로부터 아예 벗어나 순전히 개인적인 이슈만을 듣고자 하는 욕구가 증대하고 이것이 바로 텔레비전 토크쇼에 대한 시청자의 요구로 나타난다는 것이다(한국방송개발원, 1994). 그러나 이는 미국적인 현상으로 가령 영국에서는 뉴스나 건강 관련 정보가 압도적이며 영국에서 "chat show"라 불리는 토크쇼는 별로 많이 방영되지 않는다.

근대사회가 채워주지 못하는 빈 자리를 토크쇼가 채워주었다는 이야기인데, 그 자리를 꼭 드라마가 채워주어야 하는 것이 아니었던 것처럼, 그 자리를 꼭 토크쇼가 채워줘야 하는 당위성은 없는 것이다. 다시 말해서, 그 자리를 굳이 토크쇼가 채워주었다는 것은 그 사회의 대중이 가지고 있는 정서적·문화적 구조와 관계된다는 말이다.

몇몇 라디오 역사가들에 따르면, 최초의 토크쇼가 방송된 것은 1921년 매사추세츠 주의 스프링필드에 있는 'WBZ'라는 방송국을 통해서였다. 주제는 농민 청취자를 대상으로 한 농사에 관한 것이었다(P. Laufer, 1995). 점차 라디오가 대중화되면서 그 토픽도 매우 다양해졌다. 가령 1928년과 1929년에 네트워크 토크 프로그램으로 분류되는 21개 프로그램은 공적인 사건, 종교적인 것, 낮 시간의 가사에 관한 것 및 기타 토크쇼들이었다(G. G. Scott, 1996, p.53).

이 쇼들은 요즘 유행하는 서로 이야기를 주고받는 형식과는 달리, 거의 다 '대화를 나누거나 관객이 참여하는 쇼라기보다는 전문가가 관객을 상대로 해서' 혼자 이야기하는 것이었다. 전형적인 것으로는 뉴욕 시 'WOR' 방송국 알렉산더 울콧(Alexander Woolcott)의 〈타운크라이어(The Town Crier)〉라는 프로그램이었다. 울콧은 프로그램을 시작할 때마다 "여러분 들으세요, 울콧이 말씀드립니다"라고 한 뒤 자신의 최근의 경험담, 가령 누구를 만났으며, 어떤 연극을 관람했고, 무슨 책을 읽었으며, 또 어떤 농담을 들었는가에 대해 보고했다(앞의 책, pp.53-54).

1960년대 들어서는 음악 전문 방송국들조차 전화 대화 쇼, 스튜디오 초대 손님과의 토크 인터뷰에서부터 토크와 뉴스가 섞인 것에 이르기까지 다양한 포맷을 사용하여 음악에서 토크로의 전환에 합류했다.

그런데 어떤 포맷을 사용하든 그날 일어난 일들에 대한 대화에 청취자들을 끌어들이기 위한 촉매체로서 뉴스는 특별히 중요했다. 토크 포맷 가운데 가장 인기 있는 것 중의 하나는 정치문제를 다루는 것으로, 청취자들이 방송국에 전화를 걸어서 최신 뉴스의 이슈에 대해 자신의 의견을 개진하는 것이었다. 그런 인기의 비결은 "자신이 세상사에 대해 달리 아무 힘도 발휘할 수 없다고 느낄 수 있는 사람들로 하여금 어떤 것이든, 그들이 문제가 있다고 여기는 사안에 대해 견해를 표현할 기회를 주었다는 데 있었다"(앞의 책, p.70).

다른 종류의 인기 포맷으로는 온갖 상담 쇼들이었는데, 이러한 인기의 배경은 점점 많은 사람들이 자신이라는 존재를 이해하고, 자신이 과연 누구인가에 대해 정의를 다시 내리고, 자신의 정체성을 찾고자 했기 때문이다. 이런 문제들이 제기된 것은 사람들이 사회의 전통과 비인격적인 권위라는 것에 대해 의문을 품었기 때문이다. 그 결과 자신이 과연 어떤 존재인가, 사회 속에서의 위치는 어디인가 하는 문제에 천착했다. 그들은 전통적인 곳에서 답을 구하려 하지 않았다. 대신 그 숫자가 점차 증가해 가고 있는 심리학자와 정신과 의사에게 묻는 쇼 또는 인간관계에 관한 쇼에 나와서 조언을 하고 갈 길을 제시하는 다른 전문가들로부터 답을 구하고자 했던 것이다(앞의 책).

이와 함께 1960년대 지하 토크쇼들도 라디오 토크 붐에 한 몫을 했다. 당시 로큰롤과 히피로 상징되는 하위문화의 통로가 지하 FM 방송국이었다. 이러한 방송국들은 저마다 토크 프로그램을 가지고 있었는데, 그 포맷은 뮤직 쇼의 전화 대화 프로, 즉 당시 활발한 정치적 사회적 운동을 펼치던 초대 손님들과의 인터뷰들이었다. 이 쇼들의 특징은 정부, 전쟁, 경찰 그리고 기득권층을 대표하는 사람한테는 누구에게나 대항하는, 주장이 강한 입장을 취했다는 것인데, "그래서 마치 오늘날 보수에 대한 대립처럼, 사회가 잘못되어 있다고 생각하는 사람들이 느끼는 분노라든가, 변화를 갈구하는 자신들의 목소리를 낼 수 있는 포럼을 마련해 주었다"(앞의 책, p.67).

> 우리는 반정부 데모를 부추겼고, 대통령과 의회를 가차없이 비난했으며, 자본주의와 유대 기독교적 종교를 반대하는 주장을 펼쳤

고, 마리화나와 LSD의 사용을 공개적으로 장려했고, 당연히 이 모든 행동에 대한 반주가 될 음악을 틀었다. 우리는 사실상 우리같은 종족을 위한 라디오였으며, 섹스, 마약, 로큰롤 그리고 혁명에 대한 부름으로 미국 젊은이들의 머릿속을 채웠다.(앞의 책, p.68)

텔레비전의 등장과 함께 수많은 토크쇼들의 진행자들은 1940년대 후반부터 텔레비전 방송으로 점차 옮겨가기 시작했다. 1940년대 초반 대형 네트워크의 주도권 싸움은 1943년 NBC의 탄생과 함께 3자 구도로 안정되었고, 안정된 전후 텔레비전 방송에 있어서 대담 프로 (특히 유명인사 대담프로)는 앞으로 방송할 프로그램 형식 중에서 최우선을 차지했기 때문이었다(G. G. Scott, 1996, p.276).

텔레비전이 보급되면서 미국은 전후 국내 분위기로 인하여 부드럽고 논쟁을 일으키지 않는 가족 위주의 텔레비전 프로가 주를 이루었는데, 텔레비전 토크쇼는 이러한 추세에도 적합한 것이었다. 텔레비전 토크쇼의 내용과 스타일은 또한 1940년대 말 전국을 휩쓸었던 보수주의의 영향을 받아, 결과적으로 편안하고 안전한 쪽으로 나아갔다. 이는 가정생활과 도시 근교 거주라는 전후 추세와 잘 들어맞는 태도이기도 했지만 이와 함께 그 당시 공포분위기를 조성했던 매카시즘의 영향도 있었다.

즉, 전국을 휩쓰는 공산주의에 대한 두려움으로 시사적이고 정치적인 민감한 이슈보다는 초대 손님과 잡담을 하는 안전한 쪽이 주류를 이루기 시작했던 것이다. 이러한 분위기에서 나타난 양대 버라이어티 쇼가 밀튼 벌(Milton Berle)의 〈텍사코 스타 시어터(Texaco Star Theater)〉와 에드 설리반의 〈도시의 건배(The Toast of the Town)〉이었다.[49](앞의 책, pp.281-282)

'밋밋하고 편안한 텔레비전 토크쇼'는 두 가지 방향으로 진행되었다.

---

[49] 전자는 후에 〈밀튼벌 쇼(Milton Berle Show)〉가 되고 후자는 후에 〈에드 설리반 쇼(Ed Sullivan Show)〉가 된다.

하나는 시사 문제에 관하여 보고를 하는 뉴스 대담 식으로, 나머지 하나는 버라이어티 토크쇼로 나타났다. 정치커뮤니케이션에서 흔히 이야기되는 '정치에 있어서의 텔레비전의 영향'은 바로 뉴스 대담 방송의 한 형태였던 선거방송이었고, 이것이 정치 선거 방식을 변화시켰다(앞의 책, p.284). 이러한 분위기였기 때문에 텔레비전은 미국의 민주주의를 뒷받침하는 매체로 부각되기도 했고, 그 기대에 부응하지 못할 때 비난을 받기도 했던 것이다.

진지한 주제의 대담 프로로는 질의응답 프로인 〈정보를 주세요(Information Please)〉와 전에 라디오에서 〈지금 듣는다(Hear It Now)〉로 방송되던 에드워드 머로우(Edward R. Murrow)와 프레드 프렌들리(Fred W. Friendly)가 공동 제작한 역사 다큐멘터리 〈지금 본다(See It Now)〉 등 성공적인 라디오 프로가 텔레비전으로 옮겨간 경우이다. 그러나 앞서 말한 안전주의 분위기에서, 더구나 상업적인 텔레비전 토크쇼는, 래터맨, 레노 및 오늘날의 아침 방송과 같은 수다스러운 버라이어티쇼 쪽으로 나아갔고, 이러한 프로의 기본 패턴은 데이브 개로웨이(Dave Garroway)가 진행하는 〈투데이(Today)〉에 의해 확립되었다. 1950년대 중반을 넘어서면서 상업텔레비전에서는 진지한 내용의 토론이나 대담의 여지는 갈수록 없어지고 잡담류의 버라이어티쇼가 지배적인 것으로 부상하게 된다.

미국 텔레비전에서 토크쇼가 차지하는 비중은 텔레비전에 대한 미국인들의 인식이 어떠했는가를 보여준다. 1960년대 초반 미국 전국에 텔레비전 방송국이 서면서 미국 국민들의 약 절반은 주로 텔레비전에서 뉴스를 얻게 되었다. 뉴스와 함께 그들은 세상을 이해하게 되었고 세상과 자신을 연계시켰던 것이다. 대부분의 사람들에게 텔레비전은 "세상을 보는 창문이 되었다. 그들은 텔레비전이 제공하는 견해를 타당하고 완전한 것이라고 신뢰했다"(E. Barnouw, 1990, p.339).

미국에서도 텔레비전은 초기에 무한한 가능성을 가지고 있는 마술적인 존재로 간주되었다. 그러나 그 무한한 가능성의 내용은 한국의 경우와는 조금 다른 것이었다. 즉, "많은 사람들이 사회를 변화시킨다는 비전을 가졌던 1960년대 초, 텔레비전은 새로운 아이디어를 형성하는 것을 도울 수 있고 무엇이 일어나고 있는가를 기록할 수 있는 변혁의 도구로 인식"되었던 것이다(G. G. Scott, 1996, p.304). 텔레비전에 대한 비판 또한 텔레비전이 이러한 기대를 충족시킬 수 없다는 차원에서 나온 것으로 볼 수 있다. 한 예로, 1961년 전국 방송인협회(National Association of Broadcasters)에서 행한 연설에서 케네디는 텔레비전의 가능성을 다음과 같이 역설했다.

> 정치적 민주주의의 실현을 위해 필수적인 생각의 유통, 잘 알고 선택할 수 있는 기회의 부여, 비판 능력의 함양은 커뮤니케이션에 달려 있습니다. 여러분들은 인류 역사상 가장 영향력과 효과가 있는 커뮤니케이션 수단을 수호하고 있습니다.(E. Barnouw, 1990, p.299)

그렇다면 우리는 "토크쇼"로 대변되는 미국의 텔레비전에 대한 인식과 미국의 문화 저변이 무엇이었는지에 대해 말할 수 있을 것 같다. 그것은 서구의 문자적인 근대문화 속에서 배태된 이성·합리성에 대한 신뢰와 그 표현들이다. 한국의 드라마가 신파와 더 나아가서는 구술적인 놀이, 이야기에 그 기원이 닿아있다면 미국의 토크쇼는 소위 '공론장(public sphere)'의 이상에 닿아있는 것이다.

웨인 먼슨(Wayne Munson) 교수는 토크쇼의 뿌리를 거슬러 올라가 보면 18세기 영국의 커피 하우스에 처음으로 청중들이 모여 그날의 이슈에 대해 토론을 시작했던 것이라고 밝힌다(W. Munson, 1993). 커피 하우스가 생기기 전까지 사람들은 교회의 설교 단상이나 궁정이나 법원의 성명서 또는 의회의 결의문 발표 같은 공공 포럼에서 대체로 수동적 입장의 구경꾼에 불과했다. 17세기 후반과 18세기에 들어와 도시가 생기고, 르네상스, 중상주의 문화, 중산층의 도래와 더불어 잉글랜드와 서유럽의 도시들에서 새로운 중산층의 문화의 중심지가 나타나기 시작했는데, 그 중심지에 커피 하우스가 있었다는 것이다. 이 커피 하우스는 계몽주의 시대에 새로이 도시에 거주하게 된 사람들이 당대의 철학과 예술과 여러 가지 생각들에 대해 이야기를 나눌 수 있던 살롱과 같은 것들이었다(앞의 책, p.25).

18세기를 거치면서 이 같은 중산층의 토크 전통은 인쇄술 및 새로운 토크 전통을 뒷받침해 주는 인기 잡지의 확산에 힘입어 더욱 두드러지게 되었다. 이 잡지들에는 커피 하우스 살롱에 참여하는 많은 작가들의 논평이 실렸고, 이에 따라 먼슨이 말하는 '미디어에서의 청중 참여'가 탄생했던 것이다. 〈태틀러(Tatler)〉, 〈스펙테이터(Spectator)〉, 〈타운 토크(Town Talk)〉, 〈티 테이블(Tea Table)〉 및 〈칫 챗(Chit Chat)〉 등의 새 잡지들과 함께였다(G. G. Scott, 1996, pp.48-49).

미국에서는 19세기 커피 하우스 이외에도 토크를 위한 다른 대중적인 포럼들이 발달했다. 도시 중심부의 좀 지적인 포럼들 가운데는 철학협회가 있었고, 거기서는 참가자들이 신문에서 읽은 것들에 대해 이야기했다. 문학 동호회에서는 신간서적에 대한 토론이, 다른 라이시엄(lyceum)들에서는 지역 내 여러 그룹들이 유명한 저자들을 초청해 강연을 들었다. 또, 작은 마을과 농촌 지역에서는 많은 사람들이 살롱에 모이거나, 잡화 가게 크래커 통을 둘러싸고 앉거나, 아니면 그냥 뒷마당 울타리 너머로 이야기를 주고받았다.

이들 대부분의 포럼들은 매우 지역적인 것들로, 머리를 맞대고 아이디어를 주고받거나, 지역사회의 유대관계를 공고히 하는 것이었다. 이와는 대조적으로 1826년에 시작된 라이시엄은 오늘날 토크 라디오의 대두와 비슷한 궤적을 밟아나갔다. 라이시엄은 차차 순회 강연장으로 바뀌어 갔던 것이다(앞의 책, pp.49-50). 텔레비전 토크쇼의 이전에는 라디오 토크쇼가 있었고, 라디오 토크쇼의 이전에는 말하기 좋아하는 사람들의 토론과 포럼문화가 있었다는 것이다.

이러한 전통은 닐 포스트만(Neil Postman)이 그토록 그리는 인쇄시대의 미국이 가졌던 문화이다. 뉴잉글랜드에 정착한 메이플라워호 이민자들은 능숙한 독자들이었다. 1640년에서 1700년 사이에 매서추세츠 주와 코네티컷 주에 살았던 남성의 문자 해득률은 89-95%에 달했는데, 이는 그 당시로서는 세계 어디에서도 찾아보기 힘들 정도의 문자 해득률이다(1986, p.50). 식민지 미국에서는 독서가 특별한 엘리트 행위가 아니었고, 인쇄물이 모든 부류의 사람에게 아무런 차별 없이 공평하게 퍼져 나갔다. 예일대학의 티모시 드와이트 총장은 당시의 미국 상황에 대해 다음과 같이 묘사한다.

거의 모든 주제에 대한 거의 모든 책이 이미 우리 손에 들어왔다. 이 면에서 우리가 처한 상황은 유별나다. 우리는 대영제국의 국민과 같은 언어를 사용하며, 대개는 그 나라와 평화적 관계를 유지하고 있다. 그래서 그 나라와의 교역을 통해 결코 적지 않은 분량의 책이 정기적으로 우리 손에 전해지고 있으며 결국 넘쳐날 정도가 되었다. 우리는 예술과 과학 및 문학 분야의 모든 책을 입수하고 있으며 그것들을 통해 욕구를 상당 부분 충족시키고 있다.(N. Postman, 1986, p.53)

이런 상황이었기 때문에 1776년 1월 10일 발간된 토머스 페인의 〈상식(Common Sense)〉이 그해 3월까지 10만 부 이상이 팔렸다. 3월 이후에는 대략 40만 부 가량이 팔렸는데 요즘 인구로 환산하면 책 한 권이 2천 4백만 부가 팔린 셈이다(앞의 책, p.54). 이러한 인쇄물에 대한 몰입은 당시 보편화되어 있었던 강당에서의 구술적 연행에 의해 보완되고 있었다. 이들 강연의 상당수는 일종의 성인 교육 형태인 라이시엄 운동(Lyceum Movement)의 결실이었는데, 이 운동은 대체로 뉴잉글랜드의 농부였던 조시아 홀브룩의 노력에 의한 지식의 전파, 공립초등학교의 진

244

흥, 도서관의 확충과 강당의 설립에 그 목표를 두었다. 1835년에는 15개 주에서 3천개를 웃도는 라이시엄(문화회관)을 헤아릴 정도였다(앞의 책, p.60). 사람들의 참여 또한 대단했던 것으로 보인다.

영국인으로서 미국을 널리 여행했던 알프레드 번은 1853년 "사실상 모든 촌락마다 강당이 설립되어 있다"라고 기록한다. 그는 이렇게 덧붙이고 있다. "정말 놀랄 만한 일이다……. 젊은 노동자, 과로한 직공, 녹초가 된 여공들이……제각기 하루 일과를 마친 후 사람들이 빽빽이 들어찬 강당의 열기속으로……빨려 들어가는 현상을……목격하는 것은." 번의 동향인 J. F. W. 존스턴은 비슷한 시기에 스미소니언 인스티튜션에서 열린 한 강연회에 참석하고서 "강당이 1,200－1,500명의 사람들로 만 원을 이룬 것을 발견했다."고 말한다. 이들 청중이 접할 수 있었던 연사들 중에는 헨리 워드 비처, 호레이스 그릴리, 루이스 아가시즈 및 랠프 월도 에머슨 등과 같은 당대의 지도적 지성인과 작가 빛 해학가들이 포함되어 있었다.(앞의 책, p.61)

이러한 강연회의 연사와 청중들 모두는 문학이라고 일컬을 수도 있는 일종의 수사에 익숙한 상태였다. 연사의 연설내용은 이미 글로 써놓았던 것이었고 반격 내용도 미리 예상해서 글로 써놓는 것이 예사였다. 심지어는 연사들이 벌였던 임기응변의 입씨름마저도 문장구조로 표현되었다. 이 때문에 그들의 연설은 그대로 인쇄해도 어색하지 않게 읽힐 수 있는 것이었다. 이보다 중요한 것은 이러한 문장으로 된 연설을 몇 시간이고 들으며 이해할 수 있을 정도로 청중들 또한 인쇄의 정신으로 무장되어 있었다는 점이다(앞의 책, pp.71-73).

결국 라디오와 텔레비전이 등장하기 이전 미국의 문화는 문자와 인쇄의 정신으로 가득 찬 인쇄문화였고, 그것이 토크쇼라는 라디오와 텔레비전의 대중적인 장르에도 이어졌다는 것이다. 포스트만은 인쇄정신, 인쇄문화를 다음과 같은 것이라 주장한다.

> 인쇄가 지배하는 문화에서 공공담론은 사실과 아이디어가 논리
> 정연하고 질서있게 배열되는 특성을 갖는다. 그것을 읽는 공중도
> 대개 그러한 담론을 다룰 수 있는 능력을 갖추고 있다. 인쇄문화에
> 서 작가가 실수를 범했다는 것은 거짓말을 했거나, 모순되게 말했
> 거나, 일반화에 실패했거나, 비논리적인 연결을 억지로 시도했다는
> 의미이다. 인쇄문화에서 독자가 실수를 범했다는 것은 주의를 게을
> 리했거나, 혹은 더 나쁜 경우로 전혀 개의치 않았다는 의미이다.
> (앞의 책, p.74)

포스트만이 텔레비전을 비판하는 주된 이유는 텔레비전이 위와 같은 인쇄의 정신과 인쇄문화를 파괴하는 것으로 보기 때문이다. 텔레비전이 지배적인 문화로 부상함에 따라 "텔레비전에게로 가는 길을 발견하지 못한 공공 담론─정치, 뉴스, 교육, 종교, 과학, 스포츠─의 주제는 존재하지 않게" 되었는데, 그것은 "텔레비전의 앎의 방식이 인쇄술의 앎의 방식에 대해 철저하게 적대적이기 때문이고, 텔레비전의 교호작용은 모순과 하찮음을 부추기기 때문이며, 따라서 심각한 텔레비전이라는 말은 자가당착적인 용어이고, 이는 텔레비전은 오직 하나의 소리 즉 오락의 소리만을 고집하기 때문"이라는 것이다(앞의 책, pp.108-110).

드라마속의 말은 사적이고 일상적이며 정서적인 것들이다. 더욱이 이러한 말들을 드라마를 통해 듣고 보기를 즐기는 문화는 내가 말하는 사람이 되어 내 중심으로 내 생각과 감정을 정리하여 객관화된 언어로 표현하는 문화와는 매우 다르다. 전자는 구술적인 문화이고 후자는 문자적인 문화이다. 더욱이 한국의 문화는 유교의 영향으로 나를 내세우고 내 주장을 앞세우는 것은 미덕이 아닌 것으로 여겨지는 문화이다. 어른의 말에는 순응하거나 내 생각을 표현하더라도 에둘러 표현하는 방식이 선호되었던 것이다.

개인들의 사적 문제를 공적 토론의 문제로 다루는 형식으로 관심을 끌었던 KBS의 〈아침마당〉의 경우, 아내가 출연하여 부부간의 갈등에 대해 이야기하는 과정에서도 자신의 입장, 불만, 정서 등에 비중을 두어 이야기하기보다는 남편의 행동, 입장, 불만 등에 비중을 두고 이야기한다. 이 경우 토크의 화자는 아내이지만 토크의 주요 주체는 남편이 된다 해서 비판적인 평가를 받기도 했다. 즉 아내는 가족 간의 갈등을 이야기함에 있어 자신의 상황, 감정보다는 시부모의 반응, 입장, 남편의 반응 등 주변 인물의 상황에 대해 더 많은 비중을 두고 이야기 한 반면, 남편의 경우는 아내의 입장보다는 고부간의 갈등, 부부간의 갈등을 겪을 당시의 자신의 입장, 상황을 이야기 한다는 것이다(유세경, 1997).

인간관계라는 복잡한 맥락에서 나의 입장을 정리하고 공개적으로 그것을 말할 수 있는 것은 사실상 통일된 정체성과 자신을 객관화시킬 수 있는 능력 등 상당히 내면화된 문자적 소양과 문화를 전제로 한다. 드라마와 토크쇼의 차이는 이러한 문화적 차이라 할 수 있다.

3. 한국 텔레비전 드라마의 근대화: 도구화된 구술성

텔레비전 드라마 특히 일일연속극에 대한 비판은 대개 그것이 방송사들의 상업적 이윤추구의 전장이었다는 점에서 비롯된다. 다른 장르를 개발해서 그것과 대중과의 상호작용을 보아가며 프로그램을 개발하고 정착시키기에 방송의 여건은 척박했고, 그러한 척박한 자원으로도 승부가 가능한 것이 드라마였던 까닭에 드라마는 상업적 계산속에서 이용되고 착취되어 온 것이 사실이다.

텔레비전 방송은 1960년대 후반을 기준으로 GNP 300불 이상의 산업적 배경을 가진 나라가 아니면 불가능하다는 것이 통례였고, 300불 이하의 나라가 텔레비전 방송을 했을 때 그것은 텔레비전 산업이 아니라 영화산업이 될 만큼 프로그램 공급이 여의치 않다는 것이다(김규, 1968, 58쪽). 1960년대 후반까지도 한국에서 텔레비전은 일부 고소득층의 매체이지 국민의 반 수 이상이 접할 수 있는 대중매체가 아니었다. 그러나 텔레비전 방송은 이미 시작되어 있었고, 더욱이 방송 3사의 경쟁구도는 열악한 여건을 더욱 척박하게 만들었다. 제작비와 시청률, 그로 인한 소득을 감안할 때 드라마는 가장 적절한 장르로 여겨졌다.

특히 TBC가 여러 조건이 열악했던 개국 시부터 일일연속극을 편성했던 것은 "매일의 시청 패턴을 확립시키기 위해서는 주간극으로서는 불충분"하다는 판단에서였고, 이는 당시 라디오 일일연속극에 익숙해진 시청자들의 청취습관이 계산된 것이었다(조항제, 1997, 80-81쪽). 1970년 〈아씨〉의 성공은 이러한 판단이 옳았음을 명백히 보여주는 사건이었고 이는 곧바로 방송 3사의 일일극 전쟁으로 이어졌다. 결과적으로 한국에서 일일연속극이 유례없이 융성하게 되는 현상을 낳게 되었는데 조항제는 일일극이 융성한 이유를 다음의 세 가지로 제시한다(앞의 글, 81-82쪽).

① 일일극이 라디오가 심어놓은 연속극에 대한 대중적(특히, 가족시청과 같은 집단시청에서의 여성층) 저변이나 시청습관에 매우 어울리는 장르였다.
② 일일극의 포맷은 당시 텔레비전의 취약한 저변에 비추어볼 때 최적의 장르였다.
③ 경제적 측면으로, 제작비에 비해 시청자와의 접촉도가 높다는 점 때문에 광고주의 환영을 받았다.

제작비 면에서 일일연속극은 하루에 대여섯 편을 녹화할 수 있어 단회로 끝나는 주간 드라마에 비해 제작비 단가가 훨씬 싸며 작가와 스튜디오 및 제작진의 부족을 최대한 커버할 수 있었던 장점이 있었다(이상회, 1979, 295쪽). 이와 더불어 이미 형성되어 있던 대중의 취향으로 인해 광고주의 환영을 받아 너도나도 일일극의 스폰서가 되고 싶다고 나섰으며(정순일, 1974, 136쪽), 더욱이 20분단위로 시간이 짧아 앞뒤로 광고를 넣기가 용이했다. 물론 일일연속극의 상업화의 전제가 되었던 것은 사람들이 드라마를 좋아하고 더욱이 일일연속극에 대한 취향이 형성되어 있었다는 점이지만, 텔레비전 방송사들이 일일연속극 제작에 사투를 벌이며 덤볐던 것은 그에 대한 상업적 계산 하에서였던 것이다.

1968년 현재 TBC의 경우 연방송극 총방송회수는 약 650-670회에 이른다. 총 방송시간이 연 약 600시간, 1시간 40분짜리 극영화로 따지면 약 400편이 된다. KBS와 합한다면 거의 800여 편의 극영화를 1년 동안에 생산한다는 것인데, GNP 120불 정도의 나라에서 전방송시간의 40%를 직접 제작한 드라마로 충당하는 전례 없는 상황을 낳은 것은 대중성을 수익성이 기가 막히게 활용한 결과라 하지 않을 수 없었다(김규, 1968, 60쪽). 특히 1970년대 초반 일일연속극은 71년 총 9편, 72년 총 13편, 73년 상반기 총 15편이 편성되어 20분짜리 드라마가 매일 저녁 7시에서 10시 사이의 프라임 타임에 방송됨으로써 텔레비전의 주요 전략 품목으로 자리 잡게 되었다.

일일연속극의 공적은 무엇보다도 텔레비전이라는 뉴미디어를 성공적으로 제도화하는 데 기여했다는 것이다. 또한 미국의 외화를 그 어떤 나라에서보다 빠르게 대체시킴으로써 한국 텔레비전의 외화 의존도를 낮추었다는 점을 들 수 있다(조항제, 1997, 83-84쪽). 텔레비전을 근대적인 제도로 안착시키는 데 일일연속극과 이를 뒷받침하는 대중의 취향이 절대적으로 기여했다는 것이고, 이와 더불어 미국적인 이야기인 외화보다는 한국적인 이야기의 우세 속에 한국적 텔레비전 문화를 펼칠 수 있게 했다는 말이 된다.

그러나 드라마가 가지고 있는 문화적 잠재력을 상업적인 계산 하에 이용하는 데서 오는 단점이 더 많이 지적된다. 첫째는 그것이 시청률 제일주의에 기반한 철저한 상업적 장르였다는 것이고, 둘째는 일일극이 방송사 간의 경쟁의 패턴을 결정했다는 것이다. 셋째는 소위 저질 코미디와 더불어 오락 프로그램에 대한 공분을 불러 일으켰다는 것이고, 넷째는 일일극의 번성이 드라마의 요소시장의 독과점화를 초래하는 효과를 가져왔다는 것이다. 결과적으로 "일일극은 대중성과 수익성의 조화로운 만남이었지만 우리 텔레비전 문화의 성격을 통속화시키는 데 일조했고, 취약했던 저변 하에서는 최적의 제작형태로 텔레비전 시청을 습관화시켜냈지만 바로 그 취약성 때문에 졸속과 무원칙의 대명사가 되기도 했다"는 것이다(조항제, 앞의 글, 84-85쪽).

문제는 "대중성과 수익성의 조화로운 만남"이 제작여건을 개선하는 데 기여하지 않고 재생산 논리에 휘말려 그 조건을 이용하려고만 했다는 점이 되겠다. 이로써 열악한 여건은 드라마의 질에 대한 변명으로 항용 사용되어졌고, 비슷한 내용이 세 개의 방송사에서 수년간 지속되는 일종의 문화적 획일성을 낳게 되었다.

가령 드라마 작가의 경우 방송작가 협회에 등록한 회원은 101명이지만 계속적인 작품 활동을 하고 있는 사람은 그중의 절반가량이며 .텔레비전 드라마의 경우는 20명 남짓이 사실상 그 많은 드라마를 만들었다. 텔레비전 드라마 작가의 고료는 1편당(2백자 원고지 35매 기준) 1만 8천 원으로 주 6회의 일일극이면 줄잡아 월 36만 원 정도[50]에 지나지 않았다. 이런 상황에서 작가수가 한정되고 보면 그들은 주당 평균 2백장 이상의 원고를 써야 하기 때문에 애초에 드라마의 질과 독창성은 기대하기 어려웠다는 말이 된다(신문평론 편집부, 1973. 9, 87쪽). 카메라, 녹화기, 스튜디오 등 제작환경이 척박했던 것은 말할 것도 없고, 연출자의 수입 또한 A급 탤런트의 1/5 정도에 불과했으니, 이들에게 작가정신을 강요하기란 애초에 어려운 것이었다.

---

[50] 1975년 현재 평균 임금은 월 47만 원이고 대졸 남자의 평균 임금은 124만 원. 대졸 여자의 평균 임금은 77만 원 정도이다.(통계청 자료, http://www.nso.go.kr)

그럼에도 방송사의 경영마인드에서는 드라마가 수입의 원천이었기에 그러한 상황을 계속 유지해야 했다. 드라마의 수를 줄이라는 정부의 요구는 방송사의 수입과 직결되어 있었기 때문에 받아들이기가 매우 곤란한 처지였다. 드라마 1편당 1회분의 CM료가 평균 35만 원이라면 1973년 7월 19일 3국 TV가 결정한 20분짜리 1편을 줄일 경우 각국은 적어도 1천만 원 정도의 수입이 감소된다는 이야기였던 것이다. 한 관계자는 상업방송으로 CM료에 의존하는 현실로서는 드라마의 질 문제에 부분적인 잘못을 인정하면서도 갑작스런 변화에 따른 수입 감소의 가능성은 심각한 것이라고 토로하기도 했다. "어떻게 드라마가 줄어들고도 시청률이 줄어들지 않게 편성할 수 있을까"가 당시 텔레비전의 고민이며 문제거리였다는 것이다(신문평론 편집부, 1973. 9, 88쪽).

드라마가 수입원이라는 사실에만 골몰하고 제작인력이나 제작환경을 바꾸려는 노력이 부족했던 것은 드라마에 있어서만큼은 소위 "만들면 본다"는 불문율이 존재했기 때문이다. 따라서 상업적인 계산속에서 드라마를 양산해내면서도 합리적인 시청자 조사나 취향의 세분화 등의 합리적이고 신중한 계산과 판단 따위는 찾아보기 어려웠다. 이것이 결국 스튜디오 드라마 일색의 답답한 화면, 주먹구구식의 제작형태, 작가부재에서 오는 작품 빈곤, 텔레비전 탤런트의 빈곤이라는 한국 텔레비전 드라마의 특징적인 악순환을 낳았고(유호석, 1968, 51-53쪽), 매일 똑같은 이야기를 보자니 시청자도 지루하고 매일 틀에 박힌 세트에서 그 숫한 이야기들을 전개시키자니 드라마도 지루하고, 작가로서는 자신의 생각을 담는 데 항시 좌절감을 느끼자니 드라마 쓰기가 지루한 권태로움에 맞닥뜨리게 되었다(유희석, 1971, 128쪽). 이것이 "방송사들이 한결같이 총력전을 펴고 있는데도 결과는 대수롭지 않게 나타나게 되는" 이유였다.

당시 방송국의 영리추구 양식이 어떤 종류의 것이었는지는 〈뿌리〉를 방영할 때 잘 나타났다. 1978년 3월 TBC는 미국 ABC가 제작한 화제작 〈뿌리(ROOT)〉를 수입해 방송했는데, 당시 TBC는 "그것이 미국의 베스트셀라이며 이 프로그램을 통해 우리도 민족의 뿌리를 찾자는 엉뚱한 민족주체론을 내세워 TV를 냉소하던 식자들까지 동원해 엄청난 상행위를 했던 것"이다(이근삼, 1978, 26쪽). 결과적으로 3월 25일에서 4월 1일까지 총 12회를 오후 9시대에 집중 편성한 뿌리는 경쟁국의 뉴스를 '묵사발'을 만들어 놓음으로써 소위 대형드라마의 붐을 일으키기도 했다(정순일, 1994, 251쪽).

이러한 주먹구구식 영리추구는 아주 조야한 수준에서의 '드라마의 숫자화'를 가져왔다. 즉, 드라마를 평가하는 가장 중요한 숫자는 물론 시청률이고 또 그 드라마의 성공을 판가름하는 숫자는 그 드라마의 회수가 되었던 것이다. 드라마의 회수로 전환된 드라마의 질은 "가능성 반응도가 좋아 가능성을 발견할 수 있는 소재마저 질질 끌어가면서 버려" 버리거나 "가능성이 없는 소재를 구태여 필요 이상으로 끌어가면서 가중시켜" 버리는 수준으로 고착되었다(유희석, 1971, 128쪽).

이것은 텔레비전 화면을 획일적인 것으로 만드는 결과를 초래했다. 이러한 획일성은 텔레비전 방송사의 주먹구구식 영리성이 만든 것이었고, 한국의 근대문화의 한 특징인 극심한 도구적 합리성의 발흥과 연계될 수 있는 특징이기도 하다. 이러한 방식이 먹히던 분위기였다는 점에서 그러하다.

여기에 또 다른 획일성이 텔레비전 드라마에 부가되는데 그것은 드라마의 대중성과 인기를 적극적으로 이용하려는 정부에 의한 것이었다. 당시 한국의 정책당국은 소비주의적이고 감상적인 태도를 불러일으킬 수 있는 퇴폐적인 드라마의 조기 종료, 편수 감축 등을 펴는 한편 〈꽃피는 팔도강산〉이나 〈실화극장〉과 같은 반공극, 민족사관정립극, 새마을극 등의 목적극을 적극적으로 유도함으로써 드라마와 일일연속극의 파급력과 인기를 이용하고자 했던 것이다. 한국 근대화 과정에서의 동원적 측면이 텔레비전에 또 텔레비전 드라마에 나타난 결과이다.

그 결과 나타난 것은, 앞 장에서 논의했듯이, 1976년 시간대 편성지침

이후 보였던 '서로 다른 성격의 두 가지 획일적 프로그램 띠의 병치'였다. 한국의 텔레비전이 보여줬던 '이중적 획일성'의 모습은 이처럼 드라마 특히 일일연속극이라는 구술적 장르와 이를 적극적으로 즐겼던 구술적 문화 대중의 만남이 근대적으로 제도화되고 상품화되면서 변형된 결과였다.

구술적 장르와 구술적 문화대중이 획일적으로 제도화되면서 변형되고 상처받은 것은 구술성 그 자체라 할 수 있다. 드라마의 구술성을 하나의 놀이성, 하나의 유희성(play)이라 볼 때 구술성의 변형은 놀이와 유희 그 자체를 즐기게 하지 않고 도구적으로 사용하고 제도화한 대가라 하겠다. 유희(play)의 성격을 오락방송에 적용하면서 이어령은 오락방송은 ①목적보다 수단이 중요하므로 억지로라도 무엇을 얻기 위해 참아가며 듣는 프로가 아니라 보기 위해서 보고, 듣기 위해서 듣는 무상의 행위를 실현케 하는 프로이고, ②쾌락이 언제나 의식적인 것이므로 재미가 있어야 하고 즐거워야 하기 때문에 쾌락 속에 의도가 내포되어서는 이미 플레이의 구실을 못하며, ③일상적 현실의 제약으로부터 분산되어 있는 활동이므로 그 프로는 심리적 긴장에 해방감을 주어야 하는데, 이러한 플레이는 성인들보다 어린이들의 세계에 충만해 있는 것이라 하였다(이어령, 1968, 46쪽). 한국 텔레비전의 성격은 이러한 유희의 잠재력에 대한 몰이해에서 나온 것이라는 것이다.

> 한국의 연예 오락방송은 건실하게 만들려고 할 때에는 지나친 교훈성이, 반대의 경우에는 차마 볼 수 없는 오락성이 그대로 노출된다. 오락적 요소와 교훈적 요소를 다같이 초월한 데에 비로소 선악을 초월한(어린이다운) 순수한 즐거움이 있는 것인데 우리의 그 프로엔 천사의 놀이가 아니면 악마의 놀이에서 벗어나지 못하고 있다.(앞의 글, 47쪽)

유선영은 조선 후기 이래 제의성, 축제성을 가지고 있던 판소리, 탈춤

등의 놀이문화가 굿에서 떨어져 나와 오락과 순수 놀이 형태로 자리잡아가는 과정을 한국에서 근대적 대중문화가 형성되어 가는 과정으로 고찰하였다(1992). 텔레비전 드라마에 이르러 이미 제의성과 축제성이 탈각되고 문화적·정서적 흔적만을 지니고 있던 구술문화는 그러한 것들이 탈각된 오락거리이자 근대적 도구화의 한 대상이 되었던 것이다.

제7장 결론
: 구술성의 근대적 변용

1. 왜 드라마인가?

본 연구의 내용을 간략히 요약하면 다음과 같다.

(1) 한국 근대화 과정의 특징은 한국의 근대전환이 자생적이기보다는 타율적이었다는 점, 또 식민지배하에서 그 터를 닦았다는 점 등 서구와는 그 출발과 조건이 달랐던 데서 상당 부분 기인한다. 특히 서구국가가 아닌 일본의 식민지였다는 사실은 '근대화＝서구화'라는 등식을 심화시켜왔고, 박정희 시대에 이르러서는 '근대화＝서구화＝경제발전'이라는 등식이 성립되기에 이른다.

이러한 등식의 성립은 애초부터 그 출발이 서구와 달랐던 한국의 근대성의 특징을 더욱 가시적으로 만드는 것이었다. 우선, 이러한 등식은 근대성의 범위 자체를 축소시킨다. 근대의 다양한 차원들이 경제발전이라는 한정된 범위로 좁혀지는 것이다. 둘째, 이러한 등식은 근대성이 꼭 합리성일 필요는 없다는 한국적인 인식, 즉 경제발전에 도움이 되는 한 비합리적인 것도 수용될 수 있다는 인식을 성립시킨다.

이러한 근대화 과정의 성격은 문화적으로 전근대적 혹은 구술문화적 성격이 억압되거나 제거되기보다는 축소된 근대성의 나머지 부분을 광범위하게 채우면서 한국의 근대문화의 한 짝을 이루게 되는 배경이 된다. 이로써 한국의 근대문화는 도구적 합리성의 극대화와 구술적 전통의 전유라는 이중적 성격을 갖게 된다. 서구의 근대적 정신, 즉 하나의 에토스로서의 전반적인 합리성이 상대적으로 매우 미약한 것 또한 한국

근대문화의 특징이다. 구술적 전통 또한 이미 근대 이전의 사회에서 갖던 토대와 사회적 효과성을 상실한 채 한국의 근대적 목표에 혹은 근대화 과정 속에 포획되어 일정하게 변형된 양상을 보인다.

이러한 맥락 속에 혹은 이러한 근대화 과정의 진행 중에 텔레비전이 도입되었고 또 제도화되었다. 근대화 과정 속에서 텔레비전은 당연히 그 과정에 큰 기여를 해야 하는 근대적 매체로 인식되고 제도화되었다. 그러나 그 "근대적 매체"라는 인식의 내용은 다분히 한국적 근대성의 특징을 내포하고 있는 것이었다. 우선 텔레비전이라는 매체가 한국의 근대화에 어떤 방식으로 기여할 수 있는가라는 성찰이 미비한 채 다만 하나의 근대적 지표로 도입되었다. 준비 없는 텔레비전의 도입은 이후 전개될 텔레비전의 환경을 매우 열악하게 만들었고 열악한 텔레비전 환경의 구조화는 또한 상업적 도구로서의 텔레비전이라는 인식을 심화시켰다. 두 번째로, 텔레비전이 제도화되는 과정에서 텔레비전은 발전론과 결합하여 근대화의 촉매제로 자리매김하게 된다.

"압축적이고 급격한" 것을 그 특징으로 하는 한국 근대화의 "촉매제"로서의 텔레비전에 부여된 임무의 내용은 ①"텔레비전이 지닌 (구술적) 대중에의 강력한 호속력"을 활용하여 ②"근대라는 발전과 계몽의 메시지"를 전달하고 이로써 "대중을 일사불란하게 동원"하는 것이었다. 그것이 근대 한국의 국가적 매체로서의 텔레비전이 지닌 사회적 책임이었다. 당시 텔레비전에 대한 인식 속에는 ①에 대한 적극적인 인정은 있었으나 ②에 대해서는 미심쩍어 하는 텔레비전에 대한 양가적 평가가 있었다. 때문에 텔레비전은 강력하나 동시에 위험한 것으로 여겨졌고 ①을 ②에 한정시키려는 시도를 낳았다. 이것이 한국에서 텔레비전이 제도화되는 과정에서의 갈등을 낳는 원인이 된다.

(2)한국에서 텔레비전 시대는 1969년 MBC의 개국과 함께 시작된 방송 3사의 시청률 전쟁으로 전개되었다. 어떠한 철학을 지닌 제도도 따라

야 할 전범도 없이 방송을 이어나가야 했던 텔레비전 방송사는 한국에서 자신의 텔레비전으로 시청자 대중을 사로잡을 수 있는, 혹은 가장 쉽게 먹힐 수 있는, 형식이나 장르를 개척하는 것이 급선무였다. 그들이 전력을 다해 매달린 장르는 드라마였고 TBC의 〈아씨〉의 성공은 드라마, 특히 일일연속극의 전쟁을 격발시켰다. 즉, 방송사의 입장에서 위의 ①의 성격을 극대화할 수 있는 장르로 드라마가 부각된 것이었고, 텔레비전 자본의 자기실현 방식인 시청률을 위한 수단의 위치이기는 했으나, 텔레비전을 통한 드라마와 구술적 대중의 연결은 잘 맞아떨어지는 결과를 낳는 것이었다.

②의 목표에서 벗어나는 텔레비전 방송의 전개방향에 정부가 개입해 들어온 것은 당시의 상황에서는 당연한 일이었다. 정부 역시 텔레비전 매체가 갖는 ①의 장점을 버릴 수는 없었기에 텔레비전에 대한 비판과 규제는 미디어가 아닌 내용 즉 메시지에 집중되었다. 특히 정부의 개입 양상은 텔레비전이 ②의 역할을 다 할 수 있도록 그 메시지를 핫하게 만드는 방식을 보였다. 즉 "이러 이러한 것은 하지 말고", "저러저러한 것을 해라"는 것이었다. 구체적으로 교양편성 비율의 설정과, 시간대 편성지침, 교양 프로그램의 내용 등 텔레비전이 '해야 할 것(Do)'들을 상세히 지정해주는 한편, 일일연속극의 양과 소재 제한, 코미디 철폐론 등 '하지 말아야 할 것(Don't)'들을 배제해 나가는 양상을 보였다. 이것은 텔레비전을 핫하게 만들어서(손쉽게) ②의 목표를 이루고자 하는 것이었다.

정부의 이러한 시도가 빚은 갈등과 모순은 끊임없는 간섭과 규제에도 불구하고, 결과적으로 텔레비전이 해야 할 것(Do)도 하지 말아야 할 것(Don't)도 지키지 않고 피해가는 모습으로 표출되었다. 그것은 우선 텔레비전이 핫한 메시지를 담기에 적합하지 않았기 때문이었고, 따라서 텔레비전에 핫한 메시지를 담을 경우 애초의 핫한 의도가 얻기 어려운 때문이었다. 이것의 자연스러운 결과로 텔레비전 시청자 또한 핫한 메시지로 가득 찬 텔레비전을 보는 것을 원하지 않았기 때문이기도 했다.

(3) 텔레비전은 구술적 매체이다. 즉 '말'의 매체라는 말이다. 한국에서의 텔레비전에 대한 기대와 비판 모두는 텔레비전이 말의 매체라는 사실에 기인한 바 크다. 즉 텔레비전의 대중에의 영향력은 그것이 차갑고 어려운 문자가 아니라 쉽고도 친근한 말로 소구하기 때문이었고 텔레비전이 오락화하기 쉬운 것도 그것이 모든 것을 말로 풀어내기 때문이었다.

텔레비전과 관련하여 한국의 구술적 문화특성은 맥락화된 인식을 통한 진실에의 접근 즉 이야기화된 사실, 또 말 자체에의 이끌림으로 나타난다. 1970년대 초반까지도 한국에서 방송과 언론은 일치하지 않는 것으로 인식되었다. 이러한 것을 잘 담아낼 수 있는 방송은 동시에 (소위) 객관적인 사실을 보도하는 것을 사명으로 하는 언론과는 좀 다른 것으로 인식되었던 것이다. 그래서 방송은 대중의 것으로, 언론은 지식층의 것으로 인식되기도 했다.

이것은 결국 구술문화와 문자문화의 관계 문제인데, 구술적인 문화 대중은 구술적인 매체인 텔레비전과 친화력을 나타낸 반면, 문자문화의 언론과는 거리감을 나타낸 것이다. 사실 보도의 객관성, 정확성, 사실성 같은 것은 그래서 신문 저널리즘에 한정되는 어떤 원칙이라 여겨지는 분위기였다. 방송의 경우 중대한 오보를 낸 경우가 있었으나 이것이 큰 센세이션을 일으키지 않고 하나의 이야깃거리로 방송의 문제를 지적하는 데 사용되곤 했다. 오보가 안 나면 좋지만, 나면 또 어쩌겠냐는 분위기가 깔려 있었다는 것이다. 이것은 동시에 사실 그 자체의 중요성보다는 맥락화된 이야기를 통해 진실을 감득하는 것에 보다 우선순위를 두는 문화적 태도와 관련된 것이었다.

이런 배경에서 볼 때 한국에서 텔레비전 드라마가 가장 대중적이고 중요한 장르로 부각된 것은 자연스러운 것이기도 하다. 텔레비전 도입 초기 텔레비전이 활용할 수 있는 장르는 드라마 즉 널리 알려져 있고 사랑받는 이야기였고, 더욱이 이야기라는 형식에 익숙해 있는 대중을 쉽게 끌어들일 수 있는 것이 드라마이기도 했다. 또한 이야기 즉 드라마는 저널리즘과는 달리 텔레비전이 잘 소화할 수 있는 형식이기도 했다.

이러한 바탕이 있었기 때문에 텔레비전 방송국은 열악한 여건 속에서도 텔레비전 드라마를 만들기 위해 사력을 다했던 것이고, 오락이 아닌 교양을 외치던 정부도 (코미디처럼) 드라마를 없애려는 시도는 아예 하지 못하고 오히려 드라마를 교양의 형식으로 활용하려 했던 것이다.

1970년대 텔레비전 드라마가 담고 있던 이야기는 〈아씨〉류의 이야기이거나 역사 이야기인 사극류가 대부분이었다. 또한 이것은 1960년대 라디오 드라마를 풍미했던 이야기이자 영화의 단골 메뉴이기도 했다. 다시 말해서 1960년대와 1970년대 한국의 대중문화는 특정한 종류의 이야기가 지배했다는 말이다. 현실적으로 신문연재소설보다는 라디오 드라마가 영화화하여 성공하는 코스가 지배적이었고, 더욱이 한국에서 소수의 대중적인 이야기 작가군이 라디오, 영화, 텔레비전 모두를 섭렵하는 현상이 나타나기도 했다. 그 이야기의 뿌리는 일제시대의 신파에 닿아있는 것이었고, 신파는 또한 이전의 통속문화가 일정하게 변형된 것이기도 했다. 다시 말해서 그 이야기들은 대중의 구술적인 전통을 타고 내려와 매우 익숙한 것이었다는 말이다.

또 하나, 매우 현실적이고 상업적인 계산속에 고안된 일일연속극이라는 양식이 성공한 원인으로는, 우선 그것이 삽화적이고 산파적인 텔레비전의 특징에 부합했다는 점을 들 수 있겠고 이와 더불어 드라마에 개성적인 인물형과 일관된 플롯을 기대하기보다는 현재 보고 있는 드라마의 상황 전개와 그 속에서 오고가는 말 자체에 매혹되는 데 익숙해 있던 시청자 대중의 적극적인 반응을 들 수 있다. 이로써 말과 일상의 드라마인 일일연속극이 유독 한국에서 뿌리내릴 수 있었던 것이다.

드라마는 정부의 핫한 규제를 피해 텔레비전 방송이 빠져나온 출구였다. 그 출구의 밖에는 구술적인 정서와 문화를 유지하고 있던 시청자 대중이 있었다. 때문에 드라마로의 탈피는 성공적인 것이었고, 드라마 자체를 핫하게 하려는 정부의 시도를 낳기도 했지만, 이로써 드라마는 한국 텔레비전을 대표하는 장르로 자리 잡게 되었다. 그러나 한국 텔레비전 드라마가 표현하는 구술적 성격은 이전의 구술적 문화전통을 그대로 잇는 것은 아니었다. 시청률, 회수, 시간 등으로 숫자화 되어 상업적인 계산속에 기계적으로 만들어지는 가운데 도구적으로 변형된 것이었기 때문이다.

2. 한국의 구술문화와 근대화, 그리고 텔레비전

맥루한의 매체론이 한국의 근대문화와 텔레비전 문화에 어떤 관계를 가지는 것일까? 맥루한의 감각이론은 매우 정교하고 미시적인 것이지만 그러한 이론을 통해서 맥루한이 이야기한 것은 결국 매체와 인간, 즉 문화와의 관계였다. 그가 이야기한 관계는 물론 서구의 경험에 관한 것이었다. 서구의 경험은, 그것은 우리가 그것을 하나의 전형으로 삼고 있는 때문이기도 한데, 비교적 단순한 경로를 나타낸다. 즉, 원래의 구술문화가 있었고 인쇄로 인해 근대문화가 성립되면서 그 구술성이 사라졌으며, 텔레비전이라는 구술적 매체가 다시 구술성을 회복시킴으로써 근대문화의 문제를 해소하게 된다는 것이 그것이다. 텔레비전이라는 매체는 구술성을 복원시키고 그 결과는 매우 긍정적인 것이라 여겨진다.

그렇다면 우리의 근대 경험과 근대 경로에 있어서 텔레비전은 어떤 것이었을까? 서구가 두 번의 문화적 변동을 순차적으로 혹은 안정적으로 겪어냈다면, 우리는 그 두 가지 힘을 동시적으로 겪어냈다는 차이를 지닌다. 텔레비전이 도입되었던 1960년대 초, 한국은 대체적으로 구술문화 속에 있었다. 특이하게도 세계 최초로 금속활자를 발명했던 한국은 1960년대까지도 인쇄가 대중적인 지배력을 갖는 매체로 내면화되지 못했다. 국민들 대부분은 반 문맹상태였다.[51] 1960년대는 동시에 한국 사회가 근대화된 문자사회로 줄달음치기 시작했던 시기였다. 이러한 시기에 서구에 있어서는 새로운 은하계의 주역이었을 텔레비전이 도입되어 정착되었다.

인쇄문화가 확립되어 있고 그것이 낳는 근대적 병폐가 문제였던 서구에서 텔레비전은 인쇄가 없애버렸던 구술성을 다시 문화의 전면에 떠오르게 하는 결과를 낳았다. 또 그럼으로써 서구적 근대의 문제가 해소될 것이 기대되었다. 어쨌든 텔레비전은 구술성을 불러일으킨다.

그렇다면 구술문화 속에 있던 한국에 도입된 텔레비전은 한국의 구술문화를 유지하게 함으로써 근대성의 문제가 발생하지 않게 하는 효과를 나타냈을까? 한국의 근대화 드라이브라는 강력한 시대적 지향 또한 텔레비전에 또 사회 문화 전반에 마찬가지로 영향을 주었다고 보는 편이 옳을 것 같다. 한국의 근대화 과정에서 신문이 아니라 텔레비전이 지배적인 매체가 됨으로써 인쇄 정신이 한국의 대중적 문화 속에 뿌리내리기는 더욱 어려웠을 터이고, 신문이 지배적인 매체였을 경우보다 구술적인 성격이 더욱 많이 유지되고 있을 것이라는 점까지는 수긍할 만한 추론일 것이다.

그러나 맥루한의 텔레비전론의 뒷부분, 즉 그로써 근대성의 문제를 해소할 수 있다는 부분은 한국의 경우 좀 더 주의 깊게 생각해 보아야 하겠다. 사실 서구의 경우에도 텔레비전이 근대성의 문제를 해소한다 하더라도 그것이 낳는 또 다른 문제가 있을 터이지만, 우리의 경우 강력한 근대적 지향의 영향으로 텔레비전이 오히려 구술성을 근대적으로 활용

---

51) (포스트만이 그토록 그리는 18세기 미국은 사회의 어느 계층이건 토머스 페인의 〈상식(Common Sense)〉을 읽고, 그것을 현재로 환산할 때 수천만 부의 베스트셀러로 만드는 인쇄 정신에 충만한 사회였다.)

하는 모습을 보이기 때문이다. 한국의 텔레비전이 담아내는 구술성은 원래 그대로의 구술성은 물론 아니고 옹이 말하는 것처럼 쓰기의 자의식을 지닌 2차적인 구술성도 아니며 '근대화된 구술성'이라 할 수 있을 것 같다. 다시 말해서 서구 근대성의 문제가 구술성의 제거에서 온 것이라면 우리의 근대성의 문제는 '구술성의 근대화, 도구화'에서 찾아질 수 있다는 것이다. 문제의 지점이 다르면 문제의 해결 혹은 해소의 방향도 달라질 것 같다.

3. 2006년 한국, 텔레비전 고속도로

그렇다면 텔레비전 방송자원이 된 지 오래인 이야기가 지금도 여전히 이야기일까? 그렇지는 않은 것 같다. 이야기가 구술적이라는 말의 의미는 그것이 이야기꾼의 삶 속에 깊이 들어갔다 나옴으로써 이야기꾼의 삶의 흔적이 거기에 담겨져 있다는 것에 있다. '삶의 흔적'은 추상화된 개념 언어나 형식화된 양식, 혹은 매개된 보편성으로는 감지할 수 없는 삶과 사물의 질감이다. 삶의 밑바닥에 깔려있는 인간경험의 질은 촉각적으로만 소통될 수 있다. 촉각성은 교환될 수 없는 사람들의 삶, 사물의 독자성, 질적 풍부함을 살려낼 수 있는 그린벨트이자 세계와 소통할 수 있는 비상구이다. 이러한 삶의 흔적을 담아낸 구술적 이야기는 촉각성이 소통되는 문화적 양식이기도 하다. 말이 다만 말이기 때문에 구술적인 것은 아니라는 이야기다.

끊임없이 성장해야 하는 방송자본은 매우 무의식적이고도 은밀하게 이야기를 시각화한다. 모든 삶의 경험들, 사물의 질감들을 재료로 '의도된 쾌락'을 가공해내야 하는 방송시스템은 그동안 축적해 온 노하우들과 관행들로 이제 그 자체의 폐쇄된 도로를 건설한 것 같다. 수많은 파편들

속에서 자신의 길을 찾아낸 것 같다는 말이다. 모든 도로에는 목표와 속도가 있다. 2006년 현재 한국의 텔레비전도 그 도로를 질주하고 있다.

사람들의 삶에서 따온 구술적 재료가 텔레비전 고속도로에서 시각화되는 방식의 한 예로 텔레비전 속에서 오고 가는 말들의 톤을 들 수 있다. 텔레비전에서의 토론이나 리포팅에서 하는 말의 톤은 우리가 실제 생활에서 하는 말의 톤보다 두 톤 정도 높다. 그런데 두 톤 정도 높은 톤이어야 진짜처럼 자연스럽게 들린다. 그것은 마치 먼 곳의 사물을 작고 흐리게 그려야 진짜처럼 보이는 원근법적 그림의 방식과도 같다. 텔레비전에서의 대화는 침묵과 여백을 잘 견뎌내지 못한다. 내레이션이 붙어야 하고, 사회자가 지속적으로 정리를 해주어야 하고, 예상된 답변이 예정된 시간 내에 나와 주어야 한다. 이 모든 장치들은 보는 사람들로 하여금 의도된 감정을 끌어내기 위해서이다. 의도된 감정공식은 너무 매끄러워서 삶의 흔적이 붙어있을 수 없고, 삶의 질감이 사라진 감정은 손가락으로 꼽을만큼 추상화되거나 물화되기 마련이다. 그래서 텔레비전에 익숙해진 반응양식대로 현실의 삶을 대할 때는 갑자기 이상한 나라에 떨어진 것 같은 현기증과 멀미를 경험하게 된다. 그것은 텔레비전이 화재현장을 생중계 해줄 때라도 그러하다. 구술성의 생명은 현재적 맥락이다. 텔레비전 고속도로에서는 그 맥락을 탈각시키고 대신에 자신의 말로 자신의 옷을 입힌다.

텔레비전이 자신의 옷을 입히는 방식은 꼭 이러하다. 김기덕의 〈섬〉이라는 영화에는 충격적인 장면이 하나 나온다. 낚시를 하러 온 (아니 연애를 하러 온) 돈 많은 중년의 남자와 젊은 여자가 물고기 한 마리를 낚는다. 남자가 잡은 채로 물고기의 몸통 양쪽을 회를 떠서 둘이 함께 먹은 후 몸의 살이 떨어져 나간 물고기를 다시 바다에 던져 넣자 물고기가 헤엄쳐 간다. 이를 본 젊은 여자는 아주 애교 있는 목소리로 전형화된 여성적 반응을 보인다. "어머, 너무 신기하다!" 이 장면이 주는 충격은 바로 그 여자의 대사였다. 그런가 하면, 최근의 한 텔레비전 프로그램에서는 실제로 몸 양쪽의 살이 떼어져 나간 물고기가 물속을 헤엄쳐가는 실험을 해보이기도 했다. 또 얼마 뒤에 텔레비전에서 요즈음 흔해진 '신기한 것 찾아가기' 같은 종류의 리포팅 프로그램을 보게 되었다. 여자 리포터들은 모두 젊고 '너무 맛있고 너무 신기하다'는 말과 연기를 해내야 했다. 그 날의 임무는 타조 우리에 가서 타조가 막 낳은 알을 꺼내는 것이었다. 알을 막 낳은 어미 타조는 신경을 곤두세우고 있고, 남자 리포터가 알을 무사히 훔쳐내어 여자 리포터에게 주자 그 알을 두 손에 받아 쥔 여자 리포터는 "정말 따뜻해. 너무 신기하다!"라는 자신의 예정된 반응을 보여준다.

이러한 대사의 내용이 문제가 아니라 텔레비전이 현실을 가공하는 방식이 그러하다는 것이다. 텔레비전 속에는 현실이 있다. 그러나 그 현실은 현실이 아니다. 이야기가 베어들지 못한 드라마는 구술적인 것 같아도 구술적이지 못하다. 텔레비전이라는 매체가 촉각적인 성질을 가지고 있다고 해서 자동적으로 촉각성을 구현하는 것은 아니라는 말이다. 가공된 촉각성은 시각화된 촉각성의 그림자일 뿐이다. 텔레비전의 힘이 커지고 의도된 쾌락의 가공방식이 추상화될수록 거기에 매개된 현실과 촉각성은 더욱 시각화된다.

보들리야르의 표현을 빌면 텔레비전의 메시지는 "그것에 의해 전달되는 이미지가 아니라 텔레비전에 의해 강요되는 관계 및 지각의 새로운 양식이며, 가족 및 집단의 전통적 구조의 변화이다. 텔레비전과 매스미디어의 경우 수신되고 동화되며 또 소비되는 것은 개별적인 이러저러한 구경거리라기보다는 오히려 모든 것이 구경거리가 될 수 있는 가능성"이다. 그러나 텔레비전이 부여하는 현실과 감각은 모든 것을 구경거리로 만드는 것보다는 적극적인 작용을 한다.

일종의 '자발적 지각반응 양식'을 이끌어내는 텔레비전의 논리는 텔레비전이 현실과 이미지를 가지고 말하는 방식, 즉 텔레비전의 화법 속에 있다. 텔레비전의 화법은 현실을 이미지들로 기화시키기보다는 시각적으로 재배치한다. 마찬가지로 이제 텔레비전은 이야기성을 탈색한 이야기들을 끊임없이 제공한다. 이로써 이야기는 공식화 되고 이야기가 제공하는 감정도 공식화 되었다. 그럼에도 우리는 여전히 그 이야기들을 소비한다. 이야기를 소비하면서도 계속 이야기를 찾는 것, 이야기 자체를 기다리고 욕망하는 것, 그것이 현재 우리와 텔레비전 드라마와의 관계인 것 같다.

본 연구는 한국 근대문화의 성격을 경유하여 한국 텔레비전 문화의 형성과정을 살핀 것이다. 따라서 본 연구의 한계는 우선적으로 한국 근대문화의 성격에 대한 해석이 타당성 여부에 있다. 한국 근대문화의 지형을 하나의 문화적 에토스로서의 서구적 합리성이 배제된 채 극대화된 도구적 합리성과 전유된 구술적 전통이 결합된 것으로 그리고 있는데, 이는 논란의 여지가 있을 것 같다. 특히 구술적 전통이 전유되었음을 논증하는 과정에서 구술적 전통을 대체로 유교적 전통으로 치환하여 고찰하였는데, 이는 한국의 구술적 전통의 역사라는 줄기가 너무도 방대한 때문이기는 했으나 구술문화의 언저리를 지난 것이지 그 핵심을 지난 것은 아니었다.

두 번째로 텔레비전을 근대적으로 제도화한 정부의 근대적 논리와 텔레비전을 상업적 목적으로 도구화한 텔레비전 방송사의 근대적 논리는 한국의 경우라는 특수성 속에서 똑같이 '근대적 논리'라는 이름으로 칭해질 수 있으나 양자의 논리는 사실 조금 다른 것이라 할 수 있다. 간단히 말해서, 이는 정부의 동원논리와 방송사의 자본논리인데, 이것을 근대적 논리 하에 두는 것은 우리가 일반적으로 말하는 '근대적 합리성'과 혼란을 일으킬 수 있어 해명이 필요할 터인데, 연구자의 한계로 하지 못했다.

세 번째로 방대한 자료를 정리하고 해석하는 데 있어 연구자가 중립적이지 않았을 수 있다는 것이다. 본 연구는 맥루한의 매체론을 가지고 한국의 텔레비전 문화를 탐색했기 때문에 이러한 편견이 개입되었을 수 있다. 그에 대한 비판은 본 연구가 한국 텔레비전 문화에 대한 하나의 해석을 시도한 것이라는 사실로 피해보고자 한다. 다양한 해석은 한국 텔레비전 문화에 대한 보다 풍부한 그림을 제공할 수 있을 것이다.

마지막으로 드라마의 구술성을 논증하는 과정에서 구체적인 자료를 통한 충실한 입증을 하지 못했다. 1960년대와 1970년대의 텔레비전 내용에 대한 자료는 찾기 어려워서 드라마의 경우 주목을 받았던 몇 가지 드라마와 여타 드라마들의 제목(대체적인 줄거리를 확인할 수 있는 드라마 포함)만을 확인할 수 있었다. 자료의 부족을 충실한 논증으로 보충하고자 했으나 그리 효과적이지 못했고 산만한 결과를 낳았다.

참고문헌

1. 외국문헌

Almond, G. & Powell, G.(1966), *Comparative Politics: A Developmental Approach*, Boston: Little, Brown & Co.

Balibar, E. & Wallerstein, I.(1991), *Race, Nation, Class*, Verso.

Baudrillard, J.(1970), *La societe de consommation ses mythes ses structures*, 이상률 역(1991), <소비의 사회: 그 신화와 구조>, 문예출판사.

Baunouw, E.(1990), *Tube of Plenty: The Evolution of American Television*, New York: Oxford Univ. Press.

Ben-Israel, Hedva(1992), "Nationalism in Historical Perspective", *Journal of International Affairs*, vol.49, 1992 winter.

Benjamin, W., *Illuminations*, 이태동 역(1987), <문예비평과 이론>, 문예출판사.

Bourdieu, P.(1996), *Sur la television*, 현택수 역(1998), <텔레비전에 대하여>, 동문선.

Carey, James(1981), "McLuhan and Mumford: The Roots of Modern Media Analysis", *JOC* summer 1981.

Chtterjee, P.(1986), "Nationalism as a Problem in the History of Political Ideas", *Nationalist Thought and the Colonial World*, Univ. of Minesota Press.

Cooper, Thomas W.(1981), "McLuhan and Innis: The Canadian Theme of Boundless Exploration", *JOC* summer 1981.

Curtis, James M.(1981), "McLuhan: The Aesthete as Historian", *JOC* summer 1981.

Ferguson, Marjorie(1991), "Marshall McLuhan revisited: 1960s zeitgeist victim or pioneer postmodernist?", *Media, Culture and Society* vol. 13, 1991.

Fiske, J. & Hartley, J.(1978), *Reading Television*, 이익성/이은호 역 (1994), <TV읽기>, 현대미학사.

Fromm, E.(1941), *Escape from Freedom.*

Gellner, E.(1983), *Nation and Nationalism*, New York: Cornell Univ. Press, 이재석 역(1988), <민족과 민족주의>, 예하.

Gilson, E.(1986), *Thomist Realism and the Critique of Knowledge*, San Francisco: Ignatius Press, 이재룡 역(1994), <토미스트 실재론과 인식 비판>, 서광사.

Gombrich, E. H.(1972), *Art and Illusion: A Study in the Psychology of Pictorial Representation*, 차미례 역(1989), <예술과 환영: 회화적 표현의 심리학적 연구>, 열화당.

Goody, J. & Watt, I.(1962), "The Consequences of Literacy', in P. P. Gigliolo ed.(1972), *Language and Social Context,* Harmondsworth: Penguin.

Gordon, W.T.(1997), *Marshall McLuhan: Escape into Understanding, A Biography*, Basic Books.

Gronbeck, Bruce E.,(1981), "McLuhan as Rhetorical Theorist", *JOC,* summer 1981.

Grosswiler, Paul, "The Dialectical Methods of Marshall McLuhan, Marxism, and Critical Theory", *Canadian Journal of Communication,* http://www.cjc-online.ca/BackIssues/21.1/grosswil.html

Harbage, A.(1941), *Shakespear's Audience*, Chicago: Univ. of

Chicago Press.

Havelock, Eric A.(1963), *Preface to Plato*, Cambridge, Mass.: Belknap Press of Harvard Univ. Press.

Hobsbawm, E.(1990), *Nations and Nationalism since 1780*, Cambridge: Cambridge Univ. Press, 강명세 옮김, <1780년 이후의 민족과 민족주의>, 창작과 비평사.

Johnson, C.(1987), "Political Institutions and Economic Performance," in F. Deyo ed., *The Political Economy of New Asian Industrialism*, Ithaca: Cornell Univ. Press.

Kellas, J. G.(1991), *The Politics of Nationalism and Ethnicity*, London: Macmillan.

Laslet, P.(1971), *The World We Have Lost*, London: Methuen.

Lerner, D.(1963), "Toward a Communication Theory of Modernization" in Lucian W. Pye ed., *Communications and Political Development*, Princeton: Princeton Univ. Press.

Levinson, Paul(1981), "McLuhan and Rationality", *JOC* summer 1981.

Lipietz, A.(1987), *Mirages and Miracles: the Crises of Global Fordism,* London: Verso.

Luria, A. R.(1976), *Cognitive Development: Its Cultural and Social Foundations*, ed. Michael Cole, trans. by Martin Lopez Morillas & Lynn Solotaroff, Cambridge, Mass, & London: Harvard Univ. Press.

Marchand, P.(1997), *Marshall McLuhan: The Medium and the Messenger, a biography*, Cambridge, Massachusetts: The MIT Press.

McLuhan, Marshall & McLuhan, Eric(1988), *Laws of Media: The New Science*, Toronto: Univ. of Toronto Press.

McLuhan, Marshall & Quentin Fiore(1967), *The Medium is the Massage*, 김진홍 역(1995), <미디어는 마사지다>, 열화당.

McLuhan, Marshall(1962), *the Gutenberg galaxy: the making of typographic man*, Univ. of Toronto Press, 임상원 역(2001), <구텐베르크 은하계>, 커뮤니케이션북스(1964), *Understanding Media: The Extentions of Man*, Methuen: New York, 박정규 역(1988), <미디어의 이해>, 삼성출판사.

McLuhan, E. & Zingrone, F.(1995), *Essential McLuhan*, Basic Books.

Miller, J.(1981), *McLuhan*, 김영노 역, <맥루한>, 탐구당.

Munson, W.(1993), *All Talk: The Talkshow in Media Culture*, Philadelphia: Temple Univ. Press.

Olson, David R.,(1981), "McLuhan: Preface to Literacy", *JOC*, summer 1981.

Ong, Walter J.(1981), "McLuhan as Teacher: The Future Is a Thing of the Past", *JOC* summer 1981(1982), *Orality and Literacy: The Technologizing of the Word*, 이기우/임명진 역(1995), <구술문화와 문자문화>, 문예출판사.

Playboy Interview with Marshall McLuhan(1989), *The Canadian Journal of Communication*, 1989 December.

Polkinghorne, D.(1983), *Methodology for human sciences: Systems of inquire*, New York: State Univ. of New York, 김승현 외 역(2001), <사회과학방법론>, 일신사.

Postman, N.(1986), *Amusing Ourselves to Death: Public Discourse in the Age of Show Business*, 정탁영/정준영 공역(1997), <죽도록 즐기기>, 참미디어.

Schramm, W.(1974), "Communication, Innovation, and Change", in W. Schramm & D.F. Roberts, ed., *The Process and Effects of*

Mass Communication, Chicago: Univ. of Illinois Press.

Scott, G. G.(1996), *Can We Talk?: the power and influence of talk shows*, 김숙현 역(1998), <토크쇼, 그 힘과 영향>, 한국방송개발원.

Spigel, L.(1992), *Make Room for TV: Television and the Family Ideal in Postwar America*, Univ. of Chicago Press: Chicago and London.

Stamps, Judith(1995), *Unthinking Modernity: Innis, McLuhan, and the Frankfurt School*, McGill-Queen's Univ. Press.

Theall, D. & Theall, J.(1989), "Marshall McLuhan and James Joyce: Beyond Media", in *The Canadian Journal of Communication*, 1989 December(Special Issue).

Therborn, G.(1995), *European Modernity and Beyond*, Cambridge: Polity.

Vogel, E. F.(1991), *The Four Little Dragons: The Spread of Industrialization in East Asia*, Cambridge, Mss: Harvard Univ. Press.

Walker, J. A(1983), *Art in the Age of Mass Media*, London: Pluto Press, 정진국 역(1987), <대중매체 시대의 예술>, 열화당.

Wallerstein, I.(1996), *After Liberalism*, 강문구 옮김, <자유주의 이후>, 당대.

Weber, M.(1930), *The Protestant Ethic and the Spirit of Capitalism*, 박종선 역(1987), <프로테스탄티즘의 윤리와 자본주의 정신>, 세계.

Whitby, G.(1980), "Epistemology as Formative Structure in the Communication Theory of Robert Park", *Journal of Communication Inquiry*, vol. 5, no.2, 1980 Winter.

Williams, Raymond(1973), *Television: Technology and Cultural Form*, 박효숙 역(1996), <텔레비전론>, 현대미학사.

森 常治 譯(1986), 《グーテンベルクの 銀河系: 活字人間の形成》, 東
　　　京: みすず 書房.

2. 국내문헌

1) 단행본

고영복(1991), <한국사회의 구조와 의식>, 사회문화연구소.

고준석 지음/박기철 역(1989), <한국경제사, 1876-1979>, 동녘.

김경동(1993), <한국사회변동론>, 나남.

김상환 외(1998), <매체의 철학>, 나남.

김성진(1994), <박정희 시대>, 조선일보사.

김승현/한진만(2001), <한국 사회와 텔레비전 드라마>, 한울.

김영명(1996), <동아시아 발전 모델의 재검토: 한국과 일본>, 소화.

김진송(1999), <서울에 딴스홀을 허하라>, 현실문화연구.

김혜숙/김혜련(1995), <예술과 사상>, 이대출판부.

김호기(1995), <현대 자본주의와 한국사회: 국가.시민사회.민주주의>,
　　　사회비평사(1999), <한국의 현대성과 사회변동>, 나남.

노정팔(1995), <한국방송과 50년>, 나남.

박성봉(1995), <대중예술의 미학>, 동연.

송 복(1997), <한국사회의 갈등구조>, 경문사.

안승준(1994), <국가에서 공동체로: 한국의 근대화에 대한 비판과 대안>,
　　　환경운동연합 출판국.

영상문화학회(1999), <이미지는 어떻게 살고 있는가>, 생각의 나무.

오명환(1994), <텔레비전 드라마 예술론>, 나남.

오순정(1994), <한국의 텔레비전 문화비평>, 나남.

오재경(1973), <수상 22년>, 범서출판사.

이내수(2001), <이야기 방송사>, 씨앗을 뿌리는 사람.

이미원(1994), <한국 근대극 연구>, 현대미학사.

이환의(1976), <교육방송론>, 열화당.

임지현(1999), <민족주의는 반역이다>, 소나무.

임희섭(1987), <한국사회의 발전과 문화>, 나남.

임희섭(1994), <한국의 사회변동과 가치관>, 나남.

정순일(1991), <한국방송의 어제와 오늘>, 나남.

정순일/장한성(2000), <한국TV 40년의 발자취>, 나남.

정화열 저, 박현모 역(1999), <몸의 정치>, 민음사.

한국방송개발원(1994), <한국 TV 연예오락 발전방안 연구>.

한국방송공사/연세대 사회발전연구소(1996), <한국, 중국, 일본 국민의
        식 조사 백서>.

한국사회학회(1990), <한국사회의 세대문제>, 나남.

한상진(1988), <한국사회와 관료적 권위주의>, 문학과 지성사.

홍승직(1967), <지식인과 근대화: 한국인의 태도조사>, 고려대학교 사
        회조사연구소.

황인성 편저(1999), <텔레비전 문화연구>, 한나래.

2) 학술논문

강대인(1997), "한국방송 70년의 정치 경제적 특성", 한국방송학회 편,
        <한국방송 70년의 평가와 전망>, 커뮤니케이션북스.

강상현(1984), <한국의 커뮤니케이션 기술체계 수용에 관한 비판적 고찰>,
        연대 석사논문.

강영희(1993), <이장호 감독론>, 동국대 석사논문.

(1998), "김수현의 작품 세계와 대중 의식의 변증법", 김포천 외, <김수현 드라마에 대하여>, 솔.

권일남(1987), <농민의 TV농가방송 시청실태와 개선방안>, 서울대 석사논문.

김균(1980), <한국근대사에 있어서의 '근대'개념에 관한 연구>, 고려대 석사논문.

김대환(1993), "박정희정권의 경제개발: 신화와 현실", <역사비평>, 1993. 겨울.

김동춘(1994), "한국자본주의의 성격과 지배질서: 안보국가, 시장, 가족", 한국산업사회연구회 편, <한국사회의 변동>, 한울.

(1996), "사상의 전개를 통해 본 한국의 '근대'모습: 자유주의, 사회주의, 민족주의", 역사문제연구소 편, <한국의 '근대'와 '근대성' 비판>, 역사비평사.

김방옥(1983), "한국 연극사에 있어서의 신파극의 의미", <이화어문논집> 6집, 이화여대.

김석근(1997), "자유주의와 유교: 만남과 갈등 그리고 화해", <전통과 현대>, 1997 가을.

김용수(1996), "신파극의 재해석: 행위구조에 나타난 삶의 인식과 정서", <언론문화연구> 13집, 서강대 언론문화연구소.

김우룡(1989), "한국 방송사의 재조명", 이상희교수회갑기념논문집, <현대사회와 커뮤니케이션 이론>, 한길사.

김우창/성완경/박명진(1999), "영상문화와 인문학의 만남", 영상문화학회, <이미지는 어떻게 살고 있는가>, 생각의 나무.

김윤근(1968), "한국방송인의 실태와 의식에 관한 조사", <서울대 신문 연구소 학보>, 서울대 신문연구소.

김익만(1996), <한국민족주의의 신화적 요소에 대한 비판적 고찰>, 연세대 석사논문.

김일영(1995), “박정희 체제 18년, 어떻게 볼 것인가”, <계간 사상>, 1995. 겨울.

김진호(1984), <한국신문의 텔레비전 비평에 대한 내용분석 연구>, 고려대 석사논문.

김치수(1979), “문학과 문학사회학”, <문학사회학을 위하여>, 문학과 지성사.

김태원(1979), <방송의 사회적 책임에 대한 연구>, 연세대 석사논문.

김포천(1998), “거울과 창 그리고 꿈: 내가 만난 김수현 드라마”, 김포천외, <김수현 드라마에 대하여>, 솔.

김필동/김병조(1997), “조직사회로의 이행과 그 사회적 의미”, 한국사회사학회 편, <한국 현대사와 사회변동>, 문학과 지성사.

김호기/유석춘(1998), “한국의 경제성장과 정치발전”, 안계춘 편, <한국 사회와 사회학>, 나남.

나낙균(1989), <Communication 정책에 있어서 주요 결정 요인에 관한 일 고찰>, 외국어대 석사논문.

남재일(2001), <한국에서 멜로드라마가 갖는 특권적 지위에 관한 해석적 분석: 97년 멜로드라마의 양식과 이데올로기를 중심으로>, 고려대 석사논문.

박길성/박형신(1997), “한국의 농업과 농민”, 한국사회사학회 편, <한국 현대사와 사회변동>, 문학과 지성사.

박명규/김영범(1997), “문화변동”, 한국사회사학회 편, <한국 현대사와 사회변동>, 문학과 지성사.

박명림(1996a), “근대화 프로젝트와 한국 민족주의”, 역사문제연구소 편, <한국의 ‘근대’와 ‘근대성’비판>, 역사비평사.

_____ (1996b), “분단시대 한국민족주의의 이해”, <세계의 문학>, 1996 여름.

박영규/김영범(1997), “문화변동”, 한국사회사학회 편, <한국 현대사와 사회변동>, 문학과 지성사.

박준영(1988), <한국의 방송정책과 사회발전에 관한 연구>, 중앙대 석사논문.

박혜준(1999), <문화정책과 전통의 재해석>, 서울대 석사논문.

배노필(1999), <베스트셀러의 문화적 형성에 관한 연구>, 서울대 석사논문.

백낙청(1993), "문학과 예술에서의 근대성 문제", <창작과 비평>, 1993. 겨울.

서연호(1969), <한국 신파극 연구>, 고려대 석사논문.

서종대(1994), <한국 전통문화 정책의 형성과 특징에 관한 일연구>, 서울대 석사논문.

성대경(1979), "3.1운동 시기의 한국노동자의 활동", 윤병석, 신용하, 안병직 편, <한국근대사론 2>, 지식산업사.

손양덕(1982), <농촌의 가족생활에 텔레비전이 미친 영향>, 영남대 석사논문.

손호철(1993), "박정희 정권의 정치적 성격", <역사비평> 1993 겨울.

송복(1992), "한국사회의 변화와 유학의 기능", 윤사순 외, <공자사상의 발견>, 민음사.

신명희(1983), <한국방송연구의 경향에 관한 문헌고찰>, 중앙대 석사논문.

안해균(1964), "한국의 근대화와 커뮤니케이션", <행정논총>, vol. 2, 1.

양승두(1983), "우리나라 전통적 법의식과 그 변화에 관한 연구", <한국의 사회와 문화 3집>, 한국정신문화연구원.

오인환/George Won/이상희(1975), "Developmental Communication과 한국언론인", <신문연구>, 1975. 가을.

오주환(1972), <근대화의 제 단계와 patterns>, 경북대 석사논문.

오한석(1970), <근대화에 있어서 매스콤의 역할>, 동국대 석사논문.

오홍명(1977), <농가방송이 영농기술 변화에 미친 영향>, 동국대 석사논문.

원우현(1980), “텔레비전 분야에서 본 한국 70년대의 특징”, <커뮤니케이션 과학> 2집, 고려대 신문방송연구소.

유석춘(1997), “유교 자본주의의 가능성과 한계”, <전통과 현대>, 1997. 여름.

유선영(1992), <한국 대중문화의 근대적 구성과정에 대한 연구: 조선후기에서 일제시대까지를 중심으로>, 고려대 박사논문.

유세경(1997), “텔레비전 시청자 참여 토크 프로그램의 가부장적 구성전략”, <한국방송학보> 9.

유정숙(1979), <사회 경제적 근대화가 정치문화에 미치는 영향: 4개 한국 농촌부락 비교연구>, 이화여대 석사논문.

윤석진(1996), <1930년대 한국 멜로드라마 연구: 이야기 형식을 중심으로>, 서강대 석사논문.

윤정원(1989), <유신체제의 ‘총화’이데올로기에 관한 연구>, 서울대 석사논문.

은기수(1997), “한국인구의 변동”, 한국사회사학회 편, <한국 현대사와 사회변동>, 문학과 지성사.

이가종(1981), “개발도상국가의 기술이전과 근대화”, 한국정치학회, <제4회 합동학술대회 논문집>, 4.0.

이강덕(1987), <한국 TV드라마의 발전과 외적 영향에 관한 연구>, 중앙대 석사논문.

이강수/강현두(1980), “대중문화 정책에 대한 고찰”, <한국의 사회와 문화> 1집.

이광일(1997), “박정희체제론 비판”, <정치비평> 3호.

이덕근(1969), “방송의 의견기능과 한국의 배경적 조건에 대한 일고찰”, <신문학보> 2.

이동후(1999), “기술중심적 미디어론에 대한 연구: 맥루한, 옹, 포스트만을 중심으로", <언론과 사회> 24호, 1999.

이은진(1997), "노동시장과 노사관계의 변모", 한국사회사학회 편, <한국 현대사와 사회변동>, 문학과 지성사.

이정옥(1997), "해방 후 가족의 변화", 한국사회사학회 편, <한국 현대사와 사회변동>, 문학과 지성사.

이철범(1997), <근대화 담론에 관한 사회학적 연구>, 연세대 석사논문.

이홍구(1976), "한국 민족주의의 본질과 방향", 진덕규 편, <한국의 민족주의>, 현대사상사.

이환의(1980), "미디어 경영면에서 본 한국 70년대의 특징", <커뮤니케이션 과학> 2집, 고려대 신문방송연구소.

임상원(2001), "맥루한의 사상과 철학―<구텐베르크 은하계> 이야기", M. McLuhan(1962), The Gutenberg Galaxy-the making of typographic man, 임상원 역(2001), <구텐베르크 은하계―활자인간의 형성>, 커뮤니케이션북스.

임상원/이윤진(2001), "마샬 맥루한의 미디어론: 이론과 철학, <구텐베르크 은하계>를 중심으로", 2001년 한국언론학회 봄철 학술대회 발표논문.

임우기(1998), "집과 밥과 말과 사랑:<사랑과 야망>에 대하여", 김포천 외, <김수현 드라마에 대하여>, 솔.

임현진(1996), "사회과학에서의 근대성 논의: 근대화 프로젝트를 중심으로", 역사문제연구소 편, <한국의 '근대'와 '근대성'비판>, 역사비평사.

임희섭(1979), "TV 10년의 평가: 사회 문화적 측면에서", <80년대의 도전: 한국 TV>, MBC-TV 개국 10주년 기념 국제학술 심포지엄.

정성욱(1996), <대중매체에 나타난 과학적 담론의 이야기화 현상과 그 현대사회적 기능에 관한 연구>, 서울대 석사논문.

정재기(1997), <한국인의 개인적 연줄망에 대한 경험적 연구>, 서울대 석사논문.

정홍수(1998), “말의 자유와 성찰하는 시선의 깊이”, 김포천 외, <김수현 드라마에 대하여>, 솔.

조성윤(1997), “식민지 유산의 극복과 사회발전 50년”, 한국사회사학회 편, <한국 현대사와 사회변동>, 문학과 지성사.

조항제(1994), <1970년대 한국 텔레비전의 구조적 성격에 대한 연구>, 서울대 박사논문.

　　　(1997), “한국의 방송 프로그램에 대한 역사적 고찰(1945-1990): 뉴스와 드라마를 중심으로”, 한국방송학회 편, <한국방송 70년의 평가와 전망>, 커뮤니케이션북스.

조희연(1997), “동아시아 성장론의 검토: 발전국가론을 중심으로”, <경제와 사회>, 1997. 겨울.

진덕규(1993), “한국 민족주의의 미래구도”, <통일연구논총> 2.1.

진동근(1975), <한국 근대 민족주의 교육이념의 전개>, 고려대 석사논문.

차기벽(1967), “정치 체제의 개혁과 이념 문제”, <동국대학교 개교 60주년 기념 학술심포지움 논문집: 한국 근대화의 이념과 방향>, 동국대.

　　　(1976), “한국 민족주의의 정치사상”, 진덕규 편, <한국의 민족주의>, 현대사상사.

차범석(1985), “한국 TV드라마의 주제에 대한 분석연구”, <한국방송 조사연구 보고서> 7.

　　　(1991), “일본의 신파 연극이 한국 연극에 미친 영향”, 예술원, <예술원 논문집>.

채재원(1977), <한국적 근대화 변수에 관한 연구>, 충남대 석사논문.

최달용(1973), <사회변동과 매스콤뮤니케이션의 근대화이론에 대한 일 고찰>, 서울대 석사논문.

최미례(1979), <방송의 교육적 기능에 관한 연구>, 중앙대 석사논문.

최우영(1994), <한국인의 전통적 가치지향의 형성과 특징>, 연세대 석사논문.

최원식(1994), "한국문학의 근대성을 다시 생각한다", <창작과 비평>, 1994. 겨울.

최장집(1995), "박정희 정권과 한국 현대사", <계간 대화>, 1995 여름.
  (1998), "민주적 시장경제의 한국적 조건과 함의", <당대비평>, 1998. 봄.

최창섭(1978), "방송(라디오, 텔레비전)과 발전커뮤니케이션, <한국언론학보>, vol. 10.

표재순(1992), <텔리비전 드라마 편성의 시대적 특성과 변천에 관한 연구>, 연세대 석사논문.

하종원(1997), "말, 이야기 그리고 TV 토크쇼", <방송개발>, 1997. 봄/여름.

한상진(1997), "도시화와 도시문제의 전개", 한국사회사학회 편, <한국현대사와 사회변동>, 문학과 지성사.

한진만(1989), <한국 텔레비전 내용의 다양화에 대한 연구: 프로그램 편성표 분석을 중심으로>, 고려대 박사논문.

홍두승/안치민(1997), "산업화와 계층구조의 변화", 한국사회사학회 편, <한국현대사와 사회변동>, 문학과 지성사.

홍석경(1999), "텔레비전 장치와 재연의 재현양식", <한국언론학보>, 1999. 봄.

황영일(1971), <한국 광고방송의 실태분석>, 서울대 석사논문.

황정태1979), <일본 TV 방송이 한국 TV 방송에 미친 영향에 관한 연구>, 연세대 석사논문.

3) 잡지

강현두(1971), “방송은 언론인가: 방송의 현실진단”, <월간방송>, 1971. 5.

　　　(1978a), “대중시대의 문화와 전파매체”, <문예진흥>, 1978. 6.

　　　(1978b), “한국 TV드라머의 진로와 연기자의 역할과 위치”.

　　　(1986), “한국방송의 통사적 고찰: 변화와 지속을 중심으로”, <방송연구>, 1986. 겨울.

고성국(1994), “왜 당신 글이 문제인가”, <길> 1994. 6.

고영복(1971), “방송인의 시대적 사명”, <월간방송>, 1971. 5.

김광남(1974), “방송극의 예술적 가능성”, <신문과 방송>, 1974. 3.

김광웅(1977), “근대화의 동인에 관한 소고”, <행정논총> 15. 1, 1977.

김규(1968a), “매체 측 입장에서 본 한국 TV드라마의 검토”, <방송문화>, 1968. 4.

　　　(1968b), “현대사회 구조에서 본 TV와 시청자”, <방송문화>, 1968. 4.

김규환(1972), “사회비평자로서의 매스미디어”, <월간방송>, 1972. 10.

김두현(1971), “현대생활과 매스컴”, <월간방송>, 1971. 5.

김석야(1963), “방송의 한랭지대”, <방송>, 1963. 1.

김성진(1979), “시대적 과제 해결: 국민정신혁명 위한 방송의 책임 막중”, <방협회보>, 1979. 3.

김성호(1997), “방송전문잡지(1)”, <방송문화> 1997. 10.

김원태(1972), “뉴우스 해설 이상있다: 기자의 잘못된 언어의식”, <월간방송>, 1972. 1.

김재연(1963), “TV 시비”, <방송문화>, 1963. 11.

김재형(1969), “드라마의 좌표”, <방송문화>2.8, 1969. 10.

김종규(1968), “방송인의 자세: 방송은 현대문명의 메시지, 전진적 자세로 사회에 기여”, <방송문화>, 1968. 7.

김준철(1969), “한국방송의 현실적 비판”, <방송문화>, 1969. 5.

282

김찬식(1974), "무뢰한적 일방통행", <여원>, 1974. 1.

남재희(1969), "방송인의 매스컴에 있어서의 위치", <방송문화>, 1969. 10.

문시형(1976), "신문논조를 통해본 TV 광고 공해", <저널리즘>, 1976. 가을.

박남수(1964), "방송극이냐 최루탄이냐", <세대>, 1964. 1.

박화목(1963), "방송예술의 가능성", <방송문화>, 1963. 11.

백철(1956), "방송과 대중문화: 방송의 대중성과 통속성", <방송>, 1956. 10.

백현기(1968), "교육 교양프로를 강화하라", <방송문화>, 1968. 3.

변시민(1959), "한국에 있어서의 방송의 위치", <방송>, 1959. 가을.

서규석(1968), "새로운 인간상의 추구: 방송극의 사회성을 논함", <방송문화>, 1968. 3.

　　　(1969), "한국사회와 텔레비전의 의의", <방송문화>, 1969. 2/3.

　　　(1978), "세모의 방송", <방협회보>, 1978. 12.

서남원(1968), "한국언론과 방송의 역할", <방송문화>, 1968. 7.

서정우(1979), "1979년 방송에 거는 기대와 소망", <방협회보>, 1979. 1.

손권식(1972), "새마을 소득증대사업과 농업방송의 역할", <월간방송>, 1972. 11/12.

송우(1979), "텔레비죤과 반문화 성향", <농민문화>, 1979. 9.

신문평론편집부(1965), "방송의 현황과 전망", <신문평론> 13, 1965. 5/6.

　　　(1973), "방송가의 고민", <신문평론>, 1973. 9.

　　　(1981), "한국의 방송, 그 좌표와 미래상", <신문평론>, 1981. 12.

신상일(1975), "방송드라머의 현재와 미래: 제2회 방송인 세미나 참가기", <신문평론> 56, 1975. 7.

신영철(1968), "선용돼야 할 직접성", <방송문화>, 1968. 3.

　　　(1969), "보도방송과 사회", <방송문화>, 1969. 7.

안성수(1971), "방송저널리즘의 확립을", <월간방송>, 1971. 12.

양승표(1972), "매너리즘에 빠진 연기자: TV화면 변화 없고 PD 제구실 못해", <월간방송>, 1972. 1.

오갑환(1969), "오락방송의 사회적 영향", <방송문화>, 1969. 6.

오명환(1985), "한국 TV드라마 변천사 고찰", <방송연구>, 12, 1985. 봄.

오석기(1968), "시청자의 입장에서 본 한국 TV드라마의 검토", <방송문화>, 1968. 4.

    (1972), "매스미디어와 예술", <월간방송>, 1972. 10.

오순정(1976), "TV연속극 이대로 좋은가", <세대> 14.4, 1976. 4.

    (1978), "TV방송을 일원화해야 한다: 추동계 프로그램 개편에 부쳐서", <방협회보>, 1978. 11.

원우현(1978), "사회정화 캠페인과 방송의 공익성: 캠페인 방송은 선별되어야 한다", <방협회보>, 1978. 11.

유병희(1968), "라디오 텔레비전 보도방송의 문제점", <방송문화>, 1968. 7.

유호석(1968), "한국의 TV드라마: 한국 TV드라마의 현황과 그 방향", <방송문화>, 1968. 4.

유희석(1971), "TV연속극의 한계성", <월간방송>, 1971. 7/8.

윤병일(1971), "한국의 방송변론: 방송은 언론이 아니다", <월간방송>, 1971. 5.

이근삼(1978), "텔리비전 매체와 예술", <문예진흥>, 1978. 6.

이동희(1968), "사회적 은유", <방송문화>, 1968. 11.

이만갑(1968), "방송의 사회적 책임", <방송문화>, 1968. 3.

이병용(1968), "현행방송법의 문제점", <방송문화>, 1968. 7.

    (1969), "방송인의 권익", <방송문화>, 1969. 10.

이상민(1965), "텔레비 시청률", <여원>, 1965. 10.

이상희(1968), "이상방송론", <방송문화>, 1968. 4.

　　　　(1971), "방송인의 영토", <월간방송>, 1971. 10.

이석제(1994), "국가근대화를 위한 권력욕의 화신", <월간조선> 1994. 6.

이어령(1968), "문명은 유희속에서", <방송문화>, 1968. 3.

이오의(1978), "방송의 날에 즈음하여", <방협회보>, 1978. 9.

이윤하(1968), "사회현실과 방송극의 영향", <방송문화>, 1968. 10.

이제상(1978), "전파매체의 전환방향", <문예진흥>, 1978. 6.

이철범(1968), "방송과 윤리", <방송문화>, 1968. 7.

이　현(1972a), "구체적이고 효과적인 방안을 세우라", <월간방송>, 1972. 5.

　　　　(1972b), "마음이 가난한 한국방송: 경영주는 철학을 확립하라",
　　　　<월간방송>, 1972. 7.

임덕규(1979), "점차적으로 문제시되는 텔레비죤 공해", <농민문화>,
　　　　1979. 9.

임방현(1959), "라디오와 국민생활", <방송>, 1959. 가을.

임상원(1978), "한국의 대중문화를 따져본다: 대중문화와 TV방송", <세대>,
　　　　1978. 5.

임택근(1978), "한국방송의 나아갈 길", <방협회보>, 1978. 8.

정순일(1977), "반공드라마의 현주소", <북한> 70, 1977. 10.

정일몽(1978), "78년의 방송: 실로 의욕적이었던 무오 한해", <방협회보>,
　　　　1978. 12.

　　　　(1978), "성년기에 접어든 한국 텔레비전", <세대>, 1978. 12.

정중헌(1981), "한 취재기자의 눈에 비친 성년 TV의 문제", <신문과
　　　　방송>, 1981. 9.

조갑제(1993), "박정희와 김영삼의 화해", <월간조선> 1993. 11.

조풍연(1968), "TV 수상기는 사치품인가?", <방송문화>, 1968. 3.

조향록(1969), "전파미디어와 지식인", <방송문화>, 1969. 2/3.

진극범(1978), “1978년도 방송인 세미나 참관기”, <방협회보>, 1978. 11.

차범석(1968), “TV극작론”, <방송문화> 1.7, 1968. 9/10.

　　　(1978), “방송드라머와 예술성”.

최규환(1956), “방송과 국민문화”, <새교육>, 1956. 10.

최덕수(1969), “텔레비전과 생활의 개조”, <여원>, 1969. 9.

최린규(1976), “방송정화를 위한 방안”, <저널리즘>, 1976. 봄.

최세향(1979), “국가적 목표 달성에 전진할 때”, <방협회보>, 1979. 3.

최승효(1979), “전파미디어는 생활인의 벗”, <방협회보>, 1979. 5.

최　원(1968), “TV뉴우스의 본질과 현실”, <방송문화>, 1968. 12.

최　준(1969), “보도방송의 윤리성”, <방송문화>, 1969. 7.

최창봉(1960), “텔레비죤”, <방송>, 1960. 2.

　　　(1976), “외국 TV가 한국 TV에 미친 영향”, <대화>, 1976. 6.

최희섭(1970), “TV 시대의 라디오의 가능성”, <신동아>, 1970. 9.

한기욱(1968), “국영방송의 임무”, <방송문화>, 1968. 8.

한준우(1979), “방송인의 자기연마: 새 시대의 문화창조자로서의 전통
　　　문화 계승을”, <방협회보>, 1979. 11.

허　류(1972), “한국의 라디오 드라마”, <월간방송>, 1972. 1.

허　천(1968a), “TV의 매력, 그 문제점”, <방송문화>, 1968. 8.

　　　(1968b), “현대와 방송”, <방송문화>, 1968. 12.

허　천(1969), “문화형성과 방송의 역할”, <방송문화>, 1969. 6.

홍경모(1978), “방송인의 진정한 구심체이길”, <방협회보>, 1978. 8.

홍두균(1978), “방송인의 자세와 진로”, <방협회보>, 1978. 9.

홍두표(1968), “68년의 한국 TV”, <방송문화>, 1968. 3.

황재묵(1959), “국영 TV 신설에 기대”, <방송>, 1959. 2.

3. 사료

문화공보부(1968), <한국의 언론 1집>

문화공보부(1979), <문화공보 30년>

문화방송(1991), <문화방송 30년 편성자료집>

문화방송(1992), <문화방송 30년사>

방송위원회(2000), <방송사 사료집>

제일기획(1980), <광고연감 ’80>

통계청(1994), <1963-1993 지난 30년간 고용 사정의 추이>

통계청(1997), <1996 경제활동 인구 연보>

한국방송공사(1977), <한국방송사>

한국방송공사(1987), <한국방송 60년사>

한국방송광고공사(2001), <한국방송광고의 역사와 문화>

한국방송협회(1997), <한국방송 70년사>

한국방송회관(1971), <한국방송연감 ’71>

한국방송회관(1972), <한국방송연감 ’72>

한국방송회관(1973), <한국방송연감 ’73>

4. 신 문

동아일보 1962년(7/13, 7/20, 7/21, 8/3, 8/4, 9/4, 10/1, 10/4, 10/12, 10/25, 11/21, 12/17)

1963년(1/8, 1/12, 1/21, 2/4, 2/13, 4/1, 4/25, 8/2, 9/4)

1966년(5/18, 6/2, 7/19, 9/13, 11/12, 12/22)

1967년(1/7, 1/26, 2/4)

1968년(3/26, 5/140

1969년(3/13, 6/17, 7/17, 8/9)

1970년(3/28, 3/30, 5/6, 5/7, 5/16, 5/27, 6/6, 6/20)

1971년(1/23, 6/16, 9/7, 9/13, 10/5, 12/5)

1972년(9/16, 11/6, 11/28, 12/23)

1973년(1/9, 6/1, 7/16, 7/18, 11/26)

1974년(5/21, 5/28, 7/20, 8/30, 10/5, 10/26)

1975년(2/22, 3/8, 3/22, 5/19, 6/17)

1976년(7/15, 9/7, 9/24, 12/20)

1977년(2/16, 2/25, 3/17, 8/1, 10/25, 10/26, 10/28, 11/25, 12/5, 12/7, 12/23)

1978년(2/16, 3/3, 3/4, 3/6, 9/4, 10/13, 11/17)

1979년(1/1, 2/24)

한국일보 1956년(5/13)

일간스포츠 1973년(2/5)

5. 잡　지

<放送文化> 1963년(11월)

<방송문화> 1968년(3월, 4월, 7월, 8월, 10월, 11월, 12월)
　　　　　　1969년(2/3월, 5월, 6월, 7월, 10월)

<月刊放送> 1971년(5월, 6/7월, 7/8월, 10월, 11월, 12월)
　　　　　　1972년(1월, 5월, 7월, 10월, 11/12월)

<방협회보> 1978년(8월, 9월, 11월, 12월)
　　　　　　1979년(1월, 3월, 5월, 9월)

<여   원> 1960/1, 1961/1, 1961/10, 1962/9, 1962/7, 1965/10, 1965/12,
        1966/1, 1966/2, 1967/2, 1967/3, 1967/5, 1967/10, 1967/12,
        1969/9, 1974/1

<농민문화> 1979/9
<대   화> 1976/6
<문예진흥> 1978/6,
<放   送> 1956/10, 1959/2, 1959/가을, 1960/2
<새 교 육> 1956/10
<세   대> 1964/1, 1973/2, 1978/5, 1978/12,
<신 동 아> 1970/9
<신문과 방송> 1973/11, 1974/3, 1981/9
<신문평론> 1965/5.6, 1973/9, 1981/12
<월간 TBC> 1979/8
<저널리즘> 1976/가을
<주간경향> 1969/6

· 저자 ·

이윤진   · 약 력 ·
(李侖眞)
이화여자대학교 사범대학 특수교육학과 졸업
고려대학교 대학원 신문방송학과 문학석사
영국 Glasgow 대학 Film & Television학과 철학석사(M.Phil)
고려대학교 대학원 신문방송학과 문학박사

고려대학교 민족문화연구원 연구교수

· 주요논저 ·

「로동신문을 통해 본 북한의 문예」(2005)
「텔레비전 고속도로: 시각화된 촉각성」(2004)
「텔레비전 드라마 시청동기와 태도 연구」(2004)
「한국 텔레비전 드라마의 구술성-텔레비전의 구술양식과 이야기」(2002)
「마샬 맥루한의 미디어론-이론과 사상」(2002)
외 다수

E-mail : lyjinny@hanmail.net

한국의 이야기 문화와 텔레비전 드라마
-구술매체와 구술문화의 근대적 결합-

· 초판 인쇄	2006년 5월 30일
· 초판 발행	2006년 5월 30일
· 지 은 이	이윤진
· 펴 낸 이	채종준
· 펴 낸 곳	한국학술정보㈜
	경기도 파주시 교하읍 문발리 526-2
	파주출판문화정보산업단지
	전화 031) 908-3181(대표) · 팩스 031) 908-3189
	홈페이지 http://www.kstudy.com
	e-mail(e-Book사업부) ebook@kstudy.com
· 등 록	제일산-115호(2000. 6. 19)
· 가 격	28,000원

ISBN   89-534-5072-1 93300 (Paper Book)
        89-534-5073-X 98300 (e-Book)